Schmetterlinge im Bauch
... sind für'n Arsch

Dieses Buch widme ich in unendlicher Liebe meiner Partnerin Isabella, meinen liebevollen Eltern, meiner wunderbaren Schwester und all den Menschen, die meinen Lebensweg segneten.

In tiefer Dankbarkeit und Demut gegenüber all meinen Lehrern und Mentoren. Dieses Buch stellt nur eine Zusammenfassung jenes Wissens dar, das mir von euch geschenkt wurde.

Emanuel Erk

Schmetterlinge im Bauch ... sind für'n Arsch

Warum Liebe und eine erfüllte Beziehung kein Zufall sind

KOMPLETTMEDIA

Originalausgabe
4. Auflage 2024
Verlag Komplett-Media GmbH
2020, München
www.komplett-media de
ISBN: 978-3-8312-0575-2
Auch als E-Book erhältlich

Aus Gründen der besseren Lesbarkeit wird bei Personenbezeichnungen und personenbezogenen Hauptwörtern in diesem Buch die männliche Form verwendet. Entsprechende Begriffe gelten im Sinne der Gleichbehandlung grundsätzlich für alle Geschlechter. Die verkürzte Sprachform hat nur redaktionelle Gründe und beinhaltet keine Wertung.

Lektorat: Ursula Kollritsch, Textbüro sommerfrisch, Bad Honnef
Korrektorat: Redaktionsbüro Diana Napolitano, Augsburg
Umschlaggestaltung: Daniela Nemetz
Grafische Gestaltung, DTP: lydiakuehn.de, Aix-en-Provence, Frankreich
Druck & Bindung: MultiPrint Ltd.,10A Slavyanska str., 2230 Kostinbrod, Bulgaria
Gedruckt in der EU

FSC www.fsc.org MIX Paper from responsible sources FSC® C100431

Klimaneutral Druckprodukt ClimatePartner.com/13336-1905-1001

Inhalt

Vorwort

»Schmetterlinge im Bauch sind für'n Arsch« ist wohl das bisher anspruchsvollste Projekt meines Lebens. Ich wollte nicht einfach einen unter vielen Beziehungsratgebern schreiben, sondern dieses Buch sollte in seiner Tiefe und Klarheit in Bezug auf dieses allgegenwärtige Thema anders sein als all die anderen Bücher. Es ist nicht darauf ausgerichtet, dich bloß zu inspirieren oder dir ein paar gute Tipps an die Hand zu geben. Es beinhaltet vielmehr in seinen Grundzügen bereits all die wesentlichen Aspekte, die du brauchst, um eine erfüllte Beziehung durch deine innere Transformation leben zu können.

Mir war es daher auch wichtig, dass das Vorwort von einem für mich ganz besonderen Menschen verfasst wird: meiner Partnerin Isabella. Sie hat maßgeblich zur Fertigstellung dieses Buchs beigetragen. Ohne sie sowie ihre Liebe für eine differenzierte und fundierte Darstellung der Inhalte wäre dieses Buch nicht im Ansatz das Gleiche geworden. Ich habe sie darum gebeten, ein paar einleitende Worte zu verfassen. »Mein Schatz, ich liebe dich und bin dir unendlich dankbar. Du bist das größte Geschenk meines Lebens.«

Wenn sich jemand nach dem Beruf meines Partners erkundigt, ist die darauffolgende Frage zumeist schon vorprogrammiert: »Und, wie ist es, mit einem Beziehungscoach zusammen zu sein?«

Für mich ist es ganz klar das Beste, das mir passieren konnte. Ich habe einen Partner, der genauso, wenn nicht sogar mehr, an den

Themen interessiert ist, die meiner Meinung nach zu den wichtigsten überhaupt gehören. Der Wunsch, sich selbst, seine Beziehungen, sein Leben und Erleben ganzheitlich und tiefer zu verstehen, begleitet die Menschheit vermutlich bereits seit Anbeginn der Zeit. Je tiefer ich in diese Materie eintauche, umso faszinierter und zugleich schockierter bin ich über all das Wissen, das dazu bereits existiert. Ein Wissen, für das ich so unendlich dankbar bin und bei dem es mir schwer ums Herz wird, wenn ich sehe, wie wenig es zum aktuellen Zeitpunkt in der Welt verbreitet ist und somit in unserem Alltag kaum einen Platz erhält. Es ist deshalb so wichtig, weil es jeden betrifft und uns dazu befähigt, wieder bei uns selbst ankommen zu können und am eigenen Leib zu erfahren, was das überhaupt wirklich bedeutet.

Zu lernen, wie man auf gesunde Art und Weise mit bestimmten Situationen und seinen damit verbundenen Gefühlen umgeht, wie man wirklich auf sich selbst achtet und in wahrem Kontakt mit sich und anderen sein kann – all das ist ein unglaublich großes Geschenk. Dafür ist es notwendig, Körper, Geist und Seele miteinzubeziehen. Das haben wir schlichtweg nie richtig gelernt oder einfach seit Generationen nicht anders vorgelebt bekommen. Und so leben die meisten ein angepasstes, entfremdetes Leben, in dem bewusst wie unbewusst sehr viel Leid erschaffen und an andere weitergegeben wird, anstatt endlich Heilung zu erfahren.

Als ausgebildete Ärztin kann ich von mir sagen, dass ich Menschen dabei zusehen durfte, das Licht der Welt zu erblicken, ihr Leben auf verschiedenste Arten zu gestalten und dabei sehr unterschiedlich mit dem eigenen Körper und der eigenen Psyche umzugehen. Ich durfte auch denjenigen zur Seite stehen, für die sich das Leben auf dieser Erde bereits dem Ende zuneigte. Für all diese Menschen spielen und spielten zwischenmenschliche Beziehungen eine wesentliche Rolle. Schließlich begleiten diese uns von unserem ersten bis zum letzten Atemzug. Und auch wenn der medizinische Fortschritt bereits sehr groß ist, gibt es etwas

Wichtiges, das in meinen Augen nicht nur im Krankenhausalltag bisher noch weitestgehend außer Acht gelassen wird: die Ausrichtung darauf, den Menschen dabei zu unterstützen, sich selbst zu heilen. Indem man ihn dazu befähigt, sich in der Tiefe zu verstehen und zu begegnen. Um dadurch liebevoll in allen Lebenslagen mit sich selbst und anderen umgehen zu können.

Ich wünsche jedem, der dieses Buch in die Hände bekommt, dass er sich auf diesen Weg macht. Auf die Reise zu sich selbst. Sei es jetzt sofort oder dann, wenn der richtige Zeitpunkt gekommen ist. Dabei geht es nicht um Selbstoptimierung, sondern um eine tiefergehende und heilsame Ausrichtung. Um eine Erlösung all der vielen kleineren und größeren Verletzungen, die wir in uns tragen, die uns unbewusst antreiben und uns nie wirklich zur Ruhe kommen lassen. Du wirst dabei entdecken, was wahres Glück, innere Freiheit und ein tiefes Einverständnis mit dem Leben wirklich für dich bedeuten. Diese Frage kann sicherlich nicht mit dem Verstand allein beantwortet werden, und dennoch sind gewisse Informationen notwendig und hilfreich auf dieser Suche, bei der wir alle im selben Boot sitzen.

Abschließend möchte ich mich bei meinem wundervollen Partner Emanuel bedanken, der nicht nur Tag um Tag bemüht ist, dieses wunderbare Wissen in die Welt hinauszutragen, sondern dies auch mit einer unglaublich liebevollen und aufrichtigen Art tut. Es fasziniert und berührt mich sehr, wie groß seine Sehnsucht und Offenheit dafür ist, sich selbst immer tiefer zu begegnen. Ich spüre und erlebe jeden Tag, was für eine unglaubliche Bereicherung das auch für unsere Beziehung ist. Ich kann mir also keinen besseren Mann an meiner Seite wünschen.

»Ich liebe dich aus tiefstem Herzen und bin gespannt, was unsere gemeinsame Entdeckungsreise noch alles für uns bereithält.«

Emanuel Erk & Dr. Isabella Bogad

Die Sache mit den Schmetterlingen im Bauch

Schmetterlinge im Bauch sind für'n Arsch?! Ich bin eigentlich nicht der Typ, der mit Fäkalsprache um sich wirft. Bei diesem Thema scheint es mir aber angebracht.

Um eines direkt klarzustellen: Dieses Buch stellt nicht die Memoiren eines deprimierten jungen Mannes dar, der sein unglückliches Liebesleben verarbeiten muss. Nein. Ich habe die Entscheidung, auf die sich der provozierende Titel bezieht, nicht nur gründlich überdacht, es ist sogar noch extremer – ich habe die Liebe, die Sache mit den Schmetterlingen also, zu meinem Beruf gemacht.

Als Beziehungscoach durfte ich in vielen Einzelcoachings, Paartherapien, Online-Kursen, Büchern, Artikeln und Videos bereits Tausenden Frauen und Männern dabei helfen, einen Ausweg aus ihren Beziehungskrisen und -fragen zu finden, und vielleicht gelingt das mit diesem Buch auch bei dir. Übrigens, obwohl wir uns nicht kennen, werde ich dich in diesem Buch duzen. Denn das »Du« ermöglicht, dass wir uns deutlich näher und verbundener begegnen können – von Mensch zu Mensch.

Wenn du dieses Buch aufgeschlagen hast, dann haben wir ziemlich sicher etwas gemeinsam. Die angeblich so wundervolle Liebe hat uns beiden schon mal übel mitgespielt, wahrscheinlich sogar das Herz gebrochen. Vielleicht hast du es dann wie ich gemacht und dich für eine

»Beziehungs-Abstinenz« entschieden. »Ich will mit dem Mist nichts mehr zu tun haben, ich brauche das nicht«, hast du möglicherweise gedacht. Vielleicht steckst du gerade jetzt mitten in einem Beziehungsschlamassel, während du diese Zeilen liest. Vielleicht wurdest du sitzen gelassen, gegen den oder die Nächstbeste/n ausgetauscht, oder die am Anfang so feurige Liebe mit deinem Partner ist mittlerweile im langweiligen und unbefriedigenden Alltag untergegangen. Über kurz oder lang kommen wir alle einmal an den Punkt, dass die Schmetterlinge in unserem Bauch nur noch für'n Arsch sind ...

Ich habe dieses Buch aber nicht geschrieben, um das Offensichtliche mit Schimpfworten zu versehen, sondern weil ich der festen Überzeugung bin: Es gibt einen Weg heraus aus der Misere.

Dafür braucht es nicht die vollkommene Selbstliebe oder den perfekten Partner. Die Lösung ist: Wir müssen »nur« uns selbst, unsere Beziehungen und die Liebe neu entdecken und wirklich verstehen lernen. Ich weiß, das klingt leichter gesagt als getan. Trotzdem gebe ich dir das Versprechen, dass du nach diesem Buch einen neuen Blick auf dich und deine Partnerschaften haben wirst, und darüber hinaus kannst du einen individuellen Weg für dich finden, wie du dich und deine Partnerschaften wirklich veränderst und neu erlebst.

Meistens haben wir leider ein sehr oberflächliches Verständnis von einer Partnerschaft. Eine Beziehung ist in unserer Gesellschaft zu etwas verkommen, das, wenn wir mal ehrlich sind, nur einen Zweck erfüllen soll: Sie soll uns glücklich machen! Wir wollen einfach diese flatternden Schmetterlinge im Bauch, und das am besten für immer! Das kann natürlich nicht klappen. An irgendeinem Punkt müssen wir daher einsehen: Wenn wir nach der großen Erfüllung in unserer Beziehung suchen, werden wir diese niemals finden. Besagte Schmetterlinge haben nämlich hauptsächlich etwas mit einem Hormoncocktail und unserer Verliebtheit zu tun und nichts mit echter Liebe. Warum das so ist, wirst du im Laufe der nächsten Kapitel nachvollziehen können.

Beziehungen sind wohl die härteste Schule des Lebens, in denen wir immer wieder nur auf uns selbst treffen. Aber sie bieten uns den effektivsten Weg, persönlich zu wachsen und zu uns selbst zu finden, wenn wir uns wirklich darauf einlassen. Eine Beziehung wird dann zu einer der wertvollsten Bereicherungen, wenn sie uns dabei hilft, die Erfüllung und den inneren Frieden in uns zu entdecken.

Willst du aber lieber weiterhin glauben, dass du ein Opfer der Umstände bist und dass du nur den passenden Partner brauchst für eine gute Beziehung, dann ist jetzt der Moment, wo du dieses Buch zuklappen und vielleicht besser jemand anderem schenken solltest. Bist du jedoch bereit, die volle Verantwortung für dich und damit auch deine Partnerschaft zu übernehmen, dann kannst du mit diesem Buch tatsächlich dein Leben verändern. Auch wenn du gerade an dem Punkt sein solltest, der dich verzweifeln lässt, was Beziehungen betrifft. Ich kann dich beruhigen: Es gibt für jeden von uns einen Weg in eine Beziehung, die uns guttut, die uns wachsen lässt und in der wir auch Erfüllung erleben.

So sehr uns also diese bunten flatternden Schmetterlinge im Bauch auch fehlleiten können, es ist am Ende die Liebe, die unserem Leben die Erfüllung schenkt! Und zwar nicht die verklärte, romantisierte Version, die wir aus herzzerreißenden Romanen und kitschigen Hollywoodfilmen kennen, sondern die wahre und bedingungslose Liebe in der Tiefe unseres Selbst.

Hier findest du begleitende Audiodateien und Übungen zum Buch. Scanne hierfür den QR-Code, oder gehe auf folgende Website: www.schmetterlingeimbauch.com/geschenk

»Spezies Beziehungsunfähig«

Wie viele Frauen und Männer kennst du in deinem Umfeld, von denen du sagen würdest, dass sie wirklich glücklich miteinander sind? Jetzt zieh von der Zahl einmal alle Paare ab, von denen du eigentlich nicht sicher weißt, was hinter geschlossenen Türen bei ihnen zu Hause wirklich los ist. Dann bleiben meistens nur wenige Menschen übrig, denen wir mit großer Sicherheit glückliche Beziehungen zuschreiben. Ziemlich traurig, oder? Auf der anderen Seite aber auch nicht verwunderlich, weil uns niemand erklärt, wie das mit der Liebe geht, geschweige denn, wie wir selbst ticken. Gleichzeitig leben uns auch zu wenige eine lebendige und erfüllte Partnerschaft vor. Wenn ich Klienten nach der Beziehung ihrer Eltern frage, dann kommt meistens die Antwort, dass sie daraus vor allem gelernt haben, wie sie es definitiv nicht machen möchten.

Ich musste deswegen auch sehr schmunzeln, als ich vor einigen Jahren das Buch »Generation Beziehungsunfähig« von Michael Nast in die Hände bekam. Wenn ich auf die Generation meiner Eltern und Großeltern schaue, dann lebten diese in der Regel länger mit derselben Person in einer Beziehung als wir heute. Besonders glücklich wirkten sie deswegen nicht unbedingt. Vielleicht müsste man also eher sagen, wir sind die »Spezies Beziehungsunfähig«.

Bei Beziehungsfähigkeit oder -unfähigkeit geht es nicht darum, dass wir jemanden als unseren Partner bezeichnen und damit den Beziehungsstatus »vergeben« in unserem Facebook-Profil angeben können. Ich glaube, es ist entscheidend, dass wir die Fähigkeit haben, eine gesunde und lebendige Partnerschaft zu führen, in der gemeinsames Wachstum und die Entfaltung beider Seiten möglich sind. Und wir nicht zwei Menschen sind, die sich nur gegenseitig verletzen oder die einfach gelernt haben, miteinander auszukommen und in ihrer Symbiose ihr Dasein zu fristen, ohne echten Höhen und Tiefen.

Die Basis für Beziehungsfähigkeit ist die Beziehung zu uns selbst. Für diese Beziehung müssen wir uns selbst erst einmal wirklich kennenlernen. Erst dadurch können wir lernen, uns wertzuschätzen und anzunehmen. Können wir das nicht selbst, wie soll das dann ein anderer Mensch für uns übernehmen?

Ein großer Teil der Menschheit ist überzeugt, dass er aus freiem Willen seine Beziehung führt und Entscheidungen im Leben trifft. Das ist aber leider ziemlicher Quatsch. Die Neurowissenschaften liefern uns dafür zwei wichtige Zahlen: 95 Prozent und 5 Prozent. Zu 95 Prozent werden unsere Verhaltensweisen, unsere Gefühle und Entscheidungen durch unser Unterbewusstsein bestimmt. Unser Bewusstsein macht bei dem Ganzen nur lausige 5 Prozent aus. Da ist nicht viel Raum für unseren ach so freien Willen. Die 5 Prozent sind der Anteil von uns, der gern eine Diät machen will, und die anderen 95 Prozent sorgen dafür, dass wir uns trotzdem die Tafel Schokolade schmecken lassen. 5 Prozent wünschen sich die erfüllte Beziehung, und 95 Prozent gehen dann doch lieber fremd, wenn die Schmetterlinge nach einigen Jahren den Abflug gemacht haben beziehungsweise plötzlich bei jemand anderem zu flattern beginnen. Es gibt sogar Wissenschaftler und Therapeuten, die das noch weiter zuspitzen und von 99,9 Prozent und 0,01 Prozent sprechen. Dem schließe ich mich an.

Diese Erkenntnis hat zur Konsequenz, dass wir uns eingestehen müssen, dass wir einem unbewussten Programm folgen. Das ist zunächst nicht schlimm und kann vieles vereinfachen. Ich bin beispielsweise sehr glücklich, dass mein Laptop, an dem ich gerade schreibe, ein so tolles Programm hat, und ich genau weiß, welche Tasten ich drücken muss, damit das Gerät macht, was ich möchte. Die Programmierung meines Computers ermöglicht mir, dass ich damit schnell und effizient arbeiten kann, den gleichen Zweck erfüllt unser Unterbewusstseinsprogramm. Stell dir vor, du müsstest bei jeder Tätigkeit neu überlegen, wie du es machst. Du müsstest dann jeden Tag neu laufen lernen. Wir können in vielen Punkten froh sein, dass wir in unserem täglichen Tun auf bewährte, funktionierende Programme zugreifen können.

Es gibt allerdings zwei fundamentale Unterschiede zwischen unseren Laptops und unserem Unterbewusstsein:

1. Mein Notebook bekommt regelmäßige Updates. Das gilt für die Programmierung unseres Unterbewusstseins in der Regel leider nicht. Diese wird vor allem bis zu unserem siebten Lebensjahr installiert und läuft dann oft ohne Aktualisierung oder Fehlerbehebung weiter.
2. Bei unserem Laptop wissen wir, dass er auf der Basis von Programmen läuft. Bei unserem Leben haben wir meist keinen blassen Schimmer, was da so auf unserer Festplatte passiert, geschweige denn, wie wir uns umprogrammieren können.

Die Beschränkungen unserer Programmierung merken wir nirgendwo deutlicher als in der Beziehung zu einem anderen Menschen. Da agieren dann zwei Menschen miteinander, die häufig eine beziehungsfeindliche, nicht kompatible Software in sich tragen.

Viele von uns haben früher oder später die Erfahrung gemacht, dass eine Beziehung zu einem geliebten Menschen auch Schmerz mit sich bringen kann. Wir wurden vielleicht durch die Trennung der Eltern von einem Elternteil verlassen, oder Mama und Papa haben uns nicht immer so viel Liebe geschenkt, wie wir es gebraucht oder uns gewünscht hätten. Jeder von uns trägt seine ganz persönlichen emotionalen Verletzungen mit sich herum. Dass Beziehungen und Liebe immer nur schön sind, hat daher im Grunde niemand so richtig erlebt. Wir alle tragen also sogenannte Bindungstraumata in uns. Anstatt aber diese Traumata zu lösen und aufzuarbeiten, trägt unsere unbewusste Art eine Beziehung zu führen eher dazu bei, dass diese alten Erfahrungen immer und immer wieder durchlebt werden.

Es ist kein Zufall, ob du beispielsweise der Beziehungs-Hopper bist, der nicht länger als ein paar Monate allein bleibt, oder ein Dauersingle. Genauso wenig, ob du eifersüchtig bist und klammerst oder ständig um Freiheit in deiner Partnerschaft bangst und dich eingeengt fühlst. All das wurde schon ziemlich früh auf deiner Festplatte gespeichert.

Diese Verhaltensweisen sind dann unsere Schutzmechanismen, die wir aufgrund unserer Bindungstraumatisierung entwickelt haben. Wir bleiben Single und lassen uns auf niemanden mehr ein, weil wir unbewusst Nähe mit emotionalem Schmerz verbinden. Oder wir klammern und machen Eifersuchtsdramen, weil eine Partnerschaft Verlustängste in uns hochholt, die wir nicht noch einmal erleben wollen.

Welche genau deine persönlichen Muster sind, wie sie entstanden sind, und wie du damit umgehst, erfährst du in diesem Buch.

Memo an dich!

Wirkliche Veränderung in einer Beziehung beginnt erst, wenn du deine eigenen, bisher unbewussten Muster erkennst. Denn nur dann hast du Zugriff darauf und kannst dich mit ihnen auseinandersetzen.

Das verrückte Gefühl, das wir Liebe nennen

Liebe – das ist ein Begriff, der fast so oft gebraucht wie missbraucht wird. Aber was bedeutet Liebe eigentlich? Was steckt hinter diesem sagenumwobenen Wort?

Wenn wir an Liebe und Beziehungen denken, verbinden wir das mit der Aktivität der besagten Schmetterlinge in unserem Bauch. Doch diese ist nicht mehr als ein Vorgeschmack auf die Liebe, wenn überhaupt. Wenn man es sehr unromantisch sagen will, dann ist Verliebtheit erst mal nur das Produkt unserer schwächeren und stärkeren Neurosen. Wir finden jemanden, bei dem wir uns wichtig, geliebt, gesehen und wertgeschätzt fühlen. Einen Menschen, der uns endlich all das gibt, wonach wir gesucht haben. Die Freude darüber lindert die kleinen oder größeren Mängel, die wir in uns tragen. Endlich fühlen wir uns vollständiger – zumindest temporär. So kann Verliebtsein fast zu einer Sucht werden.

Leider ist dieses erste Gefühl für viele oftmals schon der Höhepunkt ihrer Partnerschaft. Dabei ist das nur der Anfang von Liebe. So etwas wie ein kleiner »Gruß aus der Küche«, der vielversprechend zeigt, was in einer Beziehung möglich ist. Aber wenn wir den Gruß aus der Küche bereits für die Hauptspeise halten, werden wir immer wieder enttäuscht werden.

Irgendwann kann dann das böse Erwachen kommen, wenn wir realisieren, dass unsere Beziehung uns nicht dauerhaft erfüllt und glücklich macht. Sondern uns sogar stattdessen mit unseren tiefsten Ängsten und Schmerz konfrontiert. Aber dann beginnt die Beziehung erst wirklich, wenn wir uns durch die Partnerschaft unseren eigenen Themen stellen müssen und sie heilen. Erst dann können wir es schaffen, immer tiefer in der Beziehung zu uns selbst und unserem Partner zu kommen. Erst dann sind Nähe und Wachstum möglich.

Beim Verliebtsein gibt es zwei Varianten. Entweder sind wir Hals über Kopf in jemanden verknallt. Dann lassen wir uns in einer überdimensionalen Euphorie auf jemanden ein. Meistens wird diese Gefühlsachterbahn beendet, wenn Prince Charming oder die Traumfrau dann doch zwischendurch quaken wie der garstige Frosch im Märchen.

Oder wir lernen jemanden kennen, und es kommt irgendwie nicht das Gefühl auf, das wir eigentlich erwartet haben. Wir beenden dann vielleicht eine Partnerschaft, die eigentlich großes Potenzial gehabt hätte. Und das nur, weil wir nie den Unterschied zwischen Verliebtsein und Liebe realisiert haben.

Bei beiden Extremen haben unsere Wahrnehmungen und Gefühle eigentlich wenig mit dem anderen zu tun und dafür viel mehr mit uns selbst: Eine übereuphorische Person kann zum Beispiel ein großes Thema mit Einsamkeit und Selbstliebe haben und springt deswegen umso stärker darauf an, wenn jemand ihr endlich Nähe schenkt und der Zeit des Alleinseins ein Ende bereitet. Eine zweifelnde Person hat oftmals ein Thema mit Bindungsangst und hat sich dann eine Idealvorstellung im Kopf gebastelt, wie sich das Kennenlernen anfühlen müsste. Dabei hat sie unbewusst Angst, ihr Herz für jemanden zu öffnen und unterbindet mit ihren Zweifeln, dass überhaupt irgendwelche Gefühle hochkommen können.

Je früher es vorbei ist, umso besser

Die Schmetterlinge in unserem Bauch sind für'n Arsch, wenn sie uns davon ablenken, was wirkliche Liebe in einer Beziehung bedeutet. Liebe, die nicht plötzlich da ist, sondern reifen darf.

Mir geht es nicht darum, die Phase des Verliebtseins oder die Schmetterlinge schlechtzureden, sondern darum, dass wir eine Art Realismus entwickeln, der eine echte und längerfristige Beziehung ermöglicht.

Das Bild der Schmetterlinge passt da sehr gut. Jeder von uns weiß ja, dass nicht wirklich irgendwelche Schmetterlinge eine Party in unserem Bauch schmeißen. Und genauso ist es mit dem Verliebtsein. Wir dürfen es genießen, sollten dabei aber nicht vergessen, dass es ein Produkt aus unseren individuellen »Neurosen« sowie Hormonen ist, das auch wieder verschwinden wird. Es muss nicht einmal eine intensive Verliebtheitsphase da gewesen sein, und trotzdem kann eine erfüllte Beziehung entstehen.

Wenn wir die Illusion durchschauen, können wir sie trotzdem genießen. Das ist der Schlüssel. Bei einer Zaubershow rennt auch keiner nach vorn und sagt, dass das ja keine Magie ist, nur weil er den Trick durchschaut hat. Wir entscheiden uns dafür, an dem Zauber unsere Freude zu haben, und so würde ich es auch mit dem Verliebtsein halten. Es fühlt sich immer noch wunderschön an, auch wenn wir verstanden haben, dass die Schmetterlinge in unserem Bauch nicht wirklich existieren. Es macht uns sogar noch freier, und wir sind nicht gleich voller Sorge, falls dieses Gefühl in der Partnerschaft einmal weniger wird oder ausbleibt.

Das ist Liebe für mich

Was ist Liebe für mich persönlich? Während ich darüber nachdenke und diese Sätze schreibe, liegt meine wundervolle Partnerin neben mir, versunken im Schlaf. Wenn ich sie anschaue, bekomme ich Tränen in die Augen, weil es mich mit so tiefer Dankbarkeit erfüllt, sie in meinem Leben zu haben. Durch sie darf ich Liebe auf einer so viel tieferen Ebene erleben. Diese Liebe zwischen uns wirkt für mich nicht so, als ob es etwas ist, das neu zwischen uns entstanden ist. Es ist vielmehr wie ein Zurückfinden zu unserer wahren Essenz als Mensch. Diese Liebe ist der Moment, wo die Zeit für mich stillsteht. Liebe entsteht, wenn wir beide uns aus tiefstem Herzen wollen, aber nicht, weil wir uns brauchen oder voneinander abhängig sind. Diese Liebe ist ganz leise und berührt mich an so tiefen Stellen in mir, von deren Existenz ich vorher nicht mal etwas geahnt habe. In dieser Liebe darf ich meine Partnerin in all ihrer Schönheit erkennen. Sie strahlt dann so hell für mich, was weit über ihr wunderschönes Aussehen hinausgeht. Liebe ist der Augenblick, wo ich auf einmal realisiere, dass wir beide keine getrennten Wesen sind, sondern im tiefsten Inneren eins. Dann ist Liebe weit mehr als ein Gefühl, es ist der Zustand, in dem wir uns befinden.

Diese Erfahrungen der Liebe erleben wir, wenn wir es schaffen, mit uns selbst verbunden zu sein, wenn wir uns trauen, unser Herz weit zu öffnen und all die Schutzmauern um uns herum fallen zu lassen. Das ist kein dauerhafter Zustand in unserer Partnerschaft, sondern es sind magische Momente, die wie von selbst kommen und dann wieder gehen. Mit der Zeit lernen wir jedoch, wie wir sie immer häufiger, länger und tiefer erfahren.

Ich glaube, dass wir in unserer Essenz als Menschen die Liebe sind, aber all unsere Erlebnisse und Konditionierungen wie Schichten diese innere Wahrheit verdecken. Unsere Beziehungen geben uns die Möglichkeit, zu unserer Essenz zurückzufinden. Sie helfen, diese Schichten und Blockaden aufzudecken und aufzulösen.

Das Verliebtsein ist nur die erste Stichflamme, die dir zeigt, wie wärmend und erleuchtend das Feuer sein kann. Wenn wir nicht bereit sind, immer wieder Holz nachzulegen und aushalten, dass die Hitze auch mal unangenehm sein kann, dann wird die Flamme wieder verglühen, und wir begeben uns auf die Suche nach dem nächsten Menschen, der die Stichflamme in uns entzündet. Und so weiter.

Es ist so schwer, die Liebe zu beschreiben, denn wie will man etwas in Worte fassen, das man nur im Herzen erfahren kann. Mir ist es darum auch nicht wichtig, dir mit meinen Worten die Liebe vollständig zu erklären. Ich möchte dich vielmehr daran erinnern, dass wahre Liebe über all unsere romantischen Vorstellungen hinausgeht.

Es geht mir auch nicht darum, mit romantischen Anekdoten die Liebe zu verdeutlichen. Ich war schon oft selbst an dem Punkt, an dem ich die Hoffnung in die Liebe und Beziehung fast verloren hatte. Ich wünsche mir deswegen, dass ich dich aufwecken und begeistern kann, dass du dich dafür öffnest, dass in Beziehungen noch so viel mehr auf dich wartet und Liebe unsere Vorstellungskraft weit übersteigt, egal wie groß die Verzweiflung und Hoffnungslosigkeit auch sein mag.

Memo an dich!

Liebe kann sich in ihrer vollkommenen Pracht dann entfalten, wenn du mit dir selbst verbunden bist, dein Herz weit geöffnet ist und all die einengenden Schutzmauern um dich herum endlich fallen dürfen.

Prince Charming und andere Märchen, an die wir glauben

Von den Gebrüdern Grimm über Rosamunde Pilcher und Nicholas Sparks bis Hollywood – es gibt viele Quellen, die uns von klein auf von der Liebe erzählen. Sie stirbt an einem Apfel, er küsst sie wieder wach, und schwupps haben wir ein glückliches Pärchen, und alles wird gut. Schneewittchens Liebesgeschichte zeigt auch gut das Konzept, nach dem die meisten Liebesmärchen ablaufen. Die Story steht sinnbildlich dafür, dass ein Mädchen Hilfe braucht und von ihrem Traummann gerettet wird. Das zeigt bestens, was beim Verlieben eigentlich passiert. Wir alle haben eine Bedürftigkeit, und jemand anderer befreit uns (scheinbar) davon. Doch Liebe geht so weit darüber hinaus.

Ist dir schon mal aufgefallen, dass die meisten Liebesgeschichten in Büchern und Filmen kurz nach dem ersten Kuss oder dem Zusammenkommen enden? Ich kann dir auch sagen, warum. Danach wird's nämlich für jedes Paar irgendwann einmal richtig schwierig, und auch die schönste Romanze kann zum Drama, manche sogar zum Thriller werden. Nämlich dann, wenn wir entdecken, dass unser Partner unsere Bedürftigkeit nur scheinbar und temporär stillen kann.

Über kurz oder lang kommen all die alten Gedanken und Gefühle in uns wieder hoch, und wir fühlen uns wieder ungeliebt, nicht gut genug oder unwichtig. Wir glauben dann schnell, dass das auf die Kappe unseres Partners geht. Wenn er oder sie doch anders wäre, dann würden wir uns nicht so mies fühlen. Aber wir sind eben nicht mit dem perfekten Märchenprinzen oder der perfekten Märchenprinzessin zusammen, sondern mit einem Menschen, der seine ganz eigene Geschichte, seine Stärken und Schwächen und Bedürfnisse hat.

Wir alle haben Erwartungen an und Vorstellungen von einem Partner, aber die wenigsten fragen sich, wie diese in ihren Kopf gekommen sind. Neben den eigenen Erfahrungen, den Vorbildern im Umfeld, den Romanen und Filmen ist die Social-Media-Welt inzwischen eine zuverlässige Quelle für pseudo-glückliche Beziehungen, sodass wir schnell denken können, dass wir wirklich die letzten Trottel sind, die das mit dem Paar-Dasein nicht gebacken kriegen. Ich durfte auch schon mit dem ein oder anderen Social-Media-Couple arbeiten, und du würdest dich wundern, was bei denen in der Realität abläuft. Ich habe einmal einen schönen Spruch gelesen: »Ein glückliches Paar erkennt man daran, dass es seine Liebesbekenntnisse im echten Leben miteinander teilt, anstatt auf seinem Online-Profil.« Das finde ich sehr passend. Also lass dich nicht blenden von irgendwelchen Verliebten auf Werbefotos oder in Filmen. Beziehungsthemen und -probleme machen auch vor Instagram und Twitter nicht halt. Auch wenn es nach außen so aussieht.

Wenn ich ehrlich bin, dann sind die genannten Darstellungen von vermeintlich glücklichen Romanzen in aller Welt so weit von einer echten Partnerschaft entfernt, wie der Sex in Pornofilmen von dem, was in unseren Schlafzimmern normalerweise vor sich geht. Das Problem ist, dass uns die »Liebesindustrie« weismachen will, wie wir uns in einer erfüllten Beziehung fühlen sollten oder wie ein perfekter Partner einen wirklich immer auf Händen trägt. Pustekuchen. Genauso wenig wie Männer immer eine steinharte Erektion haben, wenn es darauf ankommt oder Frauen darauf stehen, wie Karnickel behandelt zu werden. Fakt ist: Wir haben vollkommen überhöhte romantische Ideale entwickelt, die kein Partner der Welt langfristig erfüllen kann.

Diese Fake-Liebesvorstellungen haben sich leider fest in uns eingebrannt, ohne dass wir das wirklich realisieren oder endlich einmal hinterfragen. Dann kommt die große Enttäuschung, wenn wir in einer echten Partnerschaft landen. Zu einer lebendigen Beziehung gehören die Tiefpunkte ebenso wie die Höhepunkte. Da ist es normal, dass der einstige Traumprinz sich zwischendurch als richtige Kröte entpuppt. Dann ist weder etwas mit dir falsch noch mit deinem Partner.

Es muss uns klar werden, dass eine Partnerschaft wohl der größte Entwicklungsprozess ist, den wir als Menschen erleben können. Ein Prozess, in dem wir nicht nur unsere Sonnenseiten kennenlernen, sondern besonders auch unsere eigenen Schattenseiten sowie die unseres Partners. Aber so auch erst die Möglichkeit bekommen, diese zu heilen. Denn Beziehungen sind nicht nur ein Entwicklungsprozess, sie sind ein wahrer Heilungsprozess. Die Heilung all der kleinen und größeren Wunden, die unser Herz verschließen. Aber das kann natürlich nur geschehen, wenn wir uns auf das echte Beziehungsabenteuer einlassen.

Memo an dich!

Überhöhte Liebesideale und fehlgesteuerte Ansprüche können und werden kein Partner auf dieser Welt auf lange Sicht erfüllen. Es ist auch nicht seine Aufgabe. Also schicke Prinzessin Tausendschön mit Prince Charming zurück ins Märchenland, und öffne dich für das echte Leben und den Entwicklungsprozess, vor dem du gerade stehst.

Mr. und Mrs. Right, oder wie du weißt, dass du den richtigen Partner hast

Jeder Mensch hat ein Bild oder ein Gefühl davon, wie der perfekte Partner aussehen oder sein könnte: der oder die Richtige. Sind Vorstellungen oder Erwartungen von Mr. und Mrs. Right nun generell etwas Schlechtes? Nein. Wir können sie gern haben. Es bringt uns aber nicht viel weiter auf dem Weg zu einer erfüllten Partnerschaft.

Jeder von uns hat bewusst oder unbewusst eine Checkliste im Kopf, was der »richtige« Partner alles sein, tun, können, sagen, erfüllen sollte. Er sollte uns zum Lachen bringen, offen und liebevoll mit uns umgehen, beruflich erfolgreich und sportlich sein sowie ein attraktives Äußeres haben. Diese Liste kann jeder für sich selbst vervollständigen. Wenn wir aber auf unsere vergangenen Beziehungen schauen – wie oft haben wir uns bei der Partnerwahl wirklich an unsere Checkliste gehalten? Oder haben wir uns umgekehrt nicht auch schon gewundert, dass es trotzdem nicht gepasst hat, obwohl ein potenzieller Partner theoretisch die meisten Punkte erfüllen konnte?

Unsere Partnerwahl hat nämlich wenig mit unserem Verstand zu tun, es handelt sich dabei um eine nahezu vollkommen unbewusste Entscheidung, die wir dann vielleicht versuchen, rational zu untermauern. Ich habe ja schon meine Lieblingszahl für Beziehungen erwähnt: 99,9 Prozent deines Verhaltens, deiner Gedanken oder deiner Entscheidungen werden in erster Linie von deinem Unterbewusstsein bestimmt. Das hört natürlich auch bei der Suche nach Mr. und Mrs. Right nicht auf. Wir kriegen also immer einen Partner, der zu unserer unbewussten Programmierung passt. Man müsste sogar genauer sagen, der zu unserem Nervensystem passt. Der Zustand unseres Nervensystems wird besonders durch die Schwere unserer Bindungs- und Entwicklungstraumata beeinflusst. Ich gehe später noch genauer auf das Thema Traumata ein. Die »goldene Regel«, auf die ich hinauswill, ist, dass du immer auf jemanden triffst, der einen ähnlichen Schweregrad an Traumatisierung hat wie du. Die jeweiligen Verhaltensmuster, die sich aus den Traumata ergeben, sind nur manchmal unterschiedlich, aber das wirst du im folgenden Beispiel gleich besser verstehen.

Hilfe, ich führe eine Beziehung mit meinem Vater!

Vielleicht hast du auch schon mal in deinen Beziehungen mitbekommen, dass oftmals Parallelen zwischen unseren Elternteilen und unserem Partner bestehen. Ich habe mit einer Klientin gearbeitet, die das geradezu verrückt gemacht hat in ihrer Beziehung. Bei jedem Streit hat ihr Partner ab einem gewissen Punkt dicht gemacht und sich komplett zurückgezogen, plötzlich war da diese emotionale Wand aus Eis. Eine Situation, die sie an ihre Kindheit und Jugend erinnerte. Genauso ist ihr Vater immer mit schwierigen Auseinandersetzungen umgegangen. Es machte sie rasend, weil sie sich ihrem Vater so ausgeliefert fühlte, wenn er nicht mehr mit ihr sprach. Genauso war es dann auch bei ihrem Mann. Ganz aufgebracht rutschte ihr dann in unserem Gespräch raus: »Manchmal habe ich das Gefühl, mit meinem Vater verheiratet zu sein.«

Ein anderer Klient von mir hatte eine sehr fürsorgliche Ehefrau, ein wenig zu fürsorglich. Sie hat ihn zeitweise fast so umsorgt, als sei er ihr Kind, auch wenn er nicht darum gebeten hatte. Diese Bemutterung engte ihn ein, und er verlor mehr und mehr seine Autonomie. Erinnerungen kamen hoch. Seine Frau war in gewissen Punkten wie seine Mutter, die auch als er schon erwachsen war, am liebsten weiterhin seine Wäsche gemacht hätte.

Wir bilden uns dieses Phänomen nicht ein, sondern es lässt sich ziemlich simpel erklären: Unser Unterbewusstsein gleicht einer Festplatte, die zu unserer Geburt noch fast unbeschrieben ist. Im Laufe unseres Lebens wird sie durch die Erfahrungen, Erlebnisse, Traumata und Gefühle, die wir erleben, mit immer mehr Inhalten gefüllt. Gerade die ersten sieben Lebensjahre sind der Zeitraum, wo eigentlich alle wichtigen Programme entstehen. Das wird in der Psychologie auch gern unter dem Begriff des »inneren Kindes« zusammengefasst.

Die wichtigsten Beziehungen, die wir in diesen ersten Lebensjahren führen, sind die Beziehungen zu unseren engsten Bezugspersonen, das sind meistens die Eltern. Sie prägen quasi unser Beziehungsbasisprogramm. Ihre positiven wie negativen Verhaltensweisen und ihr Umgang mit uns oder als Paar miteinander gelten dann als die unbewusste Norm für uns in Partnerschaften und beeinflussen stark unsere Grundüberzeugungen, mit denen wir an eine Beziehung herangehen.

Die Klientin, deren Mann wie ihr Vater agierte, hat die Erfahrung gemacht, dass Männer nicht wirklich nahbar sind und sie ihrer Verschlossenheit ausgeliefert ist. Das war wie eine unausgesprochene Wahrheit in ihrem Unterbewusstsein abgespeichert. Wenn sie sich dann in solchen Situationen wieder so hilflos fühlte, wurde sie wütend und hat darüber versucht, vergeblich einen Zugang zu ihrem Vater oder eben mittlerweile zu ihrem Mann zu finden. Vielleicht ist dir auch schon einmal aufgefallen, dass unsere Partnerschaften voll sind von Déjà-vus. Ständig erleben wir ähnliche Erfahrungen und alte Gefühle erneut. Aber warum ist das so?

Zum einen hat unser Unterbewusstsein natürlich als einziges Ziel, unser Überleben zu sichern. Und alles, was als »schon bekannt« gilt, suggeriert ein Gefühl von Sicherheit. Deswegen führen wir Partnerschaften nach vertrauten Mustern. Zum anderen könnte man die Gegebenheit, dass unser Unterbewusstsein uns in gewisse Situationen regelrecht hineinmanövriert, auch als Chance sehen. Dadurch, dass wir wieder in diese alten Gefühlszustände hineinversetzt werden, haben wir erst die Möglichkeit, diese aufzulösen, indem wir sie uns endlich genauer ansehen.

Dafür müssen wir verstehen, dass wir als Kinder unserer Umwelt ausgeliefert waren, denn unser Überleben war von den »Großen« abhängig. Deswegen waren all unsere Verhaltensstrategien darauf ausgerichtet, die Gunst und Fürsorge der Erwachsenen zu erwerben und so unsere Lebenswelt abzusichern.

Wie beispielsweise bei meiner Klientin, die früh gelernt hatte, dass sie von ihrem Vater überhaupt erst wahrgenommen und beachtet wurde, wenn sie richtig wütend wurde. Wenn wir erwachsen und älter werden, dann sind viele dieser »altbewährten« Strategien aber eigentlich überholt und sogar eher kontraproduktiv. Wird sie heute als erwachsene, verheiratete Frau wütend, löst das in ihrem Partner eine Unsicherheit aus, er zieht sich dann noch weiter zurück oder hat das Gefühl, sich verteidigen zu müssen. Das hat zur Folge, dass sie permanent im Konflikt miteinander sind, die Distanz zwischen ihnen wächst und immer weniger Nähe vorhanden ist.

Nachdem sie in unseren Coachingsitzungen dieses Muster durchschaut hatte, konnte sie endlich anfangen, es zu durchbrechen. Sie konnte erkennen, dass die überdimensionale Wut, die sich immer auf ihren Mann gerichtet hatte, eigentlich vor allem ihrem Vater galt. Dann war es ihr möglich, in einem intensiven Prozess in einer unserer Sessions, diese alte unausgefühlte Wut endlich zuzulassen und die heilsame Erfahrung zu machen, dass sie als erwachsene Frau nicht mehr ausgeliefert sein muss, wenn der Mann an ihrer Seite sich zurückzieht. Durch diesen Prozess konnte sie endlich die Beziehung zu ihrem Vater aufarbeiten. Hätte sie diese Situationen mit ihrem Partner nicht erlebt, hätte sie womöglich nicht den Zugang zu ihren alten Gefühlen bekommen. Durch ihre Beziehung bekam sie also die Möglichkeit, diese alte Wunde endlich zu heilen. Sobald sich alte aufgestaute Gefühle nämlich lösen können, hören sie auch auf, durch unser (Beziehungs-)Leben zu spuken.

Das Spannende folgte bei dem beschriebenen Beispiel schließlich nach unserem Coaching. Durch die Veränderung in sich selbst konnte die Klientin auf einmal ihren Partner vollkommen neu wahrnehmen und einfühlsamer mit seiner Verschlossenheit umgehen, ohne sich davon angegriffen zu fühlen. Das gab ihm dann erst den Raum, sich zu öffnen und zu erforschen, warum ihm das wiederum so schwerfällt. So konnten sie sich noch einmal ganz neu und tiefer begegnen. Und das lange nach dem scheinbaren Happy End des ersten Kusses oder Zusammenkommens.

Zu verstehen, dass unsere Beziehungen und auch unsere Partnerwahl erst einmal hauptsächlich von unseren unbewussten Prägungen beeinflusst werden, ist quasi der erste Buchstabe des Beziehungsalphabets. Wenn wir das realisieren, können wir nachvollziehen, warum es zuerst eine Veränderung in *unserem* Inneren geben muss und das Problem nicht mit dem vermeintlich richtigen Partner gelöst ist.

Lass mich das noch mit einem Beispiel deutlicher machen. Typische Grundüberzeugungen, die wir Menschen in unserem Unterbewusstsein tragen, sind etwa: *Ich bin nicht gut genug* und *Ich bin nicht liebenswert, so wie ich bin.* Wenn solche Überzeugungen fest in uns verankert sind, dann wird uns jeder neue Partner dieses Selbstbild nur bestätigen. Das bedeutet noch nicht einmal, dass er uns wirklich direkt beleidigt oder durch sein Verhalten kleinmacht und damit vermittelt, dass wir es nicht anders wert seien. Seine Verhaltensweisen werden einfach automatisch passend zu unserem inneren Selbstbild interpretiert. Sobald der oder die Neue mal ein Treffen absagt, sich nicht mehr meldet oder fast nie Zeit hat, wird die Situation entsprechend von unserem Unterbewusstsein eingeordnet. *»Wieder lerne ich jemanden* *kennen, der weniger Interesse an mir hat als ich an ihm. Immer gerate ich an die Falschen, die mich nicht gut behandeln. Wahrscheinlich gefalle ich ihm nicht, und wieder zeigt er mir, dass ich nicht gut genug bin, egal wie sehr ich mich bemühe.«* Bei diesen inneren Monologen bemerken wir dann gar nicht, dass 80 Prozent des Inhalts eigentlich von uns selbst hinzugedichtet wurde. Es ist ein regelrechter Teufelskreis, denn das nährt wiederum unsere alten Grundüberzeugungen, und sie können sich immer stärker in unserem Unterbewusstsein verankern. *»Wusste ich doch, dass ...«* – Fakt ist nur, dass sich der neue Partner nicht mehr meldet. Die ganze Geschichte drumherum basteln wir uns selbst.

Unser unbewusstes Selbstbild gibt vor, wie wir die äußeren Umstände subjektiv wahrnehmen. Es wirkt wie eine eingefärbte Brille, mit der wir persönlich das Leben sehen. Leider denken wir jedoch, dass das der objektiven Realität entspricht und erkennen gar nicht, dass wir die ganze Zeit durch eine Brille schauen.

Memo an dich!

Jeder lebt sein durch frühe Erfahrungen geprägtes Beziehungsbasisprogramm. Deine Partnerschaften führst du daher automatisch so lange nach dem gewohnten Muster, bis eine wirkliche Veränderung in deinem Inneren stattgefunden hat.

Ich vergleiche dieses Phänomen auch gern mit einem Magnetismus. Wir sind durch unsere unbewussten Grundüberzeugungen wie ein Magnet, der immer das passende Pendant anzieht. Deswegen sind alle diese Anforderungen an den richtigen Partner, die wir uns im Kopf zusammenschustern, eher sekundär. Der Partner ist nämlich nicht das Ergebnis unserer Vorstellung, sondern eher das Spiegelbild des Unterbewusstseins. Ich würde sogar sagen, dass unser Partner noch weit über ein reines Spiegelbild hinausgeht. Er ist der perfekte Sparringspartner, um an den eigenen unbewussten Themen zu arbeiten.

Eine Klientin von mir war extrem eifersüchtig. Sie fühlte sich nicht gesehen und geliebt, wenn ihr Freund am Abend lieber mit Arbeitskollegen ausging, anstatt Zeit mit ihr zu verbringen oder lieber fernsah, als sie zu fragen, wie ihr Tag war. Jetzt wäre es natürlich naheliegend gewesen, dass sie sich nach einem anderen Partner umgeschaut hätte, der sich einfach anders verhielt. Das hatte sie aber schon in anderen Beziehungen probiert und festgestellt, dass sich das alte Muster nach einiger Zeit mit dem neuen Partner einfach nur wiederholte. Denn bloß weil der Partner wechselt, wechselt nicht unser Spiegelbild.

Im Laufe unserer Arbeit haben wir aufgedeckt, dass ihr diese Gefühle von Wut und Verlustangst, die sie in diesen Situationen erlebte, schon lange bekannt waren durch Erlebnisse in ihrem Leben und speziell in ihrer Kindheit. Im nächsten Schritt haben wir daran gearbeitet, dass sie diese Gefühle wieder voll zulassen und fühlen konnte. Das ermöglichte ihr beim nächsten Mal, wenn ihr Freund wieder verabredet war, nicht in das Eifersuchtsdrama zu verfallen, sondern erst mal für sich selbst ihre Gefühle wahrzunehmen. In der nächsten Stufe hat sie begonnen, diese Gefühle, also die Angst, ihren Freund zu verlieren, die Wut darüber, sich nicht gesehen zu fühlen oder die Verzweiflung, dass sie keinen Einfluss auf ihn hatte, mit ihm zu teilen. Sie hat sich vollkommen verletzlich gezeigt. Sie konnte ihm diese Gefühle ehrlich mitteilen, aber ohne ihn und dadurch sein Verhalten manipulieren zu wollen. Ihr Freund war so überrascht davon und hat sich zum ersten Mal nicht angegriffen gefühlt, sondern konnte mitfühlen, was in solchen Momenten wirklich in ihr vorging.

Je häufiger sie es schaffte, ihre Gefühle zuzulassen und zu zeigen, desto kleiner wurden in diesen Situationen Wut, Angst und Traurigkeit. Sie hatte begonnen, die Gefühle wirklich zu fühlen und so zu verarbeiten. Aber das war nicht alles. Je mehr sie sich öffnete und zeigte, desto mehr konnte das auch ihr Partner. Im Laufe dieses Prozesses stellte auch er mehr und mehr fest, dass er einfach überfordert von der Arbeit und den Projekten in seinem Leben und das abendliche Weggehen oder Abtauchen in erster Linie ein Weggehen von dieser inneren Überforderung gewesen war. Als er das erkannte, reduzierte er die Arbeitszeiten und achtete darauf, was ihm guttat. So verbrachten sie auf ganz natürliche Weise mehr Zeit miteinander und bauten eine tiefere Verbindung als jemals zuvor auf.

Auf was ich hinaus will, ist, dass meine Klientin durch diese herausfordernden Situationen wahrscheinlich leichter einen Zugang zu diesen damit verbundenen Gefühlen und alten emotionalen Verletzungen gefunden hat und sie dadurch endlich aufarbeiten und heilen konnte. Das veränderte auch ihre Beziehung.

Solche Prozesse durfte ich bei vielen Partnerschaften begleiten und ebenso in meiner eigenen Beziehung erleben. Ich weiß dadurch genau, wie herausfordernd eine Partnerschaft sein kann. Ich weiß, wie sehr sie uns an unsere Grenzen bringt. Trotzdem will ich nicht aufhören, dich zu ermutigen, dass in jeder Partnerschaft noch so viel möglich ist, wenn wir die starren Vorstellungen vom Prinzen auf dem weißen Schimmel oder der liebevollen, sexy Traumfrau loslassen. Wenn wir offen werden für die Herausforderungen, vor denen wir gerade in unserem Liebesleben stehen. Wenn wir nicht mehr weglaufen, sondern die Selbstverantwortung für uns übernehmen, dann können wir echte Veränderungen und wahre Wunder erleben.

Memo an dich!

Deine Partnerwahl ist ein Spiegelbild deines Unterbewusstseins und dein Partner somit der perfekte Sparringspartner, um an deinen eigenen inneren Themen zu arbeiten. Nutze diese Chance, und tue dir damit etwas Gutes, anstatt weiterhin – an der Oberfläche – immer dem anderen die Schuld in die Schuhe zu schieben. Nur so ist wahre Veränderung möglich.

Partnerbörsen – mehr Auswahl bedeutet nicht bessere Beziehung

Die nächste große Liebe ist nur einen Wisch entfernt? Das suggeriert uns zumindest die schöne, heile Social-Media-Welt. Auch ich habe nur selten mit Singles gearbeitet, die nicht mindestens einmal auf einer Art Partnerbörse aktiv waren. Ich habe tatsächlich schon Menschen getroffen, die ihren Partner über Tinder oder Parship kennengelernt hatten. Wie so oft in unserer Welt stecken in allem ein Segen und ein Fluch. Das hört auch bei den Dating-Apps nicht auf. Solche Partnerportale ermöglichen es beispielsweise auch introvertierteren Menschen, leichter Kontakt aufzunehmen oder überhaupt neue Menschen – außerhalb ihres alltäglichen Umfeldes – kennenzulernen. Das ist zunächst gut, obwohl es die zugrunde liegende Schwierigkeit, mit anderen Menschen in Kontakt zu treten, natürlich nicht an der Wurzel packt. Dennoch passen diese Plattformen perfekt in unsere schnelllebige Wegwerf-Gesellschaft. Nach dem Motto: *Wenn etwas nicht taugt, dann suche ich mir halt was anderes.* Auf Beziehungen übertragen heißt das: Wenn ein Partner meine Bedürfnisse nicht in dem gewünschten Maße erfüllt, wische ich halt wieder nach links und suche weiter. Ein bisschen so wie bei der Auswahl eines Joghurts. *Wenn er uns nicht mehr schmeckt, kaufen wir eben einen anderen.*

Wo wir gerade bei Joghurt sind – ich weiß nicht, ob du schon mal in einem großen amerikanischen Supermarkt warst. Du stehst dort vor meterlangen Regalen, die eine unfassbare Auswahl von ein und demselben Produkt präsentieren. Das stresst mich persönlich dann immer nur, weil ich innerlich viel unsicherer werde, am Ende vielleicht nicht die beste Kaufentscheidung zu treffen. Und auch wenn ich mich entschieden habe, denke ich: Hätte es doch noch etwas Besseres, Leckeres gegeben? Ich bin sicher, so geht es einigen Menschen. Es gibt etliche Studien, die belegen, dass uns eine größere Auswahl unglücklicher macht, weil immer der Zweifel mitschwingt, die falsche Entscheidung gefällt zu haben. Scheitern inklusive.

Leider gilt das nicht nur für Joghurts, sondern auch für unsere Partnerwahl. All die Dating-Apps unserer Zeit suggerieren uns, dass es unzählige potenzielle Partner in unserer Umgebung gibt und das Glück nur einen Mausklick entfernt auf uns wartet. Eine Person ist hübscher als die andere oder hat eine noch sympathischere Beschreibung über sich formuliert. Die Entscheidung für einen Partner ist jedoch nicht das Ergebnis einer Pro- und Contra-Liste.

Ich habe ja bereits in den vorherigen Kapiteln über unsere Muster bei der Partnerwahl gesprochen. Die Art, wie wir Partnerschaft leben, welchen Mustern wir dabei folgen, ändert sich daher auch nicht, wenn man uns eine riesige Auswahl an potenziellen Partnerkandidaten präsentiert. Letztlich wirst du sowieso wieder nur mit dem- oder derjenigen daraus eine wirkliche Beziehung führen, der oder die am besten an dein unterbewusstes Muster anknüpft. Also kannst du gleich bei dir bleiben und aufhören zu glauben, dass Dating-Plattformen dir da Abhilfe verschaffen. Wenn du unter einer unbewussten Bindungsangst leidest, dann wirst du auch im x-ten Date etwas am anderen auszusetzen haben oder dich in genau die Person verlieben, die kein ernsthaftes Interesse an dir hat. Dann wischst du weiter nach links oder rechts, bis du kapierst: Es hat mit dir zu tun! Ich bin kein Gegner von Partnerportalen, solange du dabei verstehst, dass sie nicht die Lösung deiner Beziehungsprobleme sein werden.

Memo an dich!

Deine unbewussten Auswahlkriterien sind entscheidend dafür, ob du mit jemandem auf einer Wellenlänge bist oder überhaupt keine Chemie zwischen euch aufkommt. Dabei ist es auch egal, ob du deinen Partner live oder über eine Dating-Plattform kennenlernst oder wie viele potenzielle Kandidaten du auf deiner Suche in die Mangel nimmst. Am Ende führt der Weg zu wahrer Erfüllung so oder so nicht über den perfekten Partner, sondern über dich selbst.

Wie du dein Herz wieder öffnest

Was wären unsere Beziehungen ohne Gefühle? Diese tiefen Gefühle von Verbundenheit und Liebe zwischen zwei Menschen, die mit Worten kaum zu beschreiben sind. Das wäre nicht nur unvorstellbar, sondern einfach nur eine sehr traurige und langweilige Welt.

Unser ganzes Leben erhält erst seinen Geschmack, seine Farben durch unsere Gefühle. Sie sind der essenzielle Bestandteil unseres Menschseins, all unserer menschlichen Erfahrungen. Stell dir eine Welt vor ohne Gefühle. Das wäre ein trister Ort ohne Lebendigkeit. Wenn man Menschen fragt, was sie im Leben wollen, dann antworten die meisten: *Ich möchte glücklich sein.* Wir wünschen uns Liebe, Glück, Freude und Frieden – und das ist absolut verständlich. Um dahin zu kommen, versuchen wir, negative Gefühle wie Wut, Trauer, Angst und Schmerz zu vermeiden und stattdessen möglichst viele positive Gefühle zu erwecken. Genau das ist das Dilemma, warum so viele ihr Herz verschlossen haben.

Es ist gar nicht in Sachen Liebe zu, es ist verschlossen, weil wir Schmerz, Trauer oder Hilflosigkeit draußen lassen und nicht fühlen möchten. Negative und positive Gefühle gehören aber untrennbar zusammen, sie ergeben das komplette Gesamtbild, sie bedingen einander. So, wie Licht nicht ohne Dunkelheit existieren kann. Der Schatten nicht ohne die Sonne. Der Tag nicht ohne die Nacht. Wollen wir also unsere negativen Gefühle loswerden und unterdrücken, müssten wir uns komplett gegen das Fühlen verschließen. Diese Vermeidung unserer Gefühle ist schon so normal für uns geworden, dass wir gar nicht mehr merken, was wir da tun. Das geht so weit, dass unser Verhalten und unser ganzer Lebensweg davon geprägt sind, negative Gefühle zu vermeiden und angenehme zu suchen. Wir hängen wie eine Marionette an den Fäden in diesem Spielchen. Ob wir immer wieder an unser Handy gehen, um uns abzulenken oder uns von einer Beziehung in die nächste stürzen.

All das können Methoden sein, wie wir versuchen, uns von unseren momentanen Gefühlen abzulenken. Die Sehnsucht nach der Lebendigkeit und nach emotionaler Freiheit bleibt natürlich trotzdem weiterhin bestehen, und so beginnen wir, sie im Außen zu suchen. Ob Seitensprung oder Fallschirmsprung, hinter beiden Aktivitäten steckt meistens der große Schrei danach, sich wieder lebendig zu fühlen. Wenn wir wieder all unsere Gefühle zulassen können, die schönen wie die schweren, würden wir auch diese wunderbare Lebendigkeit wieder spüren und erleben. Und unser Herz? Wäre wieder offen. So einfach ist das. Und so komplex.

Es ist wohl eine der fatalsten Annahmen, dass es etwas Gutes sei, seine Gefühle unter Kontrolle zu haben. Letztlich bedeutet das, dass wir unsere Gefühle unterdrücken. Denn kontrollieren kannst du Gefühle ohnehin nicht. Anstatt zu lernen, wie man Gefühle aus der Welt schafft, müssen wir lernen, sie wieder vollkommen zulassen zu können. Dann erst können wir wieder frei werden, das zu tun, was wir wirklich wollen und nicht das, was am wenigsten negative Gefühle mit sich bringt. Wie viele Menschen bleiben in einer Beziehung hängen, weil sie glauben, dass sie den Schmerz über das Alleinsein oder die Trennung nicht aushalten. Und wer geht alles gar keine Beziehung mehr ein, weil er solche Angst davor hat, wieder verletzt zu werden?

Jetzt denkst du dir vielleicht, wenn ein Kind einmal auf eine heiße Herdplatte gefasst hat, dann wäre es schon ziemlich dumm, sich diesen Schmerz ein zweites Mal anzutun. Das stimmt. Aber noch dümmer wäre das Kind, wenn es nie wieder kochen würde, weil es sich verbrennen könnte und sich stattdessen ein Leben lang mit kaltem Essen aus der Dose zufrieden gäbe. Ein bisschen machen wir das so in unserem Leben und in Beziehungen. Ich weiß, mein Beispiel hinkt etwas, weil es mit emotionalem Schmerz anders ist als mit einer körperlichen Verletzung. Man bezeichnet Gefühle auch als Emotionen, was von dem lateinischen Wort »emovere« abstammt und so viel wie »aufwühlen« oder »in Bewegung setzen« bedeutet. Das ist sehr treffend, weil Gefühle letztendlich auch Energie in Bewegung sind.

Würden wir also der natürlichen inneren Bewegung unserer Gefühle Raum geben, könnten sie sich entladen und abklingen. Oder hast du schon mal ein Gefühl erlebt, das nie verging? Gefühle klingen ab, das funktioniert auf zwei Arten. Wir können sie entweder unterdrücken, dann gehen sie nur scheinbar weg, um in einem anderen Moment wieder aufzutauchen, oder wir lernen, sie wieder wirklich »auszufühlen«. Dann kann sich ihre Energie heilsam entladen, die Gefühle können »verbrennen« und lösen sich auf.

Das Leidvolle an negativen Gefühlen sind nämlich nicht die Gefühle an sich oder das Fühlen dieser Gefühle. Wenn wir genauer hinschauen, ist es unser Widerstand gegen sie. Leid entsteht erst dann, wenn wir nicht akzeptieren können und dagegen ankämpfen, was gerade ist. Das Ende des Leids wäre somit das Ende des Widerstands. Jedoch heißt Akzeptieren oder den Widerstand beenden nicht, dass einem alles egal ist oder man das Erlebnis, welches das Gefühl ausgelöst hat, gutheißt. Es bedeutet im ersten und wesentlichen Schritt, all das anzunehmen, was in der jeweiligen Situation innerlich in uns entsteht.

Du merkst hoffentlich, wie sinnvoll es ist, sich mit seinen Gefühlen zu beschäftigen, wenn man sich nicht nur eine erfüllte Beziehung wünscht, sondern insgesamt ein erfülltes, lebendiges Leben. Doch alle seine Gefühle wieder zu fühlen, ist einfacher gesagt als getan. Denn wir Menschen sind (unbewusste) Gefühlsunterdrücker. Teilweise stehen wir durch verschiedene Traumata sogar in einer solchen Trennung zu uns selbst, dass wir gar nicht mehr imstande sind, wirklich zu fühlen. Aber dazu mehr im Traumakapitel (siehe Seite 91 ff.).

Wenn ich gefragt werde, was mir selbst am meisten geholfen hat, Erfüllung in meiner Partnerschaft zu erleben, dann lautet meine Antwort: dass ich wieder Zugang zu meinen Gefühlen und damit zu meinem Herzen gefunden habe. Stück für Stück wurde ich mutiger, mein Herz wieder zu öffnen. Deswegen bin ich meinem Mentor Christian Meyer sehr dankbar, von dem ich das meiste über Gefühle und emotionale Arbeit lernen durfte und immer noch darf. Dieses entscheidende Kapitel wurde durch seine Lehre sehr geprägt.

Es galt lange als Ideal, das Leben möglichst rational anzugehen und einfach zu »funktionieren«. Für Gefühle war kein Platz, aufgrund der Fehlannahme, sie würden uns nur instabil machen und einschränken. Das wissen wir Gott sei Dank mittlerweile besser. In unserer heutigen Gesellschaft und dem Zusammenleben nehmen Gefühle endlich wieder einen wichtigen Platz ein. Ob im therapeutischen Kontext oder am Arbeitsplatz. Wir verstehen mehr und mehr, dass es absolut kontraproduktiv ist, unsere Gefühle überall raushalten zu wollen.

Das Unterdrücken unserer Gefühle macht uns auf Dauer sogar körperlich und seelisch krank. Man kann sich vorstellen, wie viel Kraft es kostet, Gefühle zu unterdrücken. Manch einer schafft es jahrelang, ein und denselben Schmerz bloß nicht hochkommen zulassen und wundert sich gleichzeitig über bleibende seelische oder körperliche Beeinträchtigungen. Genau genommen ist das ein ziemlich schlechter Deal. Es ist vergleichbar damit, wenn du einen Gartenschlauch abknickst und das Wasser weiterläuft. Was passiert? Kann das Wasser vorn nicht wieder raus, staut es sich, bis der Schlauch platzt. So ist das auch mit unseren Gefühlen. Unser Organismus wurde nicht zufällig mit dem Fühlen ausgestattet. Es ist einer der wichtigsten angeborenen Mechanismen, um Erfahrungen, die wir im Kontakt mit unserer Außenwelt erleben, auch verarbeiten zu können.

Gefühle – was ist das eigentlich?

Bevor wir jetzt aber in den Prozess des »Gefühlezulassens« eintauchen, schauen wir erst einmal, was Gefühle genau sind. Man könnte vereinfacht sagen, dass unsere Gefühle unsere Antwort auf das sind, was wir erleben. Zieht mein Partner zum Beispiel die Augenbrauen hoch, während ich das Essen vorbereite, dann nehme ich vielleicht die Sorge wahr, dass er meine Kochkünste anzweifelt. Umgekehrt kann es sein, dass mich beim Spazierengehen jemand Fremdes anlächelt, und schon steigt meine Laune. Sehen wir jemanden, dem es nicht gutgeht, so löst auch das etwas in uns aus.

Unsere Gefühle helfen uns, dass wir, ohne groß nachzudenken, wahrnehmen können, ob eine Situation gerade Sicherheit oder Gefahr für uns bedeutet. Dabei sollte man aber zwei Arten von Gefühlen unterscheiden: Gefühle, die in diesem Moment wie von allein in uns entstehen, und Gefühle, die wir selbst bewusst oder unbewusst durch unsere Gedanken erzeugen.

Wir betrachten einen Sonnenuntergang und fühlen uns wohl und freudig in diesem Moment. Dieses Gefühl taucht einfach wie von selbst in diesem Moment in uns auf. Was wir in großen emotionalen Ausbrüchen und Szenen erleben, sind meistens nur Gefühle, die wir durch unsere Gedanken erzeugt haben, so wie in meinem obigen Kochbeispiel. Dies gipfelt dann häufig in gegenseitigen Vorwürfen, die mit der jetzigen Ausgangssituation gar nichts zu tun haben. *»Du hast ja ...«* oder *»Du machst immer ...«*.

Ein Klassiker ist zum Beispiel, wenn ein neuer Schwarm sich einen Tag lang nicht zurückmeldet und im Kopf direkt verschiedenste Szenarien ablaufen: *»Er/Sie hat sowieso kein wirkliches Interesse an mir.«* oder *»Er/Sie hat bestimmt jemand anderen und spielt nur mit mir.«* usw. Ohne dass wir es merken, spinnen wir unsere Gedanken weiter, bis zu dem Punkt, an dem wir überzeugt sind, niemals jemanden zu finden und in unserer Einsamkeit unterzugehen. Dieses Gedankenkarussell löst dann Ängste, Traurigkeit oder Unsicherheit aus. Lauter Gefühle, die ohne unsere Fantasieszenarien und Interpretationen gar nicht da wären. Probiere es doch mal aus, und versuche, dich in einer solchen Situation einfach mal dazu zu entscheiden, aus dem Karussell auszusteigen. Geh mit deiner Aufmerksamkeit nach innen, und konzentriere dich dazu zunächst zum Beispiel auf deinen Atem, anstatt auf die Gedanken in deinem Kopf. Schnell wirst du feststellen, dass von der Gefühlslawine merkbar weniger übrig bleibt. Wirkliche Gefühle, denen wir die anfangs erwähnte Lebendigkeit in unserem Leben verdanken, existieren auf einer Ebene, die weit tiefer ist als unsere Gedanken.

Was außerdem viele Menschen mit ihren Gefühlen verwechseln, sind ihre Körperempfindungen. Wenn ich Klienten im Coaching frage, was sie gerade fühlen, höre ich meistens zuerst: *»Ich fühle so eine Enge im Hals.«* oder *»Da ist so ein Druck auf meiner Brust.«*. Das, was sie fühlen, sind erst mal nur Körperwahrnehmungen und keine Gefühle. Es ist sehr wichtig, das zu unterscheiden: Unsere Gefühle können zu Reaktionen in unserem Körper führen, aber sie sind nicht diese Körperreaktionen. Das wäre ein bisschen so, wie wenn wir den Geschmack unseres Essens auf heiß oder kalt beschränken würden.

Die wichtigsten Gefühle, die wir haben und kennen sollten, sind unter anderem: Wut, Freude, Schmerz, Liebe, Verzweiflung, Trauer, Heiterkeit, Angst, Ekel und Scham. Dementsprechend sollte eine Antwort auf die Frage »Wie fühlst du dich gerade?« auch lauten: *»Ich fühle Angst, ich bin verzweifelt, ich freue mich …«* Stattdessen wissen die meisten von uns, ohne darüber nachzudenken, erst mal gar nicht, was und wie sie auf diese einfache Frage ehrlich antworten sollen. Also, wie fühlst *du* dich? …

Keine Sorge, wenn du das auch gerade nicht gut beantworten kannst. Auf den folgenden Seiten folgt noch eine praktische Erläuterung zum Fühlen.

Memo an dich!

Dein Organismus wurde nicht zufällig mit dem Fühlen ausgestattet. Es ist einer der wichtigsten angeborenen Mechanismen, um Erfahrungen, die du im Kontakt mit der Außenwelt erlebst, ganzheitlich verarbeiten zu können. Wenn unangenehme Gefühle unterdrückt werden, gehen sie nur scheinbar und kurzfristig weg. Tatsächlich begleiten und steuern sie dich jedoch so lange, bis sie ihre essenzielle Aufgabe erfüllen und so wirklich zur Ruhe kommen können.

Gefühle? Nein, danke! – Wie wir unsere Gefühle eliminieren

Ich hoffe, dass du bis hierhin erkannt hast, dass wir alle Gefühle nicht nur zulassen dürfen, sondern eigentlich müssen. Wenn man das nicht annehmen kann, ist man weiterhin ein Tischtennisball, der permanent hin- und hergeschleudert wird, um negative Gefühle zu vermeiden und positive Gefühle anzuhäufen. Oft ist uns das Erste sogar wichtiger. So werden wir nie andauernde innere Ruhe finden, geschweige denn eine lebendige und erfüllte Beziehung führen.

Bevor wir uns aber genau anschauen, wie das mit dem Gefühlezulassen geht, müssen wir noch etwas anderes klären. Wir haben nämlich zunächst unzählige Mechanismen, um eben bloß nicht fühlen zu müssen, die es aufzudecken und zu durchbrechen gilt.

Fragen wir uns deshalb zuerst, warum wir unsere Gefühle überhaupt unterdrücken. Klar, sie können einfach verdammt unangenehm erscheinen, aber das allein ist nicht der Grund, warum wir sie uns vom

Hals halten wollen. Wir haben es, ehrlich gesagt, nicht besser vorgelebt bekommen. Schon unsere Eltern waren professionelle Gefühlsunterdrücker. Sie wurden wiederum ebenfalls von den anderen Generationen dazu erzogen, »vernünftig« zu sein und ihren Gefühlen wenig Raum zu geben. Eines verbindet jedoch alle Generationen miteinander: Wir haben das folgende Phänomen in unserer Kindheit erlebt. In den ersten Jahren sind wir noch sehr eng mit unseren Gefühlen verbunden, sie sind unser Zugang zur Welt. Sie signalisieren uns, ob wir gerade Hunger haben, aufs Töpfchen müssen, Liebe brauchen oder schlafen wollen. Gleichzeitig sind der Verstand und das Denken noch nicht ausgebildet. Das geschieht erst bis ungefähr zum zweiten oder dritten Lebensjahr. Das hat zur Folge, dass Säuglinge und Kleinkinder weder ihre Gefühle noch ihre Erfahrungen gedanklich einordnen können. Wird ein Kind allein gelassen, dann kann es noch nicht die mentale Leistung vollbringen und verstehen, dass Mama eigentlich nur kurz weggegangen ist, um etwas in der Küche zu erledigen und gleich zurückkommen wird. Ohne die Fähigkeit zu denken, kann es sich keine Vorstellung von Zeit oder der abwesenden Mutter machen. Somit fühlt sich das Alleinsein jedes Mal endgültig an. Die Gefühle werden dabei als etwas Bedrohliches wahrgenommen. Diese damit verbundenen Gefühlserfahrungen können sehr extrem sein und – eben auch von den bemühtesten Eltern ungewollt – bis hin zu traumatischen Prägungen führen.

Im Alter von circa drei Jahren bildet sich dann unser Denken aus, es wird unser wichtigstes »Gefühlsunterdrückungstool«. Später geben wir viel eher unseren Gedanken und unserem Verstand Raum als unseren Gefühlen. Gedanken geben uns nämlich eine Illusion von Kontrolle. Sobald ein Kind das erste Mal *»Ich will«* oder *»Ich will nicht«* denken kann und seine Ich-Identität somit anfängt, sich zu entwickeln, erlebt es eine Form von Macht. Gefühle dagegen sind nicht wirklich greifbar, geschweige denn kontrollierbar. Wenn wir ein Gefühl zulassen, wissen wir nicht, was es für ein Ausmaß annimmt und welche Intensität. So werden mit der Zeit die Gedanken über die Gefühle gestellt, besonders wenn wir noch eingeflößt bekommen, dass wir nun mal vernünftig sein und uns unter Kontrolle haben müssten. So geraten die Gefühle mehr und mehr in den Hintergrund, und es kommt zu einer Unterteilung in erwünschte und unerwünschte Gefühle.

Unsere Gedanken können die größte Blockade auf dem Weg zu den Gefühlen darstellen. Wir schaffen es kaum, eine kurze Zeit mit unserer Aufmerksamkeit bei unseren Gefühlen zu bleiben, ohne nicht auf einmal über das Mittagessen von gestern nachzudenken, über die Aufgaben, die anstehen, den Einkauf am Abend. Oder wir beginnen sofort damit, das Gefühl zu bewerten und zu analysieren. Wir befinden uns regelrecht in einem Abhängigkeitsverhältnis mit unseren Gedanken, die uns immer wieder weg vom Fühlen und damit weg von unserer Innenwelt ziehen. Es erfordert ein regelrechtes Training, wenn man von seinen Gedanken immer wieder zu der Frage *»Was fühle ich gerade?«* zurückkehren möchte.

Neben den Gedanken gibt es noch drei weitere unbewusste »Gefühlsblockierer«:

1. Die Vorstellung, dass Gefühle unaushaltbar sind.
2. Der Wunsch nach Kontrolle.
3. Die Befürchtung, dass wir nicht mehr richtig funktionieren, wenn wir uns von den Gefühlen überkommen lassen.

Um diese drei geht es auf den folgenden Seiten.

1. Die Unaushaltbarkeit der Gefühle

»Der Schmerz zerreißt mich innerlich.« – *»Vor Scham möchte ich im Boden versinken.«* oder *»Ich explodiere gleich vor Wut!«*. All diese bekannten Redewendungen und Aussagen veranschaulichen perfekt, was wir im Unbewussten mit heftigeren Gefühlen verbinden. Zerrissen werden, im Boden versinken oder explodieren – hinter diesen mentalen Bildern steckt wortwörtlich immer die Angst, das Gefühl nicht aushalten zu können, also durch seine Anwesenheit zu sterben. Eine existenzielle Bedrohung. Diese Todesangst, mit der wir gewissen Gefühlen

unbewusst gegenübertreten, hält uns davon ab, vollständig zu fühlen. Wir tragen die Überzeugung in uns, dass ein zu intensives Gefühl uns quasi töten könnte.

Dazu gilt es, eine wichtige Unterteilung zu treffen: Für Babys und kleine Kinder ist es tatsächlich so, dass zu heftige Gefühle eine lebensgefährliche Bedrohung darstellen. Denn der Mensch ist in den ersten Lebensjahren auf seine Erziehungspersonen angewiesen, um überleben zu können. Sei es die Bereitstellung von Nahrung und Wärme oder ein sicheres Dach über dem Kopf. Auch beim Fühlen ist es existenziell wichtig, dass Kinder von den Erwachsenen liebevoll unterstützt werden. Man kann sich das so vorstellen, dass Eltern einen Teil des zu starken Gefühls für ihr Kind übernehmen. Sie stellen so zusätzlichen Raum zur Verfügung, in dem sich das Gefühl lösen kann. So kann das Kind auch heftigere Gefühle aushalten.

Von Anfang an wird also auf unserer Festplatte eingespeichert, dass ein bestimmtes Gefühlsausmaß gefährlich für uns ist. Hierzu ein Beispiel: Wenn Zirkuselefanten jung sind, werden sie mit einem dicken Seil an einen kleinen, im Boden verankerten Holzpflock gebunden. Das reicht gerade aus, um den heranwachsenden Elefanten am Davonlaufen zu hindern. Sooft er es auch zunächst probiert, er kommt nicht vom Fleck. Irgendwann resigniert er und hört mit seinen Bemühungen auf. Selbst als ausgewachsener Elefant, für den der kleine Pflock im Boden keinerlei Hindernis mehr darstellt, versucht er es nicht einmal mehr. Die Erfahrungen von Aussichtslosigkeit und Ohnmacht haben sich bereits zu tief eingebrannt.

So ist das auch bei Menschen und der vermeintlichen Unaushaltbarkeit von Gefühlen. Als Erwachsener ist es uns möglich, jedes Gefühl auszuhalten. Bildlich gesprochen konnte unser Herz inzwischen heranwachsen, und ist nun groß genug, um allein allen Gefühlen mehr als genug inneren Raum zu geben. Das ist eine essenzielle Information. Wir müssen nur endlich den Mut dazu aufbringen, diese neuartige und bereichernde Erfahrung zu machen.

Hierzu ist es hilfreich, zu verinnerlichen, dass der Gedanke der Unaushaltbarkeit nun nur noch eine Art Wahnfantasie, ein Überbleibsel von früher, ist. Um diese hartnäckige Überzeugung aufzulösen, muss man seine persönlichen Befürchtungen zum Thema Fühlen hinterfragen und vollständig bis zum Ende durchdenken. So stößt man früher oder später auf den wahnhaften Teil: Wenn Gefühle wirklich unaushaltbar wären, müssten sie uns bei einer bestimmten Intensität ja tatsächlich umbringen. Und das ständig und immer wieder. Das ist jedoch Unsinn. Das Verrückte ist sogar, dass wir ja gerade dann gesundheitlichen Schaden nehmen, wenn wir die Gefühle unterdrücken. Genauso ein Wahnsinn ist auch die Vorstellung, dass Gefühle endgültig sind und nie wieder aufhören. Diese Illusion entsteht, wenn wir von einem starken Gefühl überrollt werden oder an einem Gefühl festhalten, indem wir es wieder und wieder gedanklich selbst erzeugen. In Wahrheit hat jeder von uns bereits die gegenteilige Erfahrung gemacht hat. Jedes Gefühl hört wieder auf. Das Einzige, das wir ein Leben lang mit uns rumschleppen, sind unausgefühlte, unterdrückte Gefühle.

Dass Gefühle weder unaushaltbar sind noch für immer bleiben, sind die entscheidenden Aspekte, die wir wirklich in unserem tiefen Herzen begreifen müssen, wenn wir unsere Gefühle voll und ganz zulassen wollen. Ansonsten werden wir immer wieder beim Fühlen durch diese Ängste aufgehalten.

Memo an dich!

Unausgefühlte, unterdrückte Gefühle schleppst du ein Leben lang mit dir herum. Wenn du jedoch begreifst, dass die Gefühle selbst weder unaushaltbar noch schädlich sind, kannst du ihnen neu begegnen, sie annehmen und so in einen heilsamen Kontakt mit deiner Innenwelt gehen.

2. Zeit, die Kontrolle loszulassen

Ob wir versuchen, unsere Wohnung penibel ordentlich zu halten, viel Geld zu verdienen oder unser Gewichtsproblem in den Griff zu kriegen. Es ist immer damit verbunden, dass man sich Kontrolle und somit ein Gefühl der Sicherheit wünscht. Auch wenn du die neue Eroberung nach dem Date ganz genau analysierst und schaust, ob er oder sie Potenzial hat oder nicht, verbirgt sich hinter deiner Prognose wieder der Wunsch nach Kontrolle über den Verlauf und Ausgang eurer Liebesgeschichte. Einfach gesagt, geht es uns dabei immer darum, unsere Gefühle zu kontrollieren, aktuelle ebenso wie potenzielle zukünftige Gefühle. Man kann sich gut vorstellen, dass Leichtigkeit, Lebendigkeit und Offenheit darunter leiden müssen. Doch Gefühle lassen sich nicht kontrollieren, sie lassen sich, wie beschrieben, höchstens unterdrücken.

Ich lade dich ein, jeglicher Kontrolle Tschüss zu sagen. Falls das auf Widerstand stößt, kannst du ja mal für einen Moment auf dein bisheriges Leben schauen. Hat dir der Wunsch nach Kontrolle wirklich geholfen, dich frei und lebendig zu fühlen? Oder hat es letztendlich eher zum Gegenteil geführt? Diese regelrechte Sucht nach Kontrolle ist das größte Gefängnis, in das wir uns selbst einschließen. Denn selbst jegliches Empfinden von Kontrolle ist und bleibt in Wahrheit sowieso nur eine Illusion – ebenso wie die dadurch erhoffte Sicherheit.

Was ist das Allerschlimmste, das passieren könnte, wenn unsere Kontrolle verloren geht? Wir könnten nicht sicher sein, dass wir nicht sterben. Hinter der Sehnsucht nach Kontrolle stehen am Ende die Angst vor dem Sterben und der Wunsch, sich dadurch nicht mit dieser Tatsache befassen zu müssen. Und so kämpfen manche Paare auch tatsächlich miteinander, als ginge es um Leben und Tod und nicht »nur« um den Haushalt, die Finanzen oder die Kindererziehung. Wieder andere bleiben lieber in der gewohnten und somit scheinbar sicheren Beziehungssituation, auch unter den unangenehmsten Bedingungen, nur um dafür der unsicheren Zukunft aus dem Weg zu gehen. Und so schränkt uns unser bitterliches Streben nach Kontrolle im Leben ein.

Das alles muss uns klar werden, um unsere teilweise heftigen Reaktionen in Partnerschaften nachvollziehen zu können. Mit heftigen Reaktionen meine ich nicht nur Wutausbrüche und Szenen, sondern auch völlige Selbstaufopferung, um eine Beziehung aufrechtzuerhalten oder das strikte Ablehnen einer engeren Beziehung, um stattdessen lieber sicher Dauersingle zu bleiben. Alles aus einem vermeintlichen Selbstschutz heraus.

In Wirklichkeit hast du die Kontrolle über rein gar nichts, besonders nicht über einen anderen Menschen. Man könnte höchstens davon sprechen, dass wir in gewissen Bereichen einen Einfluss haben, aber mehr nicht. Du hast keine Kontrolle darüber, ob jemand mit dir zusammen sein möchte, ob dein Partner bis an dein Lebensende bei dir bleibt, oder ob er übermorgen überhaupt noch am Leben ist. Genauso wie ich bisher noch keinen Menschen kennengelernt habe, der nur einen Funken dazu beitragen konnte, dass die Sonne morgens aufgeht oder nicht.

So sehr wir es auch mit verschiedenen Strategien versuchen, die Kontrolle über unsere Gefühlswelt zu bekommen, es klappt nicht. Wenn wir in einer Beziehung den potenziellen Schmerz vermeiden wollen, können wir natürlich stattdessen die Entscheidung treffen, uns auf niemanden mehr einzulassen. Dann erleben wir allerdings eines Tages einen Schmerz darüber, dass wir uns allein fühlen und niemanden an unserer Seite haben. Wir tauschen am Ende nur den unterdrückten Schmerz gegen einen anderen, also können wir es auch bleiben lassen und uns gleich mit dem ersten Schmerz auseinandersetzen. Das Problem ist nämlich nicht der Schmerz. Es ist unser Widerstand gegen ihn. Das Leid entsteht genau dadurch, dass wir uns dagegen wehren, was gerade in uns passiert. Haben wir jedoch eine Haltung von Hingabe, wird aus Schmerz kein Leid. Erst wenn wir also begreifen, dass dieses Weglaufen vor den eigenen Gefühlen bisher unser Hauptantrieb für jegliches Handeln war, können wir endlich damit aufhören. Man kann all die Kraft, die man bisher zur Gefühlsunterdrückung aufwenden musste, dann einsetzen, um wieder mehr und mehr in seine Selbstwirksamkeit zurückzukommen. Mit dieser Haltung können wir wirklich etwas in uns selbst und im Außen verändern. Dann ist plötzlich Platz für etwas Neues. Und hier beginnt wahre Freiheit.

Ich erinnere mich jetzt beim Schreiben an eine Zeit, in der ich Sterbebegleitung in einem Hospiz gemacht habe. Da ist mir eines ganz deutlich aufgefallen. All diese Menschen standen dort vor der wohl härtesten Aufgabe ihres bisherigen Lebens, nämlich das Leben loszulassen. Einige hatten zusätzlich auch noch starke körperliche Schmerzen. Trotzdem gab es zwei Gruppen: diejenigen, die sich im Kampf mit ihrer Situation befanden und die, die im Frieden damit lebten. Die einen hatten eine Haltung von Widerstand und die anderen von Hingabe. Beide waren objektiv mit demselben Schicksal konfrontiert, ihre innere Haltung hat jedoch den gesamten Prozess des Sterbens im Leben verändert. Ich weiß, mein Beispiel ist gerade ziemlich unromantisch. Es geht in diesem Buch ja um Beziehungen und die wunderbare Erfahrung von Liebe. Aber es macht sehr deutlich, wie existenziell das Fühlen als wichtiger, heilsamer Teil des Menschseins für unseren inneren Frieden und ein erfülltes Leben ist.

In einer Partnerschaft geht es nicht darum, an einen Punkt zu kommen, wo wir gar keinen seelischen Schmerz mehr erleben werden. Wenn wir es jedoch schaffen, an den Punkt zu gelangen, an dem jedes Gefühl gefühlt werden darf, machen wir eine zentrale Erfahrung. Erfüllung ist, wenn man im Frieden sein kann mit dem, was gerade innerlich geschieht und dabei realisiert: Ich bin nicht nur die tobenden Wellen an der Meeresoberfläche, ich bin auch vor allem der stille, tiefe Ozean darunter. Deswegen geht es nicht darum, unsere Gefühle zu verändern, sondern unsere Haltung ihnen gegenüber.

3. Durch Gefühle nicht mehr richtig funktionieren?

Eine weitere blockierende Befürchtung zum Thema Fühlen ist, dass wir nicht mehr richtig funktionieren, wenn wir uns von den Gefühlen überkommen lassen. Dieser Satz zeigt bereits sehr anschaulich, in welchem Verhältnis wir zu unseren Gefühlen stehen. Sich von ihnen »überkommen zu lassen« würde bedeuten, dass sie von außen über uns herfallen. Wir nehmen unsere Gefühle nämlich oft als etwas von uns Abgetrenntes wahr, das sich immer wieder gegen unseren Willen stellt und über uns kommt. Etwas Fremdes, das dazwischenfunken will, und das es also zu kontrollieren und in die Schranken zu weisen gilt. Oft nehmen wir unsere Gefühle daher als störend, unangenehm oder geradezu unangebracht wahr. Viele Menschen entschuldigen sich sogar dafür, wenn sie von Tränen der Rührung oder Trauer »überwältigt« werden. Ist ein Gefühlsausbruch also ein Zeichen von mangelnder Selbstbeherrschung? Eine Schwäche, an der noch gearbeitet werden muss?

Ein Gefühl, das sich nicht lösen kann, bindet die in ihm enthaltene Energie in unserem Körper, sodass wir keinen Zugang dazu haben. Diese Energie der ungelösten Gefühle wird so lange festgehalten, bis wir den Gefühlen Raum geben, sich ihre Energie dadurch entfalten kann und uns wieder zur Verfügung steht. Jetzt ist es aber nicht nur so, dass uns lediglich diese Energie verwehrt bleibt, wenn wir uns dem Fühlen verschließen. Es kostet noch einmal mindestens genauso viel Kraft, die unterdrückten Gefühle auch weiterhin aktiv abzuwehren. Viele Gefühle werden auf diese Art und Weise jahrelang systematisch unterdrückt und unter der Wahrnehmungsschwelle gehalten.

Man kann sich vorstellen, wie energieraubend es auf Dauer sein muss, seine Gefühle in Schach zu halten. Manche nehmen das als eine anhaltende Ausgelaugtheit oder ständige Müdigkeit, trotz ausreichend Schlaf, wahr. Andere spüren eine innere permanente, fast schon quälende Unruhe, die sich kaum durch irgendetwas überdecken lässt und sie nachts am Einschlafen hindert. Wieder andere leiden unter behandlungsresistenten Rückenschmerzen, wiederkehrenden Verspannungen oder Magenschmerzen. In Beziehungen leiden vor allem Nähe, Authentizität und Lebendigkeit darunter. Wie soll man im wirklichen Kontakt und in liebevoller Verbindung mit dem anderen sein, wenn man ganze Teile von sich selbst so sehr auf Abstand hält? Es muss einem bewusst werden, dass man sich damit um einen großen und wichtigen Teil des Menschseins selbst beschneidet. Gefühlsausbrüche und damit oft einhergehende Impulshandlungen sind bereits ein Zeichen von angestauten Gefühlen. Wie bei einer Sektflasche, die man immer wieder unachtsamen Erschütterungen ausgesetzt hat, und sich dann wundert, wieso beim Öffnen der Flasche alles nur so übersprudelt und nichts vom Genuss übrig bleibt.

Dennoch ist in den meisten Menschen die Vorstellung, mehr mit den eigenen Gefühlen in Kontakt zu sein, verbunden mit der Idee, dadurch weniger leistungsfähig oder sogar leistungsunfähig zu sein. In Beziehungen hat man Angst, sein Gesicht zu verlieren oder sich vor dem anderen bloßzustellen und seiner Rolle nicht mehr gerecht zu werden. Gefühle werden als eine Art Störfaktor im Alltag abgestempelt oder als Bedrohung für das mühsam aufrechterhaltene Selbstbild im Umgang mit anderen.

Auch dieser Überzeugung liegt wie so oft ein Missverständnis zugrunde. Denn es ist eigentlich das komplette Gegenteil der Fall: Stell dir vor, man ist bewusst oder unbewusst permanent damit beschäftigt, sich von Gefühlen ablenken zu müssen, gegen bereits vorhandene Gefühle rückwirkend anzukämpfen oder zukünftigen Gefühlen zuvorzukommen. Wie viel Konzentrationsfähigkeit kann da noch beispielsweise für die Arbeit übrig bleiben? Wie klar und geordnet können Entscheidungen getroffen werden, wenn es um wichtige Beziehungsthemen geht? Wie kann man überhaupt wissen, was man wirklich in einer Beziehung tun oder lassen will, wenn man dabei ständig von seinen unausgefühlten Gefühlen und Vermeidungsstrategien angetrieben wird? Das Fühlen und somit das anschließende innerliche Zur-Ruhe-Kommen ermöglichen einem erst, die eigenen Wünsche, Bedürfnisse und Themen wirklich zu erforschen und mitzuteilen. Erst dann kann man sich auch den Anliegen des Partners mit einer aufrichtigen und liebevollen Haltung öffnen.

In der Arbeit kann man sich mit einem zur Ruhe gekommenen Verstand um ein Vielfaches fokussierter auf das konzentrieren, was einem wichtig ist – man wird also sogar leistungsfähiger. Dennoch gibt es heutzutage noch gesellschaftliche Situationen, in denen man zumindest seine heftigeren Gefühle erst mal notgedrungen beiseiteschieben muss. Eine Lehrerin etwa kann nach einer Trennung nicht täglich vor der gesamten Schulklasse in Tränen ausbrechen, ohne dass dabei die vorgeschriebenen Unterrichtsinhalte zu kurz kommen würden. Hierbei ist es besonders wichtig, sich nach der Arbeit bewusst Zeit dafür zu nehmen, diesen Gefühlen nachträglich Raum zu geben, sodass sie sich lösen können. Für die Schulkinder wiederum kann es für die Kongruenz ihrer inneren und äußeren Wahrnehmung sehr wertvoll sein, kurz darüber informiert zu werden, dass man als Lehrerin heute nicht der womöglich gewohnte Sonnenschein sein kann.

Wenn wir unsere Gefühle also wieder mehr und selbstverständlich in unser Leben integrieren, führt das in unserer Beziehung nicht nur automatisch zu mehr Lebendigkeit, sondern auch zu mehr Verbundenheit und Nähe. Je mehr wir im ständigen Kontakt mit unseren Gefühlen sind, desto mehr sind wir im Kontakt mit uns selbst. Oder wie soll einem der Partner Verständnis entgegenbringen, wenn man sich selbst gar nicht richtig versteht? Das Fühlen ist dabei wie das Tor zu unserem eigenen tieferen Grund. Mit der Zeit wird man so immer gelöster und durchlässiger im Umgang mit den tobenden Wellen an der Oberfläche. Wenn wir uns also dazu entscheiden, alles, was innerlich in uns geschieht, anzunehmen, entsteht nicht nur ein liebevollerer und authentischer Umgang mit uns selbst, sondern auch mit allen anderen.

Eine Anleitung zum Fühlen

Fühl mal das Gefühl! – Der Satz klingt ziemlich simpel, und du wirst ihn in abgewandelter Form noch viele Male in diesem Buch lesen. Was so einfach klingt, ist nämlich in der Praxis oft gar nicht leicht. Deswegen will ich dir genauer erklären, wie das mit dem Fühlen funktioniert. Zunächst einmal fühlen wir alle von Natur aus und zu jeder Zeit, selbst wenn wir gerade nicht darauf achten. Doch der eine nimmt seine Gefühle scheinbar stärker wahr als der andere. Hier geht es nun um das ganz bewusste Fühlen.

Vergleichen wir zunächst noch mal das Fühlen mit unserem Geruchssinn. Stinkt es irgendwo nach Mist, dann riechst du es. Deine Nase registriert jeden Geruch, wenn du nichts dagegen tust. Du hast gewisse Möglichkeiten, dir den Mistgeruch vom Leib zu halten. Du kannst an Blumenduft denken, dich auf etwas anderes als den Geruch konzentrieren oder deine Nase zuhalten. Gleichzeitig gibt es verschiedene gesundheitliche Faktoren, die auf deinen Geruchssinn Einfluss haben können. Hast du zum Beispiel andauernd Schnupfen, dann fällt dir das Riechen schwerer. Wir riechen also automatisch, wenn wir erstens alle blockierenden Faktoren aus dem Weg schaffen und zweitens mit unserer Aufmerksamkeit beim Riechen bleiben wollen. Genauso ist es mit dem Fühlen.

Die Vorarbeit dafür ist bis hierhin schon mal geleistet, indem wir aufgedeckt haben, welche Mechanismen uns abhalten können vom Fühlen. Die Basis ist, dass du dich und deine persönlichen Gefühlsfluchtmechanismen kennenlernst und sie erkennst, wenn sie wieder eingreifen wollen. Der andere wichtige Teil des Fühlens ist die willentliche Entscheidung und eine innere einladende Haltung für das Gefühl. Das bedeutet, dass ich nicht nur das Gefühl über mich ergehen lasse, um es dadurch möglichst schnell wieder loszuwerden, sondern mich dafür wirklich entscheide. Einer meiner Mentoren, Christian Meyer, hat das mal mit einem schönen Bild verdeutlicht. Wenn ein Segler auf seinem

Boot in einen heftigen Sturm gerät, dann ist der sicherste Punkt auf dem Schiff der Hauptmast. An dem bindet er sich fest, bis der Sturm vorüber ist. Genauso müssen wir an unsere Gefühle herangehen, die wie ein heftiger innerer Sturm sein können. Wir bleiben mittendrin, sozusagen im Auge des Orkans, und entscheiden uns dafür, diesmal nicht wegzulaufen.

Es geht beim Fühlen nicht nur darum, vor einem Gefühl nicht zu flüchten oder es zu bekämpfen, genauso wenig sollten wir es stärker machen beziehungsweise uns in ein Gefühl hineinsteigern. Alle drei Varianten wären lediglich der Versuch, das, was gerade wirklich in uns geschieht, verändern zu wollen. Bleib beim Sturm an deinen Mast gebunden, und lass von jeglichem Machen los. Fühlen ist ein reiner Akt des Geschehenlassens.

Wenn wir es dann schaffen, dass das Gefühl da sein darf, wir mit unserer Aufmerksamkeit bei dem Gefühl bleiben und es vollkommen geschehen lassen können, ohne etwas damit zu tun, dann erleben wir, wie ein Gefühl vielleicht zunächst intensiver wird und dann schwächer, bis es schlussendlich langsam abklingt. Man sagt auch, dass das Gefühl »verbrennt«, weil dabei seine festgesteckte Energie freigesetzt wird und uns dann wieder zur Verfügung steht. Oft überkommt einen zunächst eine regelrechte Müdigkeit. Das resultiert daraus, dass man jetzt erst merkt, nachdem man all die Anspannung endlich beenden konnte, wie anstrengend es für den gesamten Organismus war, diese aufrechtzuerhalten. Zugleich bemerkt man ein innerliches Zur-Ruhe-Kommen, ein Ankommen bei sich selbst.

Diese Erfahrung, dass wir durch das vollständige Ausfühlen von Gefühlen in eine darunterliegende tiefe innere Ruhe gelangen, gibt uns genau das, wonach wir uns in einer Beziehung so sehr sehnen und vom anderen oft so vehement einfordern. In diesem unendlich weiten Raum, in den wir hineinsinken, hört das anhaltende Plappern des Verstandes auf, und wir erleben in dieser Stille tiefen inneren Frieden, Liebe, Geborgenheit, Glückseligkeit und Verbundenheit.

All diese essenziellen Bedürfnisse, die uns der andere erfüllen soll, können wir endlich selbst in uns stillen. Indem wir entdecken, dass die bisher fixe Idee von Bedürftigkeit und Mangel nur das Resultat davon war, dass wir uns von uns selbst und unserer inneren Wahrheit abgewandt haben. Die Fülle, die man dort erfährt, lässt einen erkennen, dass auch die Wahrnehmung vom Getrenntsein nur im Kopf erzeugt und am Leben gehalten wird. Das stellt keine Kompromisslösung für unerfüllte Bedürfnisse in einer Beziehung dar, sondern man muss realisieren, dass die zentralen Bedürfnisse – jetzt und rückwirkend – in ihrem Kern sowieso nur von uns selbst erfüllt werden können und niemals von anderen.

Erst ab diesem Punkt kann man endlich wahrhaftig freie Entscheidungen treffen. Dazu gehört natürlich auch, wie und ob man im Außen auf die jeweilige Situation reagieren möchte. Man ist nicht mehr der Getriebene, nicht mehr die Marionette, die mit jeder äußeren Handlung nur versucht, unangenehmen Gefühlen auszuweichen.

Auf diese Weise können sich auch heftige Gefühle nach kurzer Zeit auflösen, wenn wir gelernt haben, sie vollkommen zu fühlen. Da wir aber im Widerstand mit unseren Gefühlen sind und krampfhaft versuchen, sie nicht zuzulassen, begleiten sie uns erst recht Tage, Wochen, Monate oder manchmal ein ganzes Leben lang.

Übung: Schritt für Schritt zum Fühlen

Sorge dafür, dass du eine möglichst ruhige Umgebung hast und dich niemand stört. Nimm dir 10 bis 20 Minuten Zeit. Schließe deine Augen, und richte deine Aufmerksamkeit nach innen.

1. Atme mit einem lauten Seufzer aus. Dieser Ton hilft dir dabei, erst mal von den gröbsten Gedankenverstrickungen loszulassen, oberflächliche Anspannungen abfallen zu lassen und die Aufmerksamkeit auf deinen Körper zu richten.

2. Öffne leicht den Mund. So kann dein Körper den Atem frei fließen lassen und ihn selbst regulieren, denn dein Atem unterstützt dich beim Fühlen. Achte dabei darauf, dass du deinen Atem nicht bewusst steuerst und ihn schneller machst oder abschwächst. Es geht darum, auch seinen Atem einfach geschehen zu lassen.

3. Spüre zunächst deine Körperwahrnehmungen. Vielleicht nimmst du eine Enge in der Brust oder eine Anspannung im Nacken wahr? Oder ein Strömen und Vibrieren im ganzen Körper verbunden mit deinem Herzschlag?

4. Dann frage dich, ob du innerlich gerade eher Ruhe oder Unruhe wahrnimmst. Lass dir ruhig Zeit, es kann zu Beginn ungewohnt sein, mit der Aufmerksamkeit nach innen gerichtet zu bleiben.

5. Nun richte die Frage nach innen: *»Was fühle ich gerade?«* – Wut, Freude, Schmerz, Verzweiflung, Trauer, Heiterkeit, Angst, Ekel, Scham oder eine Abstufung davon? Vielleicht tauchen sogar mehrere Gefühle gleichzeitig auf. Es kann auch die Frage helfen: *»Welches Gefühl nehme ich in der Ruhe/Unruhe wahr?«* Oder nutze zunächst die Fragen: *»Welche Stimmung nehme ich wahr? Bin ich genervt, freudig, heiter, beunruhigt, unsicher, gelassen ...?«*

6. Jetzt lass dich vollkommen von dem Gefühl ergreifen, und lass dich bildlich gesprochen in das Gefühl hineinsinken. Lass dabei deinen Atem ganz frei fließen, womöglich entsteht auch ein Ton, der zu dem Gefühl gehört. Du willst nichts verändern, du willst nichts weghaben, tu einfach nichts, sondern lass los, und lass vollständig geschehen.

7. An der Stelle ist es wichtig, die eigenen Widerstände zu kennen. Geh mit deiner Aufmerksamkeit nicht deinen Gedanken, Bildern und Geschichten im Kopf nach. Kämpfe nicht gegen das Gefühl oder gegen begleitende Körperreaktionen, wie beispielsweise Tränen oder einen dazugehörigen Ton, an.

8. Jetzt finde einen Satz, der von dem Gefühl kommt, und wiederhole diesen Satz innerlich 5- bis 6-mal. Es reicht ein Satz wie *»Ich bin traurig.« – »Ich schaffe das nicht.« – »Ich bin fröhlich.«.* Vielleicht geht der Satz auch weiter: *»Ich bin traurig, dass ich so allein bin.«* Dieser Satz hilft dir, noch tiefer in das vorherrschende Gefühl hineinzufinden und es von anderen Gefühlen zu unterscheiden. Grüble aber nicht über den Satz nach, sondern lass ihn intuitiv kommen. Falls nicht immer ein Satz auftaucht, ist das auch in Ordnung.

9. Schmilz vollständig in das Gefühl hinein, nimm nicht nur den passiven Beobachterposten ein, sondern erlebe präsent, wie es langsam ausklingt oder wie es von anderen Gefühlen begleitet oder abgelöst wird.

Wenn man die Schritte nur liest, ist es gerade zu Beginn schwierig, gleichzeitig die Übung durchzuführen und mit der Aufmerksamkeit nach innen gerichtet zu bleiben. Alternativ kannst du dir auf der zu Beginn des Buchs (siehe Seite 12) angeführten Website die kostenlose Audio-Übung »Schritt für Schritt zum Fühlen« herunterladen, in der ich dich behutsam durch die Schritte führe. Diesen Download kannst du dann regelmäßig nutzen, um dich durch die Übung führen zu lassen.

Ich würde dir am Anfang raten, dir immer wieder zwischendurch, über den Tag verteilt, Zeit zum Fühlen zu nehmen. Du kannst auch mit einer morgendlichen Fühl-Session beginnen. Da reichen schon 5 bis 10 Minuten. Oder du richtest immer wieder zwischendurch kurz die Frage nach innen: »Was fühle ich gerade?«

Lieber impulsiv als sensitiv?

Gefühle zulassen zu können macht dich frei. Besonders frei davon, irgendwelchen Impulsen nachgehen zu müssen. Dabei zeigt sich nämlich schon das erste große Missverständnis zum Thema Gefühlezulassen. Nehmen wir mal das in Beziehungen allseits bekannte Streitthema *Müll rausbringen* ... Am liebsten würden wir in dem Moment dem Impuls der Wut nachgeben und den Partner zur Schnecke machen, dass er einfach seine vereinbarten Aufgaben im gemeinsamen Haushalt nicht erledigt.

Laut werden oder im schlimmsten Fall Teller an die Wand zu knallen, bedeutet aber genau nicht »die Wut zu fühlen«. Diese Reaktionen sind ein Zeichen dafür, dass wir das innere Kochen »nicht aushalten« und bereits dem Impuls der Wut nachgeben. Um das zu verstehen, muss man das einfache Gefühl vom daraus entstehenden Impuls unterscheiden. Das ist eine wichtige Unterteilung. Denn die Wut auszuagieren, also dem Handlungsimpuls der Wut nachzugeben, kann für kurze Zeit vermeintlich Linderung verschaffen. Doch es löst das Gefühl nicht auf, das entsteht, wenn man sich eigentlich mehr Unterstützung vom anderen wünscht. Das Schwierige daran ist, dass das Nachgeben der Impulse eigentlich immer nur alles schlimmer macht. Ich habe in meiner Arbeit noch nie ein Paar erlebt, dass so zu irgendeiner fruchtbaren Lösung gekommen ist. Würden wir stattdessen erst fühlen und nicht sofort diesem Impuls nachgeben, würden wir deutlich eher an den Schmerz kommen, der dem ganzen Mülldilemma in Wirklichkeit zugrunde liegt. Vielleicht an den Schmerz darüber, dass wir uns nicht gesehen oder nicht ernst genommen fühlen, wenn unser Partner mal wieder den Müll vergisst. Wenn wir also Verantwortung für unsere Gefühle übernehmen würden, könnten wir uns danach auch viel eher dem Partner in (innerlicher) Ruhe öffnen, um gemeinsam eine konstruktive Lösung zu finden. Wut beinhaltet nämlich im Grunde sehr viel schöpferische Energie und schreit nach Veränderung. Man kann all ihre Energie dazu benutzen, zu planen, was man tatsächlich verändern möchte, und dies dann auch umsetzen. Ein vorschneller Handlungsimpuls verfolgt hingegen wieder nur das Ziel, die Wut am Ende nicht fühlen zu müssen.

Ein weiteres gutes Beispiel für unser Impulsausleben ist die Eifersucht. Eifersucht ist zunächst ein Mischgefühl, das aus mehreren Gefühlen besteht, nämlich vor allem aus Wut, Neid und Schmerz. Der einzige Weg, Eifersucht zu heilen, ist, die damit verbundenen Gefühle anzunehmen und wirklich zu fühlen. Stattdessen geben wir aber meistens dem ersten Impuls nach. Wir wollen die Wut und den Schmerz darüber nicht fühlen, der in uns hochkommt, wenn unser Partner am Abend lieber etwas mit seinen Freunden unternimmt, anstatt mit uns Zeit zu verbringen. Also geben wir dem Impuls nach und starten das große Drama. Wenn du aber wirklich emotional frei sein möchtest, musst du dich deiner Gefühle annehmen und nicht die Ursache für sie ständig im Außen suchen und sie dort bekämpfen.

Dem Impuls eines Gefühls nachzugeben ist nämlich auch die Konsequenz daraus, dass wir unbewusst annehmen, das eigentliche Gefühl nicht aushalten zu können. Eigentlich könnte Wut auch vorübergehen, ohne einem Impuls zu folgen. Man nimmt das innere Kochen wahr, kann es fühlen, geschehen lassen und nichts tun, um sich davon abzulenken. Wenn wir dadurch der Wut innerlich Raum geben, kann sie sich lösen, und wir sehen plötzlich klarer, worum es uns bei dem ganzen Drama eigentlich geht. Dann können wir uns dem Partner in Ruhe liebevoll und ehrlich darüber mitteilen.

Selbstverständlich heißt das nicht, dass man alles nur noch mit sich ausmachen soll und durch das Fühlen aller Gefühle nie wieder Diskussionen entstehen oder keine Grenzen mehr gesetzt werden müssen. Es geht vielmehr darum, zu erkennen, aus welcher Intention heraus man gerade handelt und was man eigentlich damit erreichen will.

Ich will an der Stelle noch eine Anmerkung zum Thema Wut ergänzen. Wenn man am Anfang steht beim Thema Fühlen, dann ist es extrem herausfordernd, die Wut nicht einfach auszuagieren oder hinunterzuschlucken. Da ist es ratsam, sich Rückzugsorte zu schaffen, um der Wut zusätzlichen Raum zu geben, indem man ihr Ausdruck verleiht. Gib dabei den festgesteckten körperlichen Impulsen nach, und schlag auf ein Kissen, schreie laut im Wald, oder wirf deinem imaginären Gegenüber alle wütenden Sätze an den Kopf. Oft ist das auch hilfreich, um in das Gefühl der Wut und des darunterliegenden Schmerzes überhaupt hineinzufinden. Die Hauptsache ist, du lässt sie nicht unangebracht an deinen Mitmenschen aus, denn dadurch entsteht nichts als Leid. Je mehr du dich auf diese Weise genauer mit dir beschäftigst und dich mit deinen Gefühlen im Inneren auseinandersetzt, desto mehr wirst du auch deiner größten Wut auf einer ganz neuen Ebene begegnen können.

Ich erzähle dir das alles so ausführlich, weil ich aus unzähligen Coachings weiß, welcher Meilenstein das sein kann, nicht nur wieder zu seinen Gefühlen zu finden, sondern sie vollkommen fühlen zu wollen und zu können. Dieser Schritt macht uns authentisch, lebendig und frei. Nur so können wir auch wieder in die Selbstverantwortung für unsere Gefühle kommen und aufhören, unserem Partner oder anderen die Schuld dafür zu geben, was letztendlich in uns ausgelöst wird.

Die Tragödie bei der Vermeidung unserer Gefühle ist, dass wir, wenn wir Schmerz, Trauer, Wut oder Angst nicht fühlen wollen, auch Liebe, Freude, Heiterkeit und inneren Frieden nicht in ihrer Echtheit und Gesamtheit fühlen können. Stattdessen geben wir uns mit einem fahlen und zumeist gedanklich erzeugten Abklatsch davon zufrieden. Und so kommen wir zum Kern dessen, warum ich das alles hier schreibe. So viele Menschen bleiben dann auch bei der Verliebtheit und besagten Schmetterlingen im Bauch hängen, weil sie niemals die Erfahrung machen, wie wahre Liebe sich in ihrer Tiefe anfühlt.

Memo an dich!

Wenn du Gefühle wie Schmerz, Trauer, Wut oder Angst aus deinem Leben verbannen willst, kannst du auch Liebe, Freude, Glückseligkeit und inneren Frieden nicht in ihrer Echtheit, Gesamtheit und Tiefe fühlen.

Ich fühle einfach nichts

Es ist nicht unüblich, dass manche zu Beginn bei der Übung »Schritt für Schritt zum Fühlen« nichts wahrnehmen. Das hat mehrere Hintergründe. Zum einen kennen wir Gefühle meist nur, wenn sie sehr stark sind, wie zum Beispiel euphorische Freude, ein uns überrollender Schmerz oder eine lähmende Angst. Uns fehlt die Sensibilität, feinere Gefühlsnuancen wahrzunehmen. Man kann nämlich auch eine ganz leichte Traurigkeit und eine schwache Angst verspüren. Hierfür braucht es dann einfach nur mehr Übung, um wieder feinfühliger zu werden. Denn eigentlich fühlen wir permanent etwas. Das ist der Normalzustand. Alles andere kann man sich vorstellen wie eine Entfremdung, manchmal sogar wie eine tatsächliche Dissoziation, eine Abspaltung von sich selbst. In diesem Fall kann es eben auch vorkommen, dass man eine regelrechte Taubheit erlebt bei dieser Übung. Das möchte ich dir mit einem anschaulichen Beispiel verdeutlichen.

Leg das Buch mal für einen Moment zur Seite, und mach eine ganz feste Faust mit deiner Hand, mach sie so fest, wie du kannst. Jetzt versuche, etwas in deiner Handinnenfläche zu spüren. Bis auf den Schmerz über das Eindrücken deiner Finger wirst du wahrscheinlich nicht viel merken. Jetzt öffne deine Hand, und entspanne sie, und gehe mit der Aufmerksamkeit in deine Hand. Du wirst merken, dass du auf einmal wieder ganz zarte Wahrnehmungen registrieren kannst, du spürst vielleicht ein Strömen oder ein feines Vibrieren in deiner Hand. Wie fühlt sich deine Hand an: Ist sie heiß? Brennt sie? Kribbelt sie? Oder kennst du die Körperempfindung, wenn du nach einem anstrengenden Fußmarsch die Beine hochlegen kannst? Oft schmerzen sie dann mehr als beim Gehen.

Was möchte ich dir mit diesem kleinen Selbstversuch zeigen? Durch Anspannung verlieren wir unsere Sensibilität. Diese Anspannung in unserem Körper entsteht zum einen durch unsere sukzessive mentale Unterdrückung der Gefühle. Zum anderen kann es aber auch mit früheren Traumatisierungen zu tun haben, dass unser Körper dichtmacht und versucht, sich die Gefühle vom Hals zu halten. Wir entwickeln Anspannungen im Körper, die dann irgendwann so normal werden, dass wir es gar nicht mehr bemerken. Nimm dir jetzt einen Moment, und nimm wahr, wo du gerade deinen Körper unbewusst anspannst und wo er sich gelöster anspürt. Vielleicht hast du deine Schultern leicht hochgezogen oder deinen Bauch eingezogen, sodass der Atem kaum in den Bauchraum fließen kann. Meistens merken wir diese Anspannungen erst, wenn sie extrem geworden sind und sich zum Beispiel als Nacken- oder Rückenschmerzen bemerkbar machen.

Eine Physiotherapeutin hat mir erzählt, dass viele Patienten beim Massieren gewisser Triggerpunkte emotionale Ausbrüche erleben, zu weinen beginnen oder sogar Wut verspüren. Der Widerstand und die Verspannungen gegen das Fühlen haben also direkte körperliche Auswirkungen. Das Problem an diesen Anspannungen ist, dass sie letztendlich dazu führen, dass unser Atem blockiert ist und nicht frei fließen kann. Beim Fühlen gilt nämlich die Faustregel: Je freier dein Atem fließen kann, desto freier können es auch deine Gefühle. Deswegen braucht es im Coaching oft erst mal Zeit, dass durch intensive Körperarbeit der Körper wieder gelöster wird.

Übung: Schmelzatem

Eine einfache Übung, um selbst körperliche Anspannungen zu lösen, ist, dass du die Augen schließt, mit der Aufmerksamkeit durch deinen Körper wanderst und dabei die Stellen aufsuchst, die sich momentan angespannt anfühlen. Ich rede hier nicht von einem Krampf, sondern es reicht, wenn du Nuancen von Anspannung wahrnimmst.

Bleibe mit deiner Aufmerksamkeit an der Stelle. Jetzt beginne bewusst, dorthin zu atmen, und stell dir dabei vor, wie bei jedem Einatmen an der Stelle die Anspannung schmilzt und beim Ausatmen wegfließen darf. Als ob ein Eiswürfel an der angespannten Stelle ist, der sich erwärmt und immer weiter schmilzt. Gerade das innere Bild vom Schmelzen unterstützt sehr gut bei der Übung. Du kannst auch gern zusätzlich deine Hand an die Stelle legen oder jemand anderen bitten, das zu machen.

Wundere dich nicht, wenn dabei womöglich Gefühle wie Wut, Angst oder Schmerz auftauchen, es ist sogar ein Zeichen dafür, dass sie sich endlich lösen können. Entspannung ist nämlich nicht gleichzusetzen mit einem inneren und äußeren Ruhezustand. Sich wirklich zu entspannen bedeutet, innerlich zurückzutreten und endlich unserem Körper sowie unseren Gefühlen die Möglichkeit zu geben, sich zu lösen. Es ist auch in Ordnung, wenn du beim ersten Mal noch keine gigantische Veränderung bemerkst. Das braucht Zeit. Deswegen mach die Übung für mehrere Tage, du wirst spüren, wie sich dein Körper immer gelöster anfühlt, und es dir leichter fällt, deine Gefühle wahrzunehmen.

Falls du dich wunderst, dass du gerade bei der Übung so schwer ins Fühlen kommst, obwohl du aus deinem restlichen (Beziehungs-)Leben sehr heftige Gefühle kennst, erinnere ich dich daran, dass es Gefühle gibt, die durch den jetzigen Moment wie von allein entstehen und andere, die wir erst durch unsere Gedanken selbst erzeugen. Die sogenannten »Second Hand«-Gefühle. Du kannst daher beim nächsten Gefühlsausbruch prüfen, ob das Gefühl einfach in dir aufsteigt oder mit einer Geschichte in deinem Kopf verbunden ist – *»Er verhält sich nur so, weil er mich gar nicht wirklich liebt.«* – *»Ich werde sowieso immer allein gelassen.«*

Die vier Bewusstheitsebenen

Wir alle haben eine riesige Sehnsucht nach Liebe und nach dem Gefühl, ganz beziehungsweise vollkommen zu sein. Dazu fehlt in den Augen vieler nur der richtige Partner oder dass der Ehemann oder die Ehefrau uns endlich wertschätzt, dass wir endlich Kinder bekommen oder wir den perfekten Job finden. Ständig scheinen wir nur diesen einen Schritt vom Glück entfernt zu sein.

Die schlechte Nachricht ist: Leider werden wir diese Vollkommenheit nicht im Außen finden. Die gute Nachricht lautet: Dennoch gibt es sie. In jedem von uns. Sie ist nämlich immer schon da gewesen. Ich bin wahrscheinlich nicht der Erste, der dir das sagt. Zahlreiche philosophische Überlieferungen sowie fast alle tiefgründigen spirituellen Lehren weisen genau darauf hin. Es ist quasi unsere tiefste Essenz, von der wir uns selbst abgeschnitten haben. Ich will dir davon hier am Ende dieses Kapitels erzählen, weil es sonst einfach unvollständig wäre. Denn durch das Fühlen können wir in genau diese Tiefe gelangen, und deswegen lege ich darauf so einen großen Wert. Das Fühlen ist das Eintrittstor, um endlich wirklich präsent sein zu können, es ist der Schlüssel am Weg zur langersehnten Erfüllung. Daher muss ich einfach immer wieder darauf herumreiten. Noch klarer wird es durch die vier Bewusstheitsebenen:

Die oberste Schicht sind unsere Gedanken und Bilder sowie all die Geschichten in unserem Kopf. Dann kommen unsere Sinnes- und Körperwahrnehmungen, als Nächstes unsere Gefühle, und die unterste Schicht bilden die tieferen Erfahrungen wie allumfassende Liebe,

Glückseligkeit, Unendlichkeit und Stille. Wenn man in diese tiefen Seins-Zustände und Erfahrungen eintaucht, wird oft auch vom »Erwachen« oder der »Erleuchtung« gesprochen, da es tatsächlich so wirkt, als würde man aus einem Traum erwachen und endlich klar sehen können. Oder als ob endlich Licht ins Dunkel der inneren Suche gebracht wird. Man macht dabei nämlich die Erfahrung, innerlich ganz und gar vollständig zu sein. Anstatt der bisher erlebten Mangelzustände erfährt man all die Fülle und Verbundenheit, die eigentlich da ist und tief in uns unter all den eben erwähnten Schichten begraben liegt.

Auf dem Weg hin zum Fühlen können wir durch diese verschiedenen Schichten durchwandern und in der Tiefe schließlich erfahren, dass jegliche Suche nach Erfüllung in einer Beziehung nur eine Projektionsfläche war. In Wahrheit suchen wir diesen Zustand der Erfüllung verzweifelt im Außen, den wir aber nur in uns selbst entdecken können. Wer tiefer in diese Themen eintauchen möchte, für den stelle ich im Literaturverzeichnis im Anhang dieses Buchs einige weiterführende Empfehlungen zusammen.

Memo an dich!

Gefühle sind weder lästig noch behindern sie dich im Leben oder in deiner Partnerschaft. Sie können dein Anhaltspunkt sein auf der Reise zu dir selbst und einer erfüllten lebendigen Partnerschaft voller Nähe und Echtheit. Wichtig ist, dass du dich dafür öffnest, deine Haltung zu ihnen zu verändern und endlich *alles* zu fühlen.

Wie ticke ich wirklich?

W*er bin ich?«* – Viele Menschen stellen sich immer mal wieder im Leben diese Frage. Und keine Sorge, ich möchte in diesem Kapitel keinen großen philosophischen Diskurs über das Dasein starten, sondern mit einem zentralen und gleichzeitig komplexen Einfluss für eine glückliche Beziehung weitermachen. Es geht nämlich um uns selbst und darum, wie gut wir uns kennen.

Jeder glaubt, er kenne sich gut, die wenigsten tun es jedoch wirklich. Kaum etwas fasziniert mich mehr in meiner Arbeit als die Komplexität der menschlichen Psyche, und ich kann bestätigen, nirgendwo können wir uns selbst eher begegnen und besser kennenlernen als in einer Partnerschaft.

Ich versuche, jeden Tag zu erforschen, welche Kerneinflüsse unser Verhalten bestimmen. Ich dachte lange Zeit, dass es die Beziehungsfähigkeit sichert, wenn Eltern einen einigermaßen guten Job machen. Diese sehr einfache Faustregel hat sich aber in meinem Arbeitsalltag nicht bewahrheitet. Es sind nämlich noch weitere Faktoren sehr entscheidend dafür, wie sich unsere Verhaltensstrukturen und Bindungsmuster entwickeln.

Zum einen ist da unsere Charakterfixierung, die wir quasi in die Wiege gelegt bekommen. Das schönste und vollständigste Modell hierfür ist das Enneagramm, mit dem ich sehr viel arbeite. Diese Lehre ist mehrere tausend Jahre alt und wurde über die Zeit immer weiter verfeinert und erweitert, was sie in meinen Augen zu einem der wertvollsten Modelle macht. Das Enneagramm unterscheidet neun verschiedene Charakterfixierungen, mit denen wir in diese Welt geboren werden können. Aus der Arbeit mit Hunderten Klienten im Eins-zu-eins-Coaching kann ich bestätigen, dass jeder Mensch tatsächlich sehr eindeutig einem dieser neun Typen zugeordnet werden kann.

Zum anderen sind unsere Vorfahren ein riesiger Einflussfaktor auf unsere Beziehungsfähigkeit. Damit meine ich nicht nur den aktiven, direkten Einfluss, wie es durch unsere Großeltern geschehen ist, indem sie unsere eigenen Eltern erzogen haben und so maßgeblich daran beteiligt waren, wie diese wiederum uns erzogen. Sie haben zudem einen passiven Einfluss, indem sie uns nicht nur äußerliche Merkmale vererbt haben, sondern auch innere. Dass es Erbkrankheiten und gewisse körperliche Veranlagungen gibt, ist mittlerweile ein medizinisches Faktum. Genauso können sich auch Bindungstraumata und Bindungsmuster vererben.

Jetzt möchte ich dich erst mal mitnehmen auf eine kleine Reise der Selbsterkenntnis.

Verstehst du dich, verstehst du deine Beziehungen

Wie oft saß ich schon in einer Beziehung da und dachte, wenn dieses oder jenes an meiner Partnerin anders wäre, dann würden unsere Probleme der Vergangenheit angehören, und wir könnten fortan glücklich miteinander leben. Ich wollte es einfach nicht anerkennen, dass das, was ich gerade in meiner Partnerschaft erlebte, viel mehr mit mir selbst zu tun hatte. Und ich vermute, dass es dir nicht anders ergeht. Was kannst du denn dafür, dass dein Partner sich nicht öffnet? Was hat es mit dir zu tun, wenn sie oder er keine Lust mehr auf Sex hat? Warum trägst du auch die Verantwortung, wenn dein Partner fremdgeht?

In den vorherigen Kapiteln habe ich bereits aufgezeigt, warum wir niemals aus Zufall in einer bestimmten Partnerschaft landen. Wir begegnen dort einfach nur immer wieder unseren ureigenen inneren Themen. Jedoch passt uns das oftmals nicht, weil wir es lieben, uns in der Opferrolle zu verkriechen. Es ist bequemer, die Schuld dem anderen in die Schuhe schieben zu können, anstatt sich endlich mit sich selbst auseinanderzusetzen. Du wirst aber niemals, und ich betone es – NIEMALS – eine erfüllte Beziehung erleben, wenn du nicht zu hundert Prozent die Verantwortung übernimmst. Selbst wenn dein Partner dich schlecht behandelt, ist es deine Entscheidung, bei ihm zu bleiben. Auch wenn er fremdgegangen ist, kannst du ihn verteufeln und als Monster darstellen oder dich fragen, ob du selbst überhaupt noch glücklich warst in dieser Beziehung und nicht vielleicht innerlich ebenfalls schon lange aus der Beziehung ausgestiegen bist. Oder wenn er keine Gefühle zeigt, dann nimm einmal wahr, wie sehr du überhaupt mit dir und deinen Gefühlen in Kontakt bist, oder ob du mit dem Fokus viel mehr bei deinem Partner bist als bei dir selbst.

Eines der wichtigsten Ziele meiner Arbeit in den Coachings ist es, Menschen in die volle Selbstverantwortung zu verhelfen. Ansonsten ist und bleibt jeder Veränderungsversuch nicht mehr als ein Versuch. Um die volle Verantwortung für uns und unser Handeln zu übernehmen, müssen wir uns aber erst mal dessen bewusst werden. Daran scheitert es in erster Linie. Wir kennen uns und unsere Muster selbst eigentlich kaum.

Vielleicht hast du die unbewusste innere Überzeugung, dass die Welt ungerecht ist und du dich selbst immer schützen und auf dich aufpassen musst. Deswegen gehst du keinem Konflikt aus dem Weg. Du wunderst dich dann aber, warum andere Menschen dich ständig wütend machen oder scheinbar ungerecht behandeln. All das ist nur die unmittelbare Konsequenz aus deinen eigenen Verhaltensmustern und Grundüberzeugungen, mit denen du durch die Welt marschierst. Deine Wahrnehmung der Außenwelt ist dabei wie ein Spiegel deiner Innenwelt.

Hast du schon mal überlegt, dir ein neues Auto zu kaufen? Sind dir dann auf einmal in deiner Umgebung unzählige von genau dieser Marke oder Farbe aufgefallen? Egal ob Auto, Frisur, Brille – es ist immer das Gleiche. Dieses Phänomen nennt man selektive Wahrnehmung. Es zeigt schön, dass wir unbewusst den lieben langen Tag mit unserer eigenen Brille durch die Welt rennen und dabei sogar manchmal noch glauben, dass wir irgendetwas objektiv bewerten könnten. Vergiss es! Alles wird sofort in das Raster eingeordnet, wie du auf die Welt blickst.

Hast du die Grundüberzeugung entwickelt, dass das Leben ungerecht zu dir ist, wird dein Unterbewusstsein jede neue Erfahrung dem anpassen. Genau du wirst dann angemeckert, dass der Müll nicht rausgebracht wurde, was einfach nur ungerecht ist, weil du ja schon den Abwasch gemacht hast. Oder vielleicht hast du eher die Grundüberzeugung, dass du dir durch Hilfsbereitschaft die Liebe von anderen verdienen musst. Dann wiederum wirst du eher bemüht sein, die Situation wieder glattzubügeln und schleunigst zum wiederholten Male selbst den Müll rausbringen, um die Liebe deines Partners nicht zu verlieren. Oder vielleicht ist deine wichtigste unterbewusste Strategie im Leben, alles so richtig wie möglich zu machen, und du neigst zu einem gewissen Perfektionismus. Dann wirst du dich mit Händen und Füßen in der Situation verteidigen und dem anderen eher klarmachen wollen, warum es Wichtigeres zu tun gab, und es noch nicht der perfekte Zeitpunkt zum Müllwegbringen war. Eine Situation und drei verschiedene Brillen.

Je weniger du dich mit dir selbst auseinandergesetzt hast, desto unbewusster bist du in deinem Verhalten. Du hast vielleicht noch nie durchschaut, dass du nur so hilfsbereit bist, weil das bereits deine Strategie in der Kindheit war, damit deine Eltern dir wohlgesonnen blieben. Unsere Brille wird irgendwann so ein fixer Teil von uns, dass wir sie gar nicht mehr bewusst wahrnehmen. Wenn wir nicht sehen, dass es unsere eigene Prägung ist, wenn wir das Leben als ungerecht empfinden, werden wir ein Leben lang gegen die Menschen ankämpfen, die uns scheinbar so ungerecht behandeln und uns immer selbst als armes Opfer sehen. Du kannst dir vielleicht vorstellen, wie anstrengend es mit einem Menschen mit so einer unterbewussten Grundüberzeugung in einer Partnerschaft sein kann. Das ist ein ständiger Kampf, Missverständnisse sind vorprogrammiert, weil man natürlich normalerweise nicht vorhat, seinen Partner vorsätzlich ungerecht zu behandeln. Trotzdem kann der Partner potenziell jedes Verhalten als Ungerechtigkeit erleben, aufgrund seiner selektiven Wahrnehmung.

Die neun Charakterfixierungen

Es gibt so viele Persönlichkeitsmodelle, doch keines ist so vollständig und präzise wie das Enneagramm. Ich würde sogar so weit gehen, dass die Bezeichnung »Persönlichkeitsmodell« für die Tiefgründigkeit des Enneagramms nicht ansatzweise ausreichend ist. »Enneagramm« – ziemlich abgefahrener Name, ich weiß. Das Wort kommt aus dem Griechischen und bezeichnet ein neuneckiges grafisches Symbol.

Die Basisthese ist: Jeder Mensch wird mit einer von neun verschiedenen Charakterfixierungen geboren. Deine eigene Charakterfixierung zu kennen ist ein wirklicher Gamechanger. Sie kann vieles in deinem Leben verändern, weil sie dir genau deine unbewussten Kernmuster, nach denen du handelst, aufzeigt. Du kannst so verstehen, was deine wichtigsten Strategien sind, um positive Gefühle zu erwecken und vor allem um negative Gefühle zu vermeiden. Dabei lernst du, zu unterscheiden, in welchen Situationen du nur blind deinen inneren Vermeidungsstrategien folgst und wann nicht. Das Enneagramm beschreibt dabei genau diese Strategien und die eigentlichen Antriebe dahinter. Dabei geht es nicht um Schubladendenken, ganz im Gegenteil. Die Persönlichkeit eines Menschen ist nämlich das, was ohne diese stereotypen Verhaltensweisen übrig bleibt, sie ist immer einzigartig. Durch das Enneagramm können wir den Blick auf unsere blinden Flecken richten, um zu sehen, wie wir wirklich ticken. Das hilft dir dabei, dem wahren Antrieb hinter deinen Entscheidungen und Handlungen auf die Schliche zu kommen und so dich selbst zu erforschen. Ich liebe es, auch bei Paaren mit diesem Modell zu arbeiten, denn dadurch verstehen meine Klienten natürlich nicht nur sich selbst besser, sondern auch das Verhalten ihrer Partner.

Jeder Mensch ist anders und tickt anders – das ist jedem bewusst. Nichtsdestotrotz rutschen wir immer wieder da rein, dass wir so sein möchten wie jemand anderer. Wir wünschen uns vielleicht, abgehärteter oder fleißiger zu sein. Wir wünschen uns, dass wir uns mehr Gedanken um uns machen, anstatt immer nur zu schauen, dass es den anderen gutgeht. Kennst du jedoch deine Charakterfixierung, wirst du durchschauen, dass oftmals hinter gewissen Eigenschaften, die wir bei anderen bewundern, nur ihre eigenen Vermeidungsstrategien stecken und auch du wiederum deine persönlichen Stärken und Herausforderungen hast. Denn keine Charakterfixierung ist beziehungsfähiger als eine andere. Im Gegenteil, jede hält uns auf ihre Weise davon ab, eine lebendige und authentische Partnerschaft führen zu können. Auf den folgenden Seiten stelle ich dir die Kernmerkmale der einzelnen Fixierungen vor, in denen du dich wiederentdecken kannst.

Memo an dich!

Deine eigene Charakterfixierung zu kennen ist ein wirklicher Gamechanger. Sie kann vieles in deinem Leben verändern, weil sie dir genau deine unbewussten Kernmuster, die dich in deinem Tun steuern, aufzeigt. Du kannst so verstehen, wie und warum du so vehement versuchst, bestimmte Gefühle zu erzeugen und andere zu vermeiden.

Welche Fixierung habe ich?

Das Kennenlernen der eigenen Fixierung ist ein wichtiger Schritt im Prozess der Selbsterkenntnis. Sich selbst zu durchschauen ist entscheidend für den Weg der Veränderung. Jeder Mensch kann einer Fixierung zugeordnet werden.

Wundere dich aber nicht, dass du dich auch in anderen Charakterfixierungen erkennst, weil wir trotzdem kleinere Anteile von allen Fixierungen in uns haben. Die Fixierungen werden im Enneagramm ganz simpel durch eine Nummerierung gekennzeichnet. Es gibt dort den Einser-, Zweier-, Dreiertyp usw. bis zum Neuner. Die Zahl selbst hat keine Wertigkeit. Der Einser-Typ ist weder wichtiger noch häufiger als der Neuner. Ich habe darüber hinaus den Fixierungen zum besseren Verständnis noch Namen gegeben, die die Kernmerkmale gut auf den Punkt bringen.

Um seine eigene Fixierung zu finden, geht es gar nicht darum, welche Reihe an Verhaltensweisen man an den Tag legt, in erster Linie dreht sich alles um das »Warum«. Daher ist es auch nicht sinnvoll, sich von anderen einer bestimmten Fixierung zuordnen zu lassen. Denn das würde ja auf Beobachtungen von nach außen hin sichtbaren Handlungen basieren. Ein und dasselbe Verhalten kann aber sehr unterschiedlichen inneren Antrieben zugrunde liegen. Die Fragen nach dem »Warum« und »Wozu«, und somit die Frage nach der eigenen Fixierung, kann also schlussendlich nur jeder selbst für sich erforschen und beantworten. Zu Beginn jeder Beschreibung werde ich deswegen als anschauliches Beispiel erzählen, wie der jeweilige Typ eine Party organisieren würde und vor allem was dabei sein Antrieb wäre. Und natürlich können alle Typen Frauen oder Männer sein.

Jemand mit einer Einser-Fixierung, ein perfektionistischer Veränderer, würde zum Beispiel die Party am ehesten allein organisieren, weil er davon überzeugt ist, dass nur seine Ansprüche an Perfektion hoch genug sind, um wirklich alles korrekt und perfekt zu machen.

Er könnte die Party dann auch schwer genießen, weil er ständig darum bemüht wäre, dass alles richtig und nach Plan abläuft. Würde ein Mensch mit einer Dreier-Fixierung, also ein blendender Workaholic, als Partyplaner aktiv, dann würde es ihm bei der Organisation in erster Linie darum gehen, dass alle Besucher am Ende ganz begeistert davon wären und darüber schwärmen, was für ein toller Partyplaner er ist. Die gleiche Party, zwei verschiedene Fixierungen und zwei komplett unterschiedliche Motivationshintergründe.

Einen kleinen Tipp habe ich noch. Überlege beim Lesen auch, wie du mit ungefähr zwanzig Jahren warst. Also in dem Alter, in dem wir uns entwicklungsbedingt in der Hochphase der für unsere Fixierung typischen Verhaltensweisen befinden. Lass dich nicht davon irritieren, dass ich vor allem die negativen Seiten der Fixierungen beschreibe, und versuche, möglichst wertfrei zu lesen. Wichtig ist hierbei, zu verstehen, dass nicht die Verhaltensweisen an sich schlecht sind oder Leid erzeugen, sondern der Antrieb, der eigentlich dahintersteckt. Solange man diesen oft unbewussten Antrieb nicht erkennt, sind unsere Handlungen sozusagen vergiftet, bis hin zur Manipulation derer, die man liebt. Daher gibt es auch keine bessere oder schlechtere Fixierung – sie alle halten uns davon ab, unser wirkliches Selbst leben und entfalten zu können.

Typ 1 – Der perfektionistische Veränderer

Einser sind nicht die klassischen Partymäuse, aber wenn sie eine Party organisieren, dann machen sie es richtig. Na ja, so, wie sie es für »richtig« halten nach ihren eigenen perfektionistischen Ansprüchen. Sie werden sich sehr strukturiert an die Partyplanung machen, und ihre genaue To-do-Liste sorgt dafür, dass sie nichts vergessen. Wahrscheinlich organisieren sie die Party lieber allein, weil sie die anderen nicht für so zuverlässig halten und es vor allem so haben möchten, wie sie es zum gegebenen Anlass für richtig erachten. Sie können die Party selbst schwer genießen, weil sie ständig darum bemüht sind, dass alles nach Plan abläuft.

Die Einser sind oft klassische Musterkinder, weil sie richtige Perfektionisten sein können und sehr leistungsorientiert sind. Ordnung und Pünktlichkeit zählen sie zu ihren Tugenden. Durch ihren Perfektionismus versuchen sie, besonders den Gefühlen von Hilflosigkeit und ihrem Zorn zu entkommen.

Sie sind sehr darauf bedacht, alles richtig zu machen. Es gilt die unausgesprochene Regel: Nur wenn ich alles richtig mache, kann ich mit mir zufrieden sein. Sie wollen die Ansprüche anderer erfüllen, aber besonders sie selbst haben hohe Ansprüche an sich. Sie unterliegen einer starken Selbstkontrolle und auch Selbstkritik. Das Problem ist nämlich, dass wir in einer Welt leben, in der es kein objektives Richtig oder Falsch gibt. Das ist ihr Dilemma, sie rennen einem unerreichbaren Ideal hinterher und werden immer wieder damit konfrontiert, gar nicht alles richtig machen zu können. Es begleitet sie dadurch ein gewisser Frust, dass weder sie selbst, geschweige denn das Leben oder die Mitmenschen, so sind, wie sie sein sollten. Am schmerzhaftesten ist und bleibt aber für sie ihre eigene Unvollkommenheit.

Sie sind in allem sehr verantwortungs-, pflichtbewusst und gewissenhaft. Wenn du dir also einen Zahnarzt suchst, der wirklich einen guten Job macht und dein Implantat nicht nach ein paar Monaten wieder rausfallen sollte, suche dir einen Zahnarzt mit einer Einser-Fixierung.

Die Einser können in einer Partnerschaft ziemlich anstrengend werden, weil sie die Ansprüche, die sie an sich selbst haben, auch an ihren Partner und ihre Beziehung haben. Ihr Partner muss sich ebenfalls nach ihren Vorstellungen richtig verhalten. In der Gegenwart der Einser hat man spannenderweise immer automatisch das Gefühl, sich benehmen zu müssen, Haltung anzunehmen und dass man aufpassen muss, sich adäquat zu verhalten. Gleichzeitig schaut man sehr zu ihnen auf, weil sie stets ihr ganzes Leben gut und so, wie es sich scheinbar gehört, auf die Reihe kriegen. Dabei sehen die wenigsten hinter die Fassade, um zu erkennen, was für eine Anstrengung und Selbstgeißelung damit verbunden sein kann.

Typ 2 – Das bedürftige Helferlein

Die Zweier würden eine Überraschungsparty für ihren Partner organisieren, auch wenn sie gar nicht darum gebeten werden. Für jeden würden sie die Partyplanung jedoch nicht übernehmen. Stattdessen tun sie lieber gezielt alles dafür, dass es ihrem Auserwählten gefällt und dieser dabei besonders gut dasteht. Sie sind nur darauf bedacht, dass der andere sich wohlfühlt und auf das, was er oder sie will und braucht. Am Ende ist die größte Genugtuung für sie, wenn sie dafür ihre angemessene Dankbarkeit bekommen. Leider ist ihnen diese Wertschätzung jedoch nie genug, um damit ihr inneres Mangelempfinden zu sättigen.

Ihr größter Motor ist es, dass sie gebraucht werden. Die Zweier sind regelrecht süchtig danach. Gerade in einer Partnerschaft sind sie prädestiniert dafür, sich für den anderen aufzuopfern, egal ob der andere sie darum bittet oder nicht. Sie wollen damit unbewusst sicherstellen, dass der andere sie nicht verlässt. Von klein auf sind sie immer eher das brave Kind, das sich ganz lieb um alles kümmert und hilfsbereit ist.

Dennoch sind sie oft sehr überfordert, weil sie zu früh schon die Fürsorge für Eltern oder Geschwister übernehmen. Unbewusst haben sie die Vorstellung, dass Liebe immer an eine Bedingung geknüpft ist. Sie haben gelernt, dass sie am ehesten geliebt werden, wenn sie zärtlich, verständnisvoll sind und ihre eigenen Bedürfnisse hintanstellen. Die Zweier sind oft und gern Kummerkästen für jeden, der etwas auf dem Herzen hat. Um aber für alle anderen da sein zu können, müssen sie ihre eigenen Bedürfnisse und Gefühle unterdrücken, bis sie keinen Zugang mehr zu ihnen haben.

Dabei muss man sagen, dass sie nicht wahllos, immer und zu allen hilfsbereit sind. Die Zweier suchen sich eher einen Menschen, der ihren eigenen Status erhöht und um den sie sich dann kümmern können. Deswegen ist ein anschauliches Bild für die typischen Zweier auch das der Firstlady, der Frau des Präsidenten, die immer in dessen Schatten ihr Bestes gibt.

Zweier wirken immer sehr rücksichtsvoll, aber in ihnen stecken auch kleine Furien. Sobald sie Stress erleben und überfordert sind, können sie auch mal aus der Haut fahren. Wenn sie sich beispielsweise verletzt fühlen, können sie sehr hart reagieren, was dann meistens überraschend für ihr Umfeld ist.

Typ 3 – Der blendende Workaholic

Der Dreier erklärt sich niemals aus purer Selbstlosigkeit zum Partyplaner bereit. Wenn er eine Party organisiert, dann ist seine größte Hoffnung, möglichst viel Lob und Anerkennung dafür einzuheimsen. Er kann so eine Organisation mit viel Leichtigkeit und Effektivität hinkriegen. Dabei wird es ihm in erster Linie darum gehen, dass die Party zumindest oberflächlich einen guten Eindruck macht. Für Details, die nicht jeder sieht, verschwendet ein Dreier keine Zeit.

Die Dreier sind die klassischen Erfolgstypen. Sie strahlen eine vertrauenserweckende Leichtigkeit aus und gelten oft als Sonnenschein. Aufgaben erledigen sie sehr effektiv und kompetent, neigen aber manchmal zu einer gewissen Oberflächlichkeit. Andere zu motivieren und zu begeistern ist absolut ihr Ding. Dabei sind sie selbst wie ein Feuer, das genauso schnell wieder erlöschen kann, wie es sich an einer Sache entfacht hat.

Ihr Leben ist in erster Linie darauf ausgerichtet, Lob und Anerkennung zu bekommen. Das ist das Öl für ihr Feuer, das Benzin für ihren Motor, die Dreier tun alles dafür. Sie haben wie einen sechsten Sinn für andere Menschen und wissen sofort, wie sie sich am besten »verkaufen« müssen, um gut anzukommen. Das ist auch ihr größtes Problem, dass sie sich immer wieder neu maskieren, um von anderen gemocht zu werden. Dadurch fällt es ihnen schwer, wirklich authentisch zu sein, und sie sind abhängig von der Reaktion der anderen. Sie haben es von allen neun Typen mit am schwersten, ihre eigenen Gefühle überhaupt wahrzunehmen. Als Kind hatten sie den Eindruck, dass sie sich durch ihre Leistung Liebe verdienen können. So hatten sie das Gefühl, eher für ihre Leistung geliebt zu werden als um ihrer selbst willen. Auch im Erwachsenenalter ist ihr Leben auf Leistung und Gewinnen ausgelegt, da sie ihre ganze Lebensenergie aus ihren Erfolgen ziehen.

In dem, was sie machen, sind sie sehr kompetent und können sich gut nach außen präsentieren. Eine große Herausforderung ist für sie die Wahrhaftigkeit, weil sie sich gern durch kleine Unwahrheiten und Übertreibungen noch besser darstellen wollen. Sie betrügen sich dabei selbst und meiden die Konfrontation mit sich. Unbewusst haben sie Angst vor der Leere, wenn sie erkennen müssten, dass sie sich ohne ihre Masken und Erfolge vollkommen wertlos fühlen.

Eine Beziehung kann dann schnell dazu verkümmern, dass sie ihnen nur dazu dient, noch mehr Anerkennung zu bekommen. Durch ihren schlechten Zugang zu ihren eigenen Gefühlen und ihrer Unverbindlichkeit fällt es ihnen schwer, sich wirklich auf jemanden einzulassen.

Typ 4 – Die Dramaqueen

Wenn sie eine Party organisiert, liegt ihr die Extravaganz und Ästhetik sehr am Herzen. Ihre Party wäre keine »Standardparty«, denn für die Vier ist es von großer Bedeutung, dass ihre Party etwas ganz Besonderes ist und sich von der Masse abhebt. Es ist ihr vor allem wichtig, dass die anderen diese Schönheit anerkennen. Sie hofft, als Partyplaner aufzufallen, um im Rampenlicht stehen zu können. Zudem wird sie durch ihr Outfit dafür sorgen, dass sie auf ihrer Party nicht zu übersehen ist.

Vierer sind häufig künstlerisch begabt und betrachten sich selbst als sehr sensibel oder rühmen sich damit, anders als der Durchschnitt zu sein. Sie haben einen Hang zu Schönheit und Stil, was man auch an ihrem Kleidungsstil erkennen kann. Durch ihre Kleidung wollen sie schon auffallen und besonders sein, dennoch soll es spontan und beiläufig wirken. Der sehnsüchtige Wunsch nach Authentizität wird generell großgeschrieben. Außerdem haben sie ein enormes Bedürfnis danach, gesehen und in ihrer Einzigartigkeit verstanden zu werden.

In ihrer Kindheit haben sie oft die Erfahrung gemacht, dass die Gegenwart unerträglich und sinnlos ist. Meist mussten sie auch auf gewisse Weise einen Verlust hinnehmen. Sie haben dann begonnen, in ihre Innenwelt abzutauchen und sich neue Liebesquellen in ihrer Fantasiewelt zu erschaffen. Sie fühlen eine große Sehnsucht nach dem Verlorenen und spüren manchmal Heimweh und Fernweh zugleich.

Die Vierer hoffen auf ihre Retter auf einem weißen Schimmel oder im Gewand einer guten Fee, die sie durch ihre Liebe endlich aus ihrem Leid erlösen. Daher wählen sie oft Partner, die eine gewisse Stärke ausstrahlen. Schließlich kann ihnen ihrer Meinung nach nicht jeder in all dem Weltenschmerz zur Seite stehen. Mit ihrem Hang zur Melancholie versuchen sie unbewusst, sich von ihren echten Gefühlen fernzuhalten. Im Vergleich wirken diese nämlich bedrohlicher, und so suhlen sie sich stattdessen förmlich lieber in ihrem bereits angenehm vertrauten Leid.

Für Ablehnung und Verlust geben sie sich stets selbst die Schuld. Sie glauben, wenn jemand wüsste, wie sie wirklich sind, wäre das kaum erträglich für den anderen. Sie produzieren regelrecht Situationen, in denen sie abgelehnt oder verlassen werden können, um diese perverse Abwärtsspirale am Laufen zu halten. Eine süße Traurigkeit und Versunkenheit begleiten wie eine Melodie ihr Leben. Dabei schwanken sie zwischen Phasen übertriebener Aktivität und Phasen der Lähmung.

Die Vierer mögen Skandale und Verbotenes und stehen insgeheim gern dank eines dramatischen Auftritts im Mittelpunkt. Gerade durch die magische Anziehung zum Drama erhoffen sie, ihre Trauer und Angst vor der Ablehnung zu mildern.

Typ 5 – Der weise Außenseiter

Bevor sich Typ 5 an die Partyplanung macht, verschlingt er zunächst die wichtigsten Fachbücher und Informationen zum Thema Feierlichkeiten. Die Fünf will erst mal alles über dieses Gebiet wissen, bevor sie sich an die Umsetzung macht. Gleichzeitig ist aber so eine Partyplanung gar nicht ihr Element, denn die Fünfer sind eher introvertiert und meiden gern zu viele Menschen.

Die weisen Außenseiter denken immer erst, bevor sie handeln. Manchmal denken sie auch so viel, dass die Handlung ausbleibt. Sie sind sehr wissensdurstig und empfänglich für neue Fakten und Eindrücke und gern Entdecker neuer Ideen. Forscher, Erfinder, Wissenschaftler, Philosophen sind häufige Berufe der Fünfer. Dinge werden von ihnen bis ins Detail erkundet und Bücher auch immer zu Ende gelesen. Fünfer sind oftmals kleine Nerds, können aber auch sehr originell, verlässlich und tiefsinnig sein.

Da sie selbst eher still sind, sind die Fünfer gute Zuhörer. In zwischenmenschlichen Beziehungen ist es ihnen wichtig, sich willkommen zu fühlen. Sie geben sich immer eher mit wenig zufrieden. Ihre Kindheit ist leider oftmals geprägt gewesen von wenig Zärtlichkeit und Nähe, innerer Leere und einem Gefühl der Heimatlosigkeit. Ihr ganzer Wissensdurst entspringt auch dem Wunsch, genau diese innere Leere zu füllen und sie so nicht fühlen zu müssen. Sie rennen der Illusion hinterher, dass sie ihr Leben kontrollieren und sichern können, wenn sie genug wissen. Jedoch sind die Informationen niemals genug, und so lesen sie noch ein neues Buch oder besuchen ein weiteres Seminar, um ihr Wissen zu vertiefen.

Es fällt ihnen schwer, ihre Gefühle auszudrücken und wirkliche Beziehungen und Freundschaften zu knüpfen. Meistens haben sie nur wenige, aber sehr enge Freunde. Sie tragen ihr Herz sprichwörtlich im Kopf und wirken stets kontrolliert und ruhig. Das lässt sie schnell nach Außen etwas eingebildet und kalt wirken. Sie versuchen, sich auch meistens so zu verhalten, dass sie unbemerkt bleiben und möglichst niemand etwas von ihnen will. Nichtsdestotrotz haben sie ein intensives Gefühlsleben. Die Gefühle kommen aber eher erst nach einem Ereignis, also ein bisschen zeitlich verzögert.

Ihre eigene Privatsphäre und ihr geschützter Raum sind ihnen sehr heilig, da können sie ihre Gedanken und Gefühle ordnen und sich auf Neues innerlich einstellen. Du kannst dir vorstellen, dass gerade enge Paarbeziehungen für Fünfer ein unsicheres Gewässer sind, sie gehen Verbindlichkeiten aus dem Weg. Und sie stecken dabei ständig im Zwiespalt zwischen dem Wunsch nach Nähe und der Angst davor. Es ist nicht untypisch für die Fünfer, dass sie ihr Leben lang ihre eigene Wohnung behalten und ungern für immer mit dem Partner zusammenziehen.

Typ 6 – Der loyale Zweifler

Der Sechser ist wahrscheinlich zuerst einmal begeistert von der Rolle des Partyplaners, denn in seinem Kopf sind mit dem Bild einer Party Spaß und Freude verknüpft, also ist er sofort Feuer und Flamme und erklärt sich für die Planung bereit. Auf den zweiten Blick ist er dann jedoch schnell damit überfordert. Wenn man genauer darüber nachdenkt, gibt es so viele Möglichkeiten, etwas falsch zu machen, was wiederum dazu führen könnte, dass die anderen schlecht über einen reden. Typ 6 wird sich dann also den Kopf darüber zerbrechen, ob er das wirklich machen will und soll.

Gleichzeitig fällt es ihm schwer, nachträglich seinem Versprechen nicht nachzukommen. Und so wird er erst mal alles auf die lange Bank schieben und stattdessen alle möglichen anderen Dinge erledigen, die nichts mit der Partyplanung zu tun haben. Dennoch wird ihm diese Party ab sofort schon viele schlaflose Nächte bereiten, in denen er darüber nachgrübelt, wie die anderen die Party wohl haben wollen. In Gedanken spielt er alle möglichen Szenarien dazu durch. Lediglich die praktischen Vorbereitungen lassen auf sich warten. Erst wenn es kurz vor der angekündigten Party stressig und die Zeit knapp wird, wird Typ 6 plötzlich so richtig produktiv.

Vorweg kann ich bereits verraten, dass knapp die Hälfte aller Menschen eine Sechser-Fixierung hat, weshalb dieser Fixierung hier etwas mehr Zeilen gewidmet sind. Gleichzeitig gilt die Sechs als das Chamäleon unter den Fixierungen, da das an den Tag gelegte Verhalten mitunter sehr stark variieren kann. Es lohnt sich daher wieder einmal besonders, den inneren Antrieben Beachtung zu schenken.

Die loyalen Zweifler sind von Grund auf kleine Angsthasen, jedoch würden sie das niemals selbst von sich behaupten. In ihrer Selbstwahrnehmung erleben sie sich nämlich viel eher als »bedacht« und nicht so »naiv« und »unüberlegt« wie andere Menschen. Es scheint manchmal, als hätten sie einen sechsten Sinn für Gefahren. Dahinter verbirgt sich eine gehörige Portion Angst. Hauptsächlich ist es die Angst davor, etwas falsch zu machen und von anderen Menschen aufgrund des eigenen Fehlverhaltens abgewiesen oder ausgeschlossen zu werden. Um der Angst zu entkommen, versuchen sie, sich in ihrem Kopf schon jegliche Worst-Case-Szenarien auszumalen, in der Hoffnung, sich so dagegen wappnen zu können. Sie merken nicht, dass sie gerade durch diese Gedankenspiralen ihre Ängste oft noch verstärken.

Da sie so oft von Selbstzweifeln bestimmt werden, sind sie prinzipiell eher vorsichtig und misstrauisch. Das bemerken sie meist gar nicht, sondern haben die unbewusste innere Überzeugung, dass die Welt gefährlich sei und man sich vor ihr hüten müsse. Daraus resultiert eine permanente innere wie äußerliche Anspannung und das sehnsüchtige Streben nach Sicherheit. Bei Autoritäten nehmen sie daher gern Zuflucht, weil sie sich dort sicherer fühlen und ihnen klar gesagt wird, wie sie sich verhalten sollen. Auch in ihrer Partnerwahl fühlen sie sich eher von selbstsicheren Persönlichkeiten angezogen. Ihnen fehlt dabei aber ein gewisses Urvertrauen, und so sind sie auch in Beziehungen immer auf der Hut und können sich schwer richtig fallen lassen. Sie sind stattdessen, je nach Situation, eher ständig hin- und hergerissen zwischen Unterwürfigkeit und Dominanz, abhängig davon, wie sicher sie sich darin fühlen.

In ihrer Kindheit haben sie oft die Erfahrung machen müssen, dass die Erwachsenen und die Welt unberechenbar sind und sie sich davor schützen müssen. Da sich das meiste in ihrem Leben im Kopf und durch ihre Gedanken abspielt, erleben sie dieselbe Willkür und Instabilität dort jedoch erneut. Es erklärt die oft blitzartigen Stimmungswechsel von himmelhochjauchzend bis zu Tode betrübt – je nachdem, welcher gedankliche Film gerade abgespielt wird. Viele Sechser nehmen sich dadurch selbst als sehr emotional wahr. Das Tragische daran ist allerdings, dass sie eigentlich gar nicht wirklich fühlen können. Weil sie nur in ihren Gedanken unterwegs sind, wirken sie oft, als wären sie im jetzigen Moment gar nicht richtig anwesend. Sie können klarerweise gar nicht fühlen, was der Augenblick gerade tatsächlich in ihnen auslöst, weil sie so beschäftigt damit sind, entweder über die Zukunft oder die Vergangenheit oder darüber, was der andere gerade von ihnen hält, nachzudenken.

Ihre generelle Angst davor, etwas falsch zu machen und es dann zu bereuen, kann sie sehr blockieren, im Leben voranzukommen. Es führt dazu, dass sie sich über jeden nächsten Schritt so sehr den Kopf zerbrechen und versuchen, alle Details zu bedenken, dass sie letztlich lieber gar nichts machen. Sie sind oft kleine Pessimisten und kämpfen eher ums Überleben als für den Erfolg, dadurch verkaufen sie sich oft unter ihrem Wert. Selbst frühere Erfolgserlebnisse machen sie nicht zwingend selbstbewusster, sie reden sie sogar nachträglich klein. Da haben eben gerade zufällig die Umstände gut gepasst, oder es wurden die richtigen Fragen gestellt. Aber jede neue Situation bedeutet wieder eine neue Gefahr. Lieber erst einmal schauen, wie man sich zu verhalten hat, wie die anderen so drauf sind.

Sechser stehen nicht gern im Mittelpunkt, es sei denn, sie fühlen sich in einem Umfeld bereits sicher, dann können sie auch mal den Ton angeben. Um jedoch bloß nicht anzuecken und dadurch ihren Platz in der Gruppe zu riskieren, steckt die Sechs all ihre Energie dahinein, es möglichst allen recht zu machen. Das kann sehr unterschiedliche Formen annehmen, weshalb sich die Sechserfixierung auch, je nach Umfeld, komplett unterschiedlich verhalten kann. In der Beziehung nimmt sie die eine Rolle ein, bei der Familie eine andere, und auf der Arbeit würde sie niemand von ihren besten Freunden wiedererkennen. Da stellt sich die Frage, welche von diesen Persönlichkeiten hinter den Masken die Sechs eigentlich wirklich ist.

Die Sechser sind auch klassische Choleriker. Sie nehmen ihre Gefühle lange Zeit nicht wahr und unterdrücken sie unbewusst, um sich lieber anzupassen und von anderen Menschen dafür gemocht zu werden, nicht negativ aufzufallen. Dadurch, dass sie sich immer in die zweite Reihe stellen und unter ihrem Potenzial leben, tragen sie einen gewissen Groll mit sich. Oft wird dann im Außen nach einer Ursache für diese innere Unruhe und Unzufriedenheit gesucht, um durch die Projektion darauf etwas Dampf ablassen zu können.

Wenn also das Maß voll ist und sie sich gedanklich alles so zurechtgelegt haben, dass sie sich im Recht fühlen, dann können sie von einem Moment auf den anderen explodieren, was für andere sehr überraschend kommen kann.

In einer Beziehung und auch ihrem Umfeld gegenüber wirken sie sehr loyal und treu. Im Gegensatz zu den Zweiern sind sie zudem hilfsbereit, und zwar all ihren Mitmenschen gegenüber und nicht nur wenigen Auserwählten. Der eigentliche Antrieb dahinter ist jedoch auch wieder egozentrischer Natur. Es geht ihnen unbewusst darum, dass sie, wenn sie sich um die anderen kümmern, gebraucht werden und ihren Platz haben, sodass es unwahrscheinlich ist, ausgeschlossen zu werden. Es spielt dabei gar keine Rolle, ob sie selbst ihr Gegenüber mögen oder sympathisch finden, die Hauptsache ist, der andere ist ihnen wohlgesonnen. Sie erwarten sich für ihre oft großzügige Unterstützung nicht einmal übermäßige Dankbarkeit, sie wollen in erster Linie akzeptiert werden.

Typ 7 – Der verpeilte Glücksjäger

Wenn es um eine Party geht, dann ist man bei den Siebenern genau an der richtigen Stelle. Alles was mit Spaß und Freude verbunden ist, ist genau ihr Element. Trotzdem ist die Aufgabe, eine Party selbst zu planen, nicht unbedingt ihr Ding, weil sie gern flexibel bleiben. Wenn eine Party beispielsweise zu lahm ist, wollen sie auch sofort weiterziehen. Sie sind zwar gut darin, das Grundkonzept zu entwickeln, wenn es dann aber um die tatsächliche Umsetzung geht, bekommt man die Siebener eher nicht mehr zu Gesicht.

Die verpeilten Glücksjäger strahlen Positivität pur aus. Man hat sie gern um sich, und sie sind oft sehr beliebt und gesellig. Sie haben ständig neue Zukunftspläne und einen ansteckenden Optimismus. Ihr Blick ist immer auf die schönen Seiten des Lebens gerichtet, sie sind spielerisch, humorvoll und locker. In ihnen steckt ein ewiges Kind. Doch leider verbirgt sich hinter der überschwänglichen Freude zumeist nur ein Abwehrmechanismus, sie flüchten damit vor eigenen Ängsten und betäuben sich mit überschießender Fröhlichkeit vor ihrem inneren Schmerz. Die Wurzel liegt in schmerzlichen Erfahrungen in ihrer Kindheit, die sie nie wieder in ihrem Leben erleben wollen. Daraus ergibt sich die Lebensstrategie, dass sie zum einen schmerzhafte Erfahrungen herunterspielen oder zum anderen in ihrem Kopf das Leben so planen, dass es möglichst viel Spaß und wenig Schmerz für sie bereithält. Das macht es ihnen aber auch schwer, in einer Beziehung zu bleiben und nicht zu flüchten, wenn die Freude der Verliebtheit verschwunden ist und die Schmetterlinge den Abflug gemacht haben. In einer tiefen Beziehung würden sie nämlich auch immer wieder auf den Schmerz treffen müssen.

Sie suchen stets das Angenehme. Unangenehme Aufgaben werden gern verschoben. Ob in der Beziehung, im Job oder bei anderen Dingen des Lebens, sie legen sich ungern fest, denn es könnte ja irgendwo etwas Besseres warten, das noch mehr Freude verspricht. Daher sind sie auch eher damit beschäftigt, ständig in Gedanken neue vielversprechende Ideen zu spinnen und sich zu überlegen, was für tolle Sachen sie als Nächstes machen könnten. Meistens bleiben das allerdings nur Träumereien, die nie wirklich umgesetzt werden. Ihre Schattenseite verdrängen sie sehr gern und sind dadurch leider ziemlich unempfänglich für Kritik.

Typ 8 – Der behütende Chef

Die Achter geben gern den Ton an und übernehmen die Führungsrolle, auch bei einer Partyplanung. Sie organisieren alles professionell und kompetent und haben auch kein Problem für Aufgaben, die sie nicht machen wollen, jemanden zu finden. Kritik an der Party oder ihrer Planung schmettern sie gnadenlos ab.

Die behütenden Chefs wirken nach außen meistens furchtlos, mächtig und selbstbewusst. Es ist ihnen wichtig, diese Stärke und Kompetenz anderen gegenüber zu vermitteln. Sie bitten nicht um Hilfe und schaffen tatsächlich erstaunlich viel allein. Das geht sogar so weit, dass sie ihre eigenen Schwächen oder ihr eigenes Versagen nicht einmal mehr wahrnehmen können. Stattdessen schreiben sie in solchen Situationen anderen die Schuld zu oder machen sie zur Schnecke. Ihre Lebensstrategie ist, dass sie dank ihrer eigenen Stärke nie mehr Schwäche bei sich erleben müssen. Sie haben häufig eine prägende Kindheitserinnerung, in der sie sich schwach und hilflos fühlten. So haben sie gelernt, dass sie sich nur auf sich selbst verlassen und sich selbst schützen können. Durch ihre Stärke wollen sie unbewusst sichergehen, dass sich so eine Situation nicht mehr in ihrem Leben wiederholt.

Sie besitzen jedoch in bestimmten Lebenslagen ein großes Maß an Verantwortungsgefühl und Fürsorge. Gerade schwächere Menschen, Personen aus dem engeren Umfeld oder Tiere haben einen großen Platz in ihrem Herzen und lösen, wenn es drauf ankommt, einen regelrechten Beschützerinstinkt in ihnen aus. Sie sind engagiert und das besonders für die Gerechtigkeit, wobei in ihren Augen nur die Starken die Welt beherrschen. Deswegen sind sie selbst sehr unnachgiebig und nicht bereit, sich eigene Schwächen einzugestehen oder sich bei anderen zu entschuldigen. Alle müssen sich korrekt und kompetent verhalten, doch die Achter selbst halten sich nur an ihre eigenen Regeln. Streit und Auseinandersetzungen begleiten daher ihre Partnerschaften und ihr Leben, sie haben nämlich kein Problem mit Konfrontationen, sondern suchen sie eher. Oft kommt es jedoch gar nicht erst zu einem wirklichen Konflikt, da man in Gegenwart einer Acht oft von vornherein das Gefühl hat, unterlegen zu sein. Einen Streit mit Typ 8 kann man daher nicht gewinnen, weil sie rücksichtslos immer größere Geschütze auffahren und niemals nachgeben. Sie ordnen auch andere Menschen schnell nach dem Freund- oder Feind-Prinzip ein.

Ihre Schwäche und Verletzlichkeit bekommen nur die wenigsten Menschen zu sehen, das ist einem engen Kreis vorbehalten. Sie wollen sich nämlich stets die Kontrolle über die Situation und andere Menschen sichern und machen sich deswegen äußerst ungern angreifbar. Andere fühlen sich schnell von ihnen bestimmt und eingeschüchtert. Ihre Dominanz ist aber gleichzeitig für manche sehr anziehend, kann man sich doch an ihrer starken Schulter gut anlehnen und sicher fühlen.

Typ 9 – Der Harmoniejunkie

Die Neuner sind eher gemütlich und reißen sich nicht unbedingt um die Verantwortung einer Partyplanung. Ihnen fällt es aber auch schwer »Nein« zu sagen, weil sie jegliche Konfrontation vermeiden wollen. Vielleicht sagen sie daher schnell zu, die Partyplanung zu übernehmen, verhalten sich danach aber sehr unzuverlässig, sodass die Party möglicherweise immer wieder verschoben wird. Oder sie überlegen sich im Nachhinein eine verständliche Ausrede, warum sie die Party leider doch nicht organisieren können.

Die Harmoniejunkies wollen in erster Linie eine friedliche, harmonische Stimmung aufrechterhalten und jedem Konflikt aus dem Weg gehen. Dadurch wirken sie wie richtige Diplomaten und sind gute Vermittler. Sie können andere leicht akzeptieren und stimmen schnell deren Meinung zu. Ihr Antrieb ist dabei meistens wiederum nur, dass sie keine Diskussionen und Meinungsverschiedenheiten provozieren wollen. Sie verhalten sich deswegen meistens neutral und haben selbst keinen wirklichen Standpunkt bei Themen. Oft versuchen die Neuner sogar durch das Erzählen schleppender Geschichten zu vermeiden, dass stattdessen ein unangenehmes Thema auf den Tisch kommt, welches die Harmonie gefährden könnte.

Sie sind oft träge und bequem und mögen gleichbleibende Gegebenheiten, in denen sie eine gewisse Routine entwickeln können. Dadurch wirken sie sehr ruhig, aber in ihnen verbirgt sich eigentlich eine große Ängstlichkeit. Größere Entscheidungen und Aufgaben schieben sie eher lange vor sich her und brauchen viel Zeit dafür.

Wenn sie auf ihre Kindheit zurückblicken, kommt schnell das Gefühl hoch, übersehen worden zu sein. Ihren Ärger darüber haben sie jedoch meist bis heute für sich behalten. Weil sie Wut als etwas Zerstörerisches und Gefährliches abgespeichert haben, unterdrücken sie ihre eigene Wut bis zu dem Punkt, an dem sie sich irgendwann gar nicht mehr spüren. Wenn sich diese dann aber doch einmal entlädt, ist das oft für sie selbst genauso unangenehm wie für die anderen.

Interessen und Bedürfnisse anderer können sie leichter wahrnehmen als ihre eigenen, weshalb sie leider schnell übersehen werden. Die Neuner nehmen sich dadurch jedoch als sehr pflegeleicht und unkompliziert wahr und geben sich schnell mit etwas zufrieden. Sie haben aber auch Mühe, eine Beziehung einzugehen, weil sie dort Konflikten sehr viel schwerer aus dem Weg gehen können.

Außerdem hören ihre Schwierigkeiten, sich zu entscheiden bei der Partnerwahl und in der Beziehung nicht auf. In ihnen brodelt der ständige Kampf zwischen dem Wunsch nach Verschmelzung und dem nach Autonomie. Sie brauchen einen Partner, der auf sie zugeht und auch hartnäckig dranbleibt. Wenn sie schließlich eine Entscheidung in ihrem Leben, zum Beispiel für einen Partner, getroffen haben, dann bleiben sie dieser auch treu. Durch ihre Konfliktscheue halten sie sogar an Beziehungen fest, die sie längst nicht mehr glücklich machen, und provozieren lieber unbewusst, sodass der andere sie verlässt. Sie geraten schnell in eine Co-Abhängigkeit, und wenn ihnen alles zu viel wird und sie überfordert sind, betäuben sie sich gern auch tagsüber mit Schlaf.

Memo an dich!

Bei deiner Charakterfixierung geht es nicht darum, welche Verhaltensweisen du an den Tag legst. In erster Linie dreht sich alles um das »Warum«, um deinen wahren inneren Antrieb. Den Motor, aus dem heraus du einen von neun typischen Vermeidungs- und Schutzmechanismen ergreifst. Diese Erkenntnis kann Augen öffnen, im ersten Moment aber auch erschütternd sein.

Wie arbeite ich mit meiner Charakterfixierung?

Es geht zunächst darum, sich selbst besser kennenzulernen und zu sehen, wie fremdbestimmt wir eigentlich durch unsere eigene Fixierung sind. Gleichzeitig durchschauen wir dadurch auch unsere Strategien im Leben, um Gefühlen aus dem Weg zu gehen. Die Dreier-Fixierung, der blendende Workaholic, stürzt sich in Erfolg versprechende Projekte, um sich dadurch endlich von anderen geliebt fühlen zu können. Ein Siebener, der verpeilte Glücksjäger, versucht, alles mit positiven Gedanken zu relativieren und sich eine spaßige neue Beschäftigung zu suchen, um seinen inneren Schmerz nicht fühlen zu müssen.

Es ist sehr wertvoll, solche Antriebe in sich zu erkennen und zu sehen, warum man etwas tut. Nach außen mag es ja gut aussehen, dass die Dreier so erfolgreich sind und die Siebener das Leben scheinbar so positiv sehen. Wird einem bewusst, dass das bei beiden nur Betäubungsmechanismen sind, wird deutlich, wie unecht dieses Verhalten ist. Wer also auf der Suche nach seinem wahren Selbst ist, nach Authentizität und wirklicher Lebendigkeit, der muss bereit sein, nicht nur sein bisheriges Verhalten infrage zu stellen. Es geht auch darum, die hübsche Ausrede, die man sich für sein Tun zurechtgelegt hat und mit der man sich bisher sogar dafür gerühmt hat, fallen zu lassen. Bin ich wirklich einfach so hilfsbereit, so fleißig, so rücksichtsvoll?

Durch das Enneagramm lernen wir, uns selbst zu ertappen: Wann bin ich frei in meinem Tun und tue das, was ich selbst wirklich tun will, und wann folge ich einfach meiner Charakterfixierung? Es geht dabei vor allem darum, überhaupt eine weitere Option wahrzunehmen und somit endlich überhaupt erst eine Wahlmöglichkeit zu haben.

Für eine Beziehung ist dabei so wertvoll, dass wir uns und den anderen besser verstehen können. Wir sehen, warum der eine kaum in die Gänge kommt, oder der andere zum Arbeitstier mutiert. Warum jemand kein Problem hat, nachzugeben, und der andere keinen Millimeter von seinem Standpunkt abrücken kann. Warum es dem einen so wichtig ist, dass zu Hause alles perfekt ordentlich ist, und der andere stattdessen schaut, wann die nächste Party steigt.

Besonders zum Tragen kommt das Verständnis über unsere Charakterfixierung, wenn wir uns genauer mit dem Thema »Bindungstraumata« auseinandersetzen. Dabei wird der Zweck unserer Charakterfixierung noch deutlicher. Es sind nämlich nicht einfach nur Vermeidungsstrategien, sondern passender gesagt unsere Schutzstrategien. Was es damit auf sich hat, erläutere ich näher im folgenden Traumakapitel (siehe Seite 97 ff.).

Falls du dich noch auf keine Fixierung festlegen konntest, dann ist das nichts Ungewöhnliches. Die Beschreibungen hier sind sehr stark komprimiert und zusammengefasst, und es gäbe noch viel mehr Details und Hintergründe zu jedem Typen zu erwähnen.

Bei den Literaturtipps im Anhang stehen weiterführende Publikationen zu diesem Thema. In meinem persönlichen Coaching unterstütze ich dich natürlich auch dabei, deine Fixierung zu finden.

Memo an dich!

Mit dem Enneagramm lernst du, dich und dein Verhalten besser zu verstehen: Bist du frei in deinem Tun? Machst du das, was du selbst wirklich willst, oder merkst du gar nicht, dass schon längst wieder der Autopilot angesprungen ist? Wenn du deine Charakterfixierung kennst, entsteht plötzlich eine Wahlmöglichkeit: Folge ich wie bisher meinen gewohnten Mustern, oder halte ich an und öffne mich für das, was das Leben darüber hinaus noch bereithält?

Die Ursache (fast) aller Beziehungsprobleme – unsere frühkindlichen Traumatisierungen

Dieses Kapitel ist das Fundament meiner Arbeit. Denn ohne Traumaheilung gibt es in meinen Augen keine tief greifende Entwicklung und Transformation in einer Beziehung. Das liegt daran, dass die Ursachen fast all unserer Beziehungsprobleme unsere frühkindlichen Bindungstraumata sind, die zu den Entwicklungstraumata zählen. Falls du jetzt glaubst, dass deine Kindheit glücklicherweise im Großen und Ganzen behütet abgelaufen ist und du also von Traumata verschont geblieben bist, muss ich dich leider enttäuschen. Nicht nur ich, sondern auch renommierte Traumatherapeuten wie Peter Levine, Franz Ruppert und Bessel van der Kolk vertreten die Ansicht, dass *jeder* Mensch, auch wenn er die bemühtesten und wohlwollendsten Eltern hatte, in einem gewissen Maß bindungstraumatisiert ist. Warum es unvermeidbar ist, als Kind traumatische Erfahrungen zu erleben, werde ich dir auf den folgenden Seiten erklären.

Lass uns aber zunächst einmal genauer schauen, was Traumata eigentlich sind. Wir kennen den Begriff eines »psychischen Traumas« oftmals nur aus Missbrauchsberichten oder von Menschen, die Kriege oder ähnliche Katastrophen erlebt haben. Dabei spricht man von sogenannten Schocktraumata. Diese stellen aber nur eine von mehreren Varianten an möglichen Traumatisierungen dar. Ich finde Peter

Levines allgemeine Definition eines Traumas sehr passend: Traumatisierung entsteht, wenn etwas »zu viel, zu schnell, zu plötzlich« und daher überfordernd ist. An dieser Stelle müsste man eigentlich noch ergänzen »... und dadurch subjektiv als lebensbedrohlich wahrgenommen wird.«.

Ob eine bestimmte Situation einen Menschen traumatisiert oder nicht, ist von der Stabilität seiner Lebensumstände, den eigenen verfügbaren inneren und äußeren Ressourcen sowie der Regulationsfähigkeit seines Nervensystems abhängig. Auch unsere Charakterfixierung spielt hier mit hinein. Daher existieren bei der Entstehung von Traumata eben auch unterschiedliche Schweregrade. Das bedeutet, dass nicht jedes Scheidungskind schwer bindungstraumatisiert ist. Genauso wenig ist es richtig, dass jedes Kind, dessen Eltern eine »intakte« Beziehung haben, automatisch beziehungsfähig sein muss.

Wir Menschen verfügen über verschiedene Schutzmechanismen und -strategien, um in potenzieller Lebensgefahr schnell reagieren zu können. Die erste Reaktion, mit der unser Nervensystem auf eine wahrgenommene Bedrohung reagiert, ist der Kampf- oder Fluchtmodus. Gelingt es uns nicht, hiermit der bedrohlichen Situation ein Ende zu setzen, haben wir noch die Möglichkeit, uns »tot« zu stellen. Ist auch das erfolglos, kann eine Erfahrung traumatisch für uns sein. Diese Traumatisierung wird dann auch meistens von einer Dissoziation begleitet. Bei der Dissoziation kommt es zu einer notgedrungenen inneren Abspaltung vom eigenen Körper und den in der Situation entstehenden unaushaltbar wirkenden Gefühlen. Man sagt, dass Körper und Seele sich quasi voneinander separieren, was eine wichtige Fähigkeit des menschlichen Organismus ist, um das Leid in dem Moment zu lindern und zu ertragen.

Wir kennen solche Dissoziationserfahrungen beispielsweise aus Berichten von Missbrauchsopfern oder Menschen, die einen schweren Verkehrsunfall oder andere Katastrophen miterleben mussten. Sie beschreiben oft, dass sie sich in dem Moment des Geschehens wie getrennt von sich selbst fühlten. Als ob sie alles wie ein Zuschauer von außen mitansehen konnten und dadurch das erzeugte Leid und die dazugehörigen Gefühle nicht an sich heranlassen mussten. Dissoziation tritt aber nicht nur in solchen Extremsituationen auf, es gibt sie auch in abgeschwächten Formen im Alltag. Den Feierabend vor dem Fernseher täglich zu verbringen, um sich etwa von den Strapazen des Tages abzulenken oder gedanklich irgendwelchen Luftschlössern nachzuhängen ist beispielsweise auch eine Form der Dissoziation. Dabei ist man nicht bewusst mit dem jetzigen Augenblick verbunden und schon gar nicht mit sich selbst im Kontakt. Überleben wir ein traumatisches Ereignis, bleiben die abgespaltenen Gefühle und die damit verbundene Energie, die anfangs zum Kampf oder zur Flucht bereitgestellt wurden, im Organismus gespeichert. Da beides aufgrund der Dissoziation unterdrückt wird, kann sich deren Energie nicht entladen.

Wird das Trauma somit nicht verarbeitet, bleibt ein traumatisierter Mensch zurück. Daher sind bereits geringfügig ähnliche Ereignisse ausreichend, um diesen Menschen wieder in den neuronalen Modus einer Lebensgefahr zu versetzen. Dann reicht für einen Kriegstraumatisierten etwa schon das Knallen eines Silvesterböllers aus, um innerlich die damit verknüpfte Todesangst und Stressreaktion auszulösen. Wir haben dann Fehlverknüpfungen im Gehirn und zeigen unverhältnismäßig starke Reaktionen auf Reize, die unserer traumatischen Erfahrung ähneln. Das Beispiel von Kriegsüberlebenden am Silvesterabend ist leicht nachvollziehbar, aber was hat all das mit unserer Partnerschaft zu tun?

Die Bindungstraumata unserer Kindheit entstehen nicht durch Bombenangriffe oder das Miterleben eines Banküberfalls. Sie entstehen in der Bindung zwischen uns und unseren Eltern, Erziehenden oder Bezugspersonen. Hierfür müssen wir verstehen, dass das Überleben eines Kindes an die Bindung und Beziehung zu seinen Fürsorgepersonen geknüpft ist. Ein Kind wächst in seinen ersten Lebensjahren in vollkommener Abhängigkeit von den Erwachsenen in seiner Umgebung auf. Kommt es also zu Irritationen in der Bindung, wird die

Lage schnell potenziell lebensbedrohlich, und schon haben wir den Nährboden für eine mögliche Traumatisierung.

Unsere Eltern sind dabei in ihrem Verhalten nicht nur aufgrund ihres menschlichen Daseins auf natürliche Weise unvollkommen und begrenzt, sondern auch selbst bindungstraumatisiert und somit gar nicht fähig, uns eine allumfassende, bedingungslose Liebe zu jedem Zeitpunkt gewährleisten zu können. Alle Eltern machen bewusste und unbewusste »Fehler«. Sie sind einerseits überzeugt davon, zu wissen, was wirklich das Beste für ihr Kind ist, sehen aber oft nicht, welche weitreichenden Konsequenzen bestimmte Erziehungsmethoden mit sich bringen.

Es gab in der Kindheit zahlreiche Situationen, in denen wir uns beispielweise emotional oder physisch allein gelassen fühlten, mit Liebesentzug bestraft wurden oder unsere Eltern schlichtweg überfordert mit der Kinderfürsorge waren. Erfüllen sich in dieser Zeit gewisse Kernbedürfnisse nach Liebe, Sicherheit, Geborgenheit, Nähe und Autonomie nicht ausreichend, ist das traumatisierend für ein Kind. Dabei sind wir den Erwachsenen physisch unterlegen und können weder erfolgreich dagegen ankämpfen noch wirklich vor der Situation flüchten. Wir sind vollkommen ihrem Verhalten ausgeliefert. Daher passieren Traumatisierungen in dieser Zeit auch so leicht, weil wir als junge Wesen der Welt allein noch völlig schutzlos ausgeliefert sind.

Um dir zu verdeutlichen, wie lebensnotwendig die Kernbedürfnisse eines Kindes sind, möchte ich dir von einem sehr bekannten Experiment erzählen. Im 13. Jahrhundert wollte Kaiser Friedrich der II. erforschen, welche die natürliche, angeborene Sprache des Menschen ist. Aus diesem Grund ließ er eine Gruppe von Babys großziehen ohne sozialen Kontakt zu Menschen. Alle diese Babys sind kurze Zeit nach der Geburt gestorben und das, obwohl sie ausreichend Nahrung bekommen haben und andere körperliche Bedürfnisse gedeckt wurden. Das Einzige, an dem es ihnen fehlte, war menschliche Zuneigung. Dieses sehr grausame Experiment zeigt, dass Kernbedürfnisse wie

Nähe, Sicherheit oder Geborgenheit nicht einfach bloß Wünsche eines Kindes sind, sondern ihre Überlebensgrundlage.

Was Bindungstraumata in meinen Augen fast sogar verheerender als Schocktraumata macht, ist, dass sie kontinuierlich, über einen langen Zeitraum und während der stärksten Entwicklungsphase des Kindes geschehen. Denn das zwischenmenschliche Verhalten oder die »Liebesfähigkeit« der Eltern verändert sich normalerweise nicht einfach so im Laufe ihres Lebens, es sei denn, sie fangen irgendwann damit an, an ihren inneren Themen zu arbeiten.

Der Traumatherapeut Gopal Norbert Klein verdeutlicht das mit einem anschaulichen Bild. Wir wachsen auf wie ein Baum, der permanent in einem Sturm steht. Dadurch kann er nicht gerade in seine volle Länge wachsen, sondern wird seine Form notgedrungen schief und entlang der Windrichtung ausrichten müssen. Dabei ist der Sturm das Sinnbild für unsere Elternbeziehung und der Baum jenes für unser Nervensystem, das sich unter den intern und extern gegebenen Umständen nur auf diese bestimmte Weise entwickeln kann. Dadurch ist es auch eine komplexe Aufgabe, an Bindungstraumata zu arbeiten, weil sie sprichwörtlich in Fleisch und Blut übergegangen sind.

Nirgendwo kommen wir im Laufe unseres Lebens stärker in Kontakt mit unseren Bindungstraumata und deren Folgen als in unseren engen zwischenmenschlichen Bindungen und Beziehungen als Erwachsene – in unseren Liebespartnerschaften. So zeigen sich dann, wie bei dem Kriegstraumatisierten aus dem oben genannten Beispiel, unverhältnismäßige (Gefühls-)Reaktionen auf bestimmte Reize im Außen. Es sind dann nicht die lauten Böller an Silvester, die das alte Überlebensprogramm anschmeißen, sondern die unbeantwortete Nachricht unserer neuen Flamme oder die kritischen Bemerkungen des Partners.

Jeder von uns hat sie schon einmal erlebt, diese Situationen, in denen wir entweder lieber sofort den Rückzug antreten oder andere Reaktionen zeigen, die nicht dem entsprechen, wie wir uns wirklich verhalten wollen. Wir bleiben bei einem Partner, der uns respektlos und ohne Wertschätzung behandelt. Wir laufen einem Menschen hinterher oder klammern uns an genau denjenigen, der uns keinerlei Interesse entgegenbringt. Wir spüren, dass wir in einem Streit unrecht haben, können aber trotzdem nicht nachgeben. Wir wünschen uns eine Partnerschaft, können uns aber auf niemanden einlassen. Wenn solche Erlebnisse sich in ihrem Kern ähneln und immer wiederholen, stecken dahinter unsere Bindungstraumata und die damit verbundenen Überlebensmuster. Denn wenn wir einmal bewusst unsere Beziehungen und Konflikte reflektieren, nehmen wir mit Sicherheit sich wiederholende Muster wahr.

Diese Muster sind letztendlich nicht weniger als unsere Schutzstrategien, um uns erneut vor solch traumatischen Bindungserfahrungen zu schützen. Jedoch hat sich in der Zwischenzeit ein zentraler Faktor im Vergleich zu unserer Kindheit verändert: Wir sind erwachsen und somit im Gegensatz zu unserem jüngeren Selbst in dieser Gesellschaft allein überlebensfähig. Unser Überleben ist nicht mehr zwingend abhängig von der Bindung zu anderen Menschen. Darum bezeichnet man die nachträgliche Auseinandersetzung mit ungelösten Themen aus der Kindheit auch als »Innere-Kind-Arbeit«. Dieses Wissen allein verändert aber genauso wenig etwas, wie wenn man einem Kriegstraumatisierten sagt, dass der Krieg nun vorbei ist. Traumata sind nicht im Bewusstsein, sondern vor allem im Unbewussten und bildlich gesprochen im gesamten Körper abgespeichert. Genauer gesagt wird natürlich all das im Gehirn verewigt.

Bindungstraumata und unsere Überlebensstrategien

Nun steigen wir noch etwas praktischer in den Ablauf von Bindungs- und Entwicklungstraumatisierungen ein. Ich verspreche dir, dass dir das sehr viel Klarheit darüber bringen wird, warum du dich heutzutage so verhältst, wie du dich verhältst, beziehungsweise warum du die Welt auf eine ganz gewisse Art und Weise wahrnimmst.

Zunächst einmal ist es wichtig zu verstehen, dass ein Kind in seinen ersten Lebensjahren die Welt komplett anders erlebt als ein Erwachsener. Der Verstand ist noch nicht fertig ausgebildet, und das Kind kann somit noch nicht einschätzen, ob es an bestimmten Verhaltensweisen oder Reaktionen der Erwachsenen überhaupt Schuld tragen kann. Wird ein Kind etwa von einem Elternteil nicht liebevoll oder gar ungerecht behandelt, dann kann es dies nicht darauf zurückführen, dass Mama und Papa ihre eigenen unbearbeiteten Themen und Schwierigkeiten haben und es dadurch in manchen Momenten einfach nicht schaffen, mit der Situation anders umzugehen. Nein, das Kind stellt einen Bezug zwischen der schmerzhaften Erfahrung und sich selbst her. Erlebt es also eine traumatische Situation, indem seine natürlichen kindlichen Bedürfnisse nach Liebe, Sicherheit, Stabilität, Geborgenheit und Nähe von den Eltern nicht adäquat erfüllt werden, muss es den Fehler bei sich sehen. Das Kind beginnt unbewusst, gewisse Grundüberzeugungen über sich zu entwickeln, wie etwa, dass es wohl nicht liebenswert sei, so, wie es ist, wenn es von seinen Eltern so behandelt wird. Das Kind hat aufgrund der erschütternden Erfahrung im zwischenmenschlichen Kontakt das Erleben, dass es so, wie es ist, nicht richtig ist. Man sagt hierfür, dass die Fremdverneinung der Eltern in Form der absichtlichen wie auch unabsichtlichen Nicht-Erfüllung grundlegender Bedürfnisse zur Selbstverneinung des Kindes wird. Basierend darauf entstehen Entwicklungstraumata, und das macht sie auch so grausam. Durch die uns subjektiv entgegengebrachte Ablehnung beginnen wir, uns selbst abzulehnen und zu sabotieren.

Dieser innere Prozess, basierend auf der einzig möglichen Deutung einer Situation aus Sicht eines Kindes, ist allerdings kein Fehler der Natur, sondern auch wieder überlebensnotwendig. Würde das Kind nämlich die Unzulänglichkeit beziehungsweise die Unfähigkeit bei seinen Eltern sehen, müsste es die Eltern und somit seine eigene Überlebensgrundlage infrage stellen. Das ist, wie man sich gut vorstellen kann, für ein abhängiges Wesen deutlich gefährlicher, als die Fehlerhaftigkeit bei sich zu suchen. Liegt der Fehler bei einem selbst, hat man darüber hinaus zumindest noch die Option, in Zukunft solche Situationen umgehen zu können, indem man etwas anders macht. Selbstverständlich laufen diese Prozesse nicht bewusst in einem kleinen Kind ab, es ist vielmehr eine der Situation und den Umständen geschuldete Konsequenz. Durch die Traumaerfahrung bildet das Kind dann also eine Identifikation, die auf Scham basiert. Klassisch resultierende Identifikationen sind: *»Ich bin nicht gut genug/nicht liebenswürdig/falsch/anderen zu viel/nicht wichtig/nicht richtig etc.«*. Diese tief eingebrannten Grundüberzeugungen kennen wir auch unter dem Begriff Glaubenssätze.

Ich will dir anhand einiger praktischer Beispielsituationen die mögliche Entstehung von Entwicklungstraumata noch verdeutlichen. Kinder sind nämlich nicht einfach kleine Erwachsene. Sie erleben die Welt noch nahezu ungefiltert und haben kaum Schutzstrategien ausgebildet. Daher geschehen Traumatisierungen in dieser Zeit sehr leicht.

- Deine Eltern trennen sich, und du wohnst fortan allein bei deiner Mama. Das erweckt in dir den Eindruck, dass du für deinen Papa nicht wichtig genug bist, um zu bleiben. Du kannst die Situation und etwaige andere Begründungen für dieses Verhalten der Eltern noch nicht rational nachvollziehen, sondern schließt aus den Gegebenheiten darauf, dass du nicht wichtig bist.

- Du schreist als Baby und weinst, weil du hungrig bist und dich allein fürchtest. Doch keiner kommt zu dir, weil deine Mama in der Küche mit deinem Essen beschäftigt ist und dich in deiner

Not nicht hören kann. Weil du noch kein Gefühl für Zeit hast, erlebst du den quälenden Hunger und die Angst als endgültig und lebensbedrohlich.

- Du wirst, kurz nachdem du das Licht der Welt erblickt hast, für die erste Nacht von deiner Mama getrennt, damit sie sich von der anstrengenden Geburt erholen kann. Das Alleinsein ist ein riesiger Schock für dich im Vergleich zum Erleben purer Geborgenheit und Sicherheit im Mutterleib. Diese Erfahrung reicht bereits aus, um tief in dir etwas zu erschüttern.

- Du wirst als spielendes Kind bestraft, weil du vor lauter Freude sehr laut quiekst und lachst. Deine Eltern sind gerade sehr gestresst durch die viele Arbeit und möchten ihre Ruhe. Du machst die Erfahrung, dass du zu viel für andere bist.

Diese fiktiven Beispiele lassen sich natürlich auch nicht pauschal auf jedes Kind übertragen, denn wie schon erwähnt, ist es vom individuellen Menschen und den Rahmenbedingungen abhängig, ab wann etwas traumatisierende Ausmaße annimmt. Mir geht es bei den beschriebenen Situationen in erster Linie darum, dich prinzipiell dafür zu sensibilisieren, welche scheinbaren Kleinigkeiten für ein Kind auf Dauer bereits traumatisierend sein können. Hierfür ist es wichtig, sich noch einmal die Sturm-Baum-Metapher von vorhin zu vergegenwärtigen. Denn wenn solche Situationen einmalig stattfinden, ist es meist keine große Katastrophe, und das Kind kann liebevoll in seiner Irritation aufgefangen werden. Jedoch ist die Unbeholfenheit der Eltern nichts, was mal eben zwischendurch passiert, sondern etwas, das die gesamte Kindheit über präsent ist, solange die Eltern nicht an ihren eigenen Traumata arbeiten. Finden daraus resultierende Situationen wiederholend statt, ist es dieser dauerhafte Umstand, der es traumatisch macht.

Wird in uns der Eindruck erweckt, dass unsere Eltern uns in irgendeiner Weise nicht so haben wollen, wie wir sind, bedeutet das die maximale Lebensbedrohung für uns. Wir übernehmen daher dieses

Fremdbild der Eltern und machen es zum Selbstbild. Und genau das macht das Auflösen dieser Muster so schwierig, weil wir fortan selbst so stark davon überzeugt sind, zum Beispiel nicht liebenswert zu sein. Diese Identifikation wird zu einem festen Bestandteil unserer unumstößlichen Realität.

Mit Identifikationen wie *»Ich bin nicht wichtig.«* lässt es sich aber schlecht weiterleben. Darum bildet sich eine unbewusste Gegenidentifikation aus, die im Gegensatz zur Scham auf Stolz basiert. Das kann so etwas sein wie *»Ich leiste viel und bin erfolgreich, damit ich beachtet werde.«, »Ich bin immer ein liebes und freundliches Kind, damit man mich liebhat.«, »Ich schaffe alles allein und brauche keine Hilfe, damit ich von niemandem verletzt werden kann.«*. Auch der ungehorsame Rebell der Familie zu werden kann ein Weg sein, um wenigstens auf diese Weise von den Eltern die notwendige Aufmerksamkeit zu bekommen und gesehen zu werden.

Unsere Charakterfixierung ist maßgeblich daran beteiligt, welche Gegenidentifikation als Überlebensstrategie wir ergreifen. Wir versuchen also herauszufinden, was wir tun müssen und wie wir uns verhalten sollen, um endlich liebenswert, wichtig, akzeptiert, genug etc. zu sein. Wir beginnen, bestimmte Rollen zu verkörpern, die es uns einfacher machen sollen, zumindest die wichtigsten notwendigen Bedürfnisse von unseren Eltern erfüllt zu bekommen. Diese neuen Verhaltensstrategien stellen unsere Überlebensmuster dar, die dazu dienen, nicht erneut auf Ablehnung oder Ähnliches bei den Eltern zu stoßen und somit unser Leben zu sichern.

Wir halten während unserer Kindheit an diesen Mustern fest. In der Pubertät beginnen wir jedoch mehr und mehr, diese infrage zu stellen. Einerseits, weil wir nun mental in der Lage zur Selbstreflexion sind und andererseits, weil wir die Erfahrung machen, plötzlich auch allein überlebensfähig zu sein. Oft wendet man sich dabei zunächst einmal wahllos gegen alles, was vor allem für das nähere Umfeld eine herausfordernde Zeit sein kann. Spätestens als Erwachsene spüren wir dann immer deutlicher, wie sehr uns diese einschränkenden Überlebensmuster immer noch steuern und behindern. Denn im Menschen existieren zwei große innere Bewegungen: die Bewegung, das eigene Überleben zu sichern, und die Bewegung zur eigenen Entfaltung. Dadurch kommt es irgendwann zum Konflikt zwischen den ausgedienten Überlebensmustern und dem Wunsch, sich zu entfalten. Wenn wir uns dann beispielsweise zum x-ten Mal getrennt haben oder wiederholt verlassen wurden, gibt es eine Stimme in uns, die sich mehr vom Leben und einer Beziehung wünscht als immer »sicher« davonzukommen. Und genau das ist zugleich unser großes Glück, weil wir dadurch die Bereitschaft entwickeln, uns von diesen überholungsbedürftigen Mustern und alten Bindungstraumata zu lösen. Selbst wenn das sehr herausfordernd sein kann und dementsprechend wichtig genommen werden muss. Wir leben sonst nur einen Bruchteil all unserer Möglichkeiten und unseres Potenzials, weil der Rest unter dieser Konditionierung und den vermeintlichen Schutzstrategien begraben bleibt. All die Lebendigkeit, Freiheit und Vielfalt, die unser Leben eigentlich zu bieten hat.

Es ist ausschlaggebend, das mit den Bindungstraumata wirklich zu verstehen, um unsere Beziehungsdynamiken erkennen und nachvollziehen zu können. Dieses Wissen ermöglicht uns den Zugang, um ganz praktisch zu erfahren, dass die Ursache und somit auch die Lösung für all unsere Beziehungsprobleme in uns selbst liegen. Wir ziehen einen Partner an, der eben genau in unsere Bindungsmuster und zu unseren Bindungstraumata passt. Man könnte sagen, dass dabei die jeweiligen Nervensysteme in Resonanz miteinander gehen. Man ist mit jemandem auf einer Wellenlänge. Wenn du tief im Innersten davon überzeugt bist, nicht liebenswert zu sein, wirst du unbewusst keinen anderen Partner tolerieren als denjenigen, der im Einklang mit deiner Realität ist. Erst wenn sich in der Tiefe etwas verändert, ändert sich auch deine Wellenlänge. Darum bringen auch die vielen herkömmlichen Beziehungstipps, Dating-Strategien oder neu einstudierten Verhaltensweisen nur sehr wenig, weil sie an der Oberfläche ansetzen und niemals an der Wurzel der Probleme andocken können. Ihr könnt noch so fleißig eure Kommunikation üben, wenn ihr ein starkes Bindungstrauma in euch verankert habt, dann wird auch der nächste Konflikt wieder im gleichen Dilemma enden.

Memo an dich!

Jeder Mensch ist bindungstraumatisiert. Die Heilung deiner Bindungstraumata ist das Eintrittstor auf dem Weg in eine liebevolle Beziehung: zu dir selbst und zu anderen.

Endlich Frieden finden – wie Traumaheilung geht

Ich kann verstehen, wenn du nach den letzten Seiten erst mal schlucken musst und etwas in dir spricht: »Das kann doch nicht wahr sein.« Lange habe ich selbst damit gehadert, dass es scheinbar unvermeidbar ist, dass Kinder (bindungs-)traumatisiert werden und das wiederum später an ihre eigenen Kinder weitergeben. Eines Tages begegnete mir dann aber der sehr schöne Satz eines Psychiaters, dass unsere Traumata unsere Persönlichkeit bilden. Das würde ich so nicht komplett unterschreiben, da unsere Persönlichkeit noch durch einige weitere Faktoren beeinflusst wird, aber der Ansatz ist gut. Traumata können dazu beitragen, unsere Persönlichkeit zu stärken und uns widerstandsfähiger zu machen. An dieser Stelle kommt jedoch noch ein »Wenn«. Denn dies kann nur dann wirklich geschehen, wenn wir auch lernen, unsere Bindungstraumata aufzuarbeiten. Bleiben Traumata ungelöst, macht uns das nämlich keineswegs stärker, sondern behindert uns in unserem Leben darin, das tun und verkörpern zu können, was wir wirklich wollen. Darum wenden wir uns in diesem Kapitel, wenn auch in vereinfachter Form, der Traumaheilung zu.

Lass mich dafür noch einmal kurz wiederholen, was genau innerlich bei einem Trauma geschieht: Wir erleben eine subjektiv lebensbedrohliche Situation, die unter anderem Gefühle wie Angst, Schmerz, Ohnmacht und Wut in uns auslöst. Gleichzeitig stellt der Körper sofort Energie für den Kampf- oder Fluchtmodus bereit. Damit das Erlebte traumatisierend wird, muss die Situation als so überfordernd wahrgenommen werden, dass das Nervensystem in eine Dissoziation flüchtet. Dabei werden sämtliche Gefühle sowie die Energie für den Kampf- oder Fluchtmodus unterdrückt und im Körpersystem gespeichert. Überleben wir dieses Ereignis, entwickeln wir Strategien, damit es bloß nicht erneut zu solch einer Situation kommt. Der Ablauf der Traumaheilung ist im Grunde wie die Umkehrung des Ganzen: Wir bemerken – etwa mithilfe des Enneagramms oder im Rahmen einer Therapie – Situationen, in denen unsere in Anbetracht der jetzigen Situation überdimensionalen Überlebensstrategien anspringen. Dann halten wir an und steigen aus, wodurch wir wieder in Kontakt kommen mit den verdrängten Gefühlen und der festgesteckten Energie. Wir fühlen diese Gefühle nun komplett aus und lassen dabei alle inneren und äußeren Bewegungen geschehen.

Klingt leider sehr viel leichter, als es ist. Denn man hört nicht von heute auf morgen mal eben mit seinen Überlebensmustern auf, die schon seit Jahrzehnten »gut« funktioniert haben. Geschweige denn stellt man sich freiwillig seiner verdrängten Todesangst, dem Schmerz oder der Ohnmacht. Stattdessen stoßen wir auf dem Weg der Traumaheilung zunächst sehr oft auf innere Widerstände, was das Ganze so komplex macht.

Traumaheilung kann dann geschehen, wenn wir uns allen Gefühlen stellen, die mit einem Trauma verbunden sind. Bis hin zur Todesangst, da diese, wie wir bisher sehen konnten, die Wurzel eines jeden Traumas ist. Man stellt sich also dem, was man sein Leben lang versucht hat zu verdrängen. Es kann sein, dass man an diesen Punkt kommt, weil man in seinem Leben nicht mehr wie bisher weitermachen kann. Sei es durch Burn-out, eine Depression oder einen schweren Schicksalsschlag. Oder einfach nur aus Neugierde und einer tiefen Sehnsucht. Notwendig für diesen Schritt ist in jedem Fall, dass man nicht mehr wie bisher weitermachen will. Öffnet man sich dann für all diese Gefühle, können diese eventuell an Intensität zunehmen. Jedoch werden sie dadurch nicht schlimmer, denn man gibt sich ihnen hin, sodass sie ausgefühlt werden und »verbrennen« können. Am Ende, wenn wir durch alle Gefühle durch sind, machen wir eine unfassbar spannende Erfahrung: Wir erleben plötzlich einen Zustand von innerer Ruhe und von Frieden. Wir machen die Erfahrung, dass wir im Kern unversehrt geblieben und sicher sind. Es ist die Erfahrung, die unser Nervensystem braucht, damit wir nicht mehr die Überlebensmuster zu verfolgen brauchen. Wir erleben nämlich, dass die erst als so bedrohlich wahrgenommenen Gefühle uns eben nicht umbringen, sondern heutzutage als Erwachsener keine Lebensgefahr mehr besteht.

Wie du aber im Kapitel über Gefühle (siehe Seite 40 ff.) schon merken konntest, gibt es viele Blockaden auf dem Weg, alle Gefühle zuzulassen. Deswegen gleiten wir nicht einfach durch alle Gefühle bis in die darunterliegende Tiefe und Weite durch, sondern stoßen auf diverse Arten von Widerstand. In der Praxis bedeutet das, dass wir zwar hin und wieder mit heftigen Gefühlen in Kontakt kommen, doch anstatt sie wirklich auszufühlen, flüchten wir bewusst oder unbewusst vor ihnen. Nehmen wir mal an, dass du dich durch das Verhalten deines Partners immer wieder allein gelassen fühlst. Anstatt sich aber diesen Ängsten und anderen Gefühlen, die durch das Alleinsein entstehen, zu stellen, lenken wir uns davon ab oder kritisieren und manipulieren unseren Partner. Im schlimmsten Fall trennen wir uns deswegen und hoffen, dass vielleicht jemand anderer uns in Zukunft nicht mehr allein lässt. Dieses vermeidende Verhalten, das in unserer Gesellschaft allgegenwärtig ist, stellt letzten Endes einen Widerstand gegen die (Trauma-) Gefühle dar.

Im Optimalfall würde man nicht um jeden Preis darum kämpfen, dass der Partner endlich so wird, wie man ihn oder sie gern hätte, sondern sich zunächst den eigenen Gefühlen stellen und diese durchfühlen.

Dann könnte man die Erfahrung machen, dass diese Gefühle an einem gewissen Punkt zur Ruhe kommen und man innerlich genau den Frieden und die Sicherheit und Geborgenheit erleben kann, die man vom Partner bisher so verzweifelt eingefordert hat. Und das noch, ohne dass der Partner sich dafür geändert hätte. Vielleicht kann das für dich nach einer etwas abstrakten Beschreibung klingen, solange du noch nicht die Erfahrung gemacht hast, Gefühle mal wirklich auszufühlen. Aber es geht, glaub mir. Solche Prozesse laufen jedoch, wie schon erwähnt, nicht einmal ab und dann ist man mit dem Thema durch. Man arbeitet sich bei Traumaarbeit bildlich gesprochen eher von Schicht zu Schicht durch. Darum ist Traumaheilung auch ein Entwicklungsprozess und nicht wie eine spontane Wunderheilung.

Wir haben schnell den Impuls, dass wir unsere eigenen Kinder am liebsten in Watte einpacken wollen, um sie vor allem zu verschonen, wenn wir von Bindungs- und Entwicklungstraumata erfahren. Das kann ich absolut nachvollziehen. Doch übertragen wir mal das Bild von der Watte auf die Realität. Würde das Kind tatsächlich in seinem Watte-Outfit durch die Welt stapfen, würde es sich zwar nirgendwo mehr anstoßen können, aber durch die fehlende Belastung könnten sich Körper und Muskulatur nicht richtig entwickeln. Es würde langfristig also wahrscheinlich schlimmere Folgen durch seinen Watte-Panzer davontragen als ohne ihn. Ähnlich ist es mit den leichteren Traumatisierungen unserer Kindheit. Ich betone, hier sind leichtere und auch unumgängliche Traumatisierungen gemeint. Extreme Schocktraumata wie Missbrauch, Krieg usw. zählen natürlich nicht dazu.

Dieser Mechanismus unserer Persönlichkeitsbildung lässt sich ganz treffend mit der Entwicklung unserer Muskeln versinnbildlichen. Wenn du ins Fitnessstudio gehst, dann sollte dein Ziel beim Training sein, deinen Muskel so sehr zu belasten, dass Mikrorisse durch Überbelastung entstehen. Dabei wächst allerdings der Muskel noch nicht. Dass passiert erst in den Tagen danach, wenn der Muskel und die Mikroeinrisse heilen, und die Muskelfasern dicker werden, um die höhere Beanspruchung beim nächsten Mal leichter zu bewältigen. Unsere Traumata sind eine solche Überbelastung für unsere Persönlichkeit.

Durch sie wächst unsere Persönlichkeit nicht automatisch, sondern es kommt insbesondere auf die Ruhe und Heilungsphasen an. Es ist in meinen Augen sehr herausfordernd, vollkommen allein seine Traumata zu lösen. Daher ist eine professionelle Unterstützung sicherlich sinnvoll. Denn um Traumata zu heilen, müssen wir uns eben unseren verdrängten Gefühlen stellen, die damit verbunden sind. Das hat nichts mit einem mulmigen Gefühl im Bauch oder ein bisschen Kopfzerbrechen zu tun, oft wird man regelrecht mit Todesängsten konfrontiert. Wer schon heftige Streitigkeiten oder Trennungen erlebt hat, weiß, wovon ich spreche. Darum kämpfen wir in einer Beziehung auch manchmal, als ob es um unser Leben ginge, was oft erschreckende Ausmaße annehmen kann.

Sich also allein mit diesen Themen zu beschäftigen ist schon mal eine Hausnummer, aber dann kommen noch all unsere unbewussten Strategien dazu, die genau darauf ausgerichtet sind, uns vor einer erneuten Auseinandersetzung mit diesen Gefühlen zu bewahren. Zusätzlich ist eine der schlimmsten Erfahrungen im Rahmen von frühkindlichen Bindungstraumata, damit allein gelassen zu werden. Das ist ein weiterer Grund, warum eine zweite Person den Heilungsprozess gerade zu Beginn immens bereichern kann. Du kannst dich von mir oder anderen Menschen, die in der Traumaarbeit bewandert sind, unterstützen lassen.

Der entscheidende Faktor in der Traumaheilung ist, das anzunehmen, was gerade in einem geschieht. Das ist letztendlich auch das, worum es mir im Gefühle-Kapitel ging. Dir das Geschehenlassen und Annehmen von dem, was du innerlich erfährst, ganz gleich was es ist, zu erklären und näherzubringen. Aus dem Traumakapitel weißt du nun auch, warum mir das so ein großes Anliegen ist, denn Gefühle wirklich zuzulassen ist essenziell für die Heilung von Bindungstrauma –

und somit für eine erfüllte Beziehung. Wir lernen, jegliche Gefühle und Körperempfindungen auftauchen zu lassen und kämpfen nicht mehr gegen die negativen Gefühle oder vergangenen Erfahrungen an. Denn wir wissen, es sind nicht die Gefühle, die das Leid verursachen, sondern der Kampf, den wir gegen sie führen. Und dennoch ist das nicht so simpel, da wir neben diesen Fehlverknüpfungen auch starre Konzepte über uns selbst im Kopf haben, die dem Fühlen zunächst im Weg stehen: *»Ich muss immer stark sein.«*, *»Ich darf die Kontrolle nicht verlieren.«*, *»Ich muss die Erwartungen der anderen erfüllen und darf nirgends anecken.«* und so weiter. Diese Konzepte beziehungsweise Grundüberzeugungen hast du bereits im Kapitel über das Enneagramm (siehe Seite 70 ff.) und die neun Charakterfixierungen kennengelernt. Wenn wir nun anfangen, mit diesen Hilfestellungen unsere überschießenden Überlebensmuster zu erkennen und damit aufhören, ihnen zu folgen, kommen wir endlich in Kontakt mit den verdrängten Gefühlen.

Memo an dich!

Traumaheilung ist ein Entwicklungsprozess und keine spontane Wunderheilung. Sie kann dann geschehen, wenn du zurücktrittst und alle Gefühle, Widerstände und körperlichen Bewegungen annimmst, die mit diesem Prozess verbunden sind.

Bindungstraumata und unsere Partnerschaften

In diesem Kapitel werden wir uns die Traumaheilung im Beziehungsalltag genauer ansehen. Direkt vorab möchte ich dir Folgendes sagen: Es gibt keinen geradlinigeren und wertvolleren Weg zur Heilung von Bindungstraumata als eine lebendige Beziehung. Aber bevor ich damit beginne, dir meine These zu belegen, starten wir mit einer kurzen Übung:

Übung: Wenn mein Partner nur anders wäre ...

Schritt 1:
Überlege dir eine grundlegende Sache, die in deinen Augen bei deinem Partner/deiner Partnerin anders sein sollte, damit eure Beziehung besser wäre. Das können Kleinigkeiten sein, wie etwa, dass endlich einmal die Zahnpastatube zugeschraubt wird oder Fundamentales, zum Beispiel, dass dein Partner dich endlich liebevoller und aufmerksamer behandelt. Nimm dir dafür ruhig einen Moment Zeit, und überlege, welche Veränderung für dich den positivsten Effekt auf eure Beziehung hätte. Falls du momentan Single bist, dann mache die Übung gern noch einmal nachträglich mit deinem Ex-Partner.

Schritt 2:
Nun reflektiere genauer, welche Hoffnung du damit verbindest, wenn dein Partner endlich anders wäre. Welches tieferliegende Grundbedürfnis soll dir dadurch erfüllt werden? Vielleicht ein Bedürfnis nach mehr Nähe, Halt, Sicherheit, Autonomie, Entfaltung oder Geborgenheit? Wie würdest du dich dann endlich fühlen können? Würdest du dich gesehen, geliebt, vollständig, verstanden oder nicht mehr allein fühlen? Achte bei der Beantwortung der Fragen auch darauf, den Gefühlen Raum zu geben, die dabei auftauchen.

In dieser Übung kannst du entdecken, dass wir im Grunde immer die Sehnsucht haben, dass durch die Veränderung des Partners endlich unsere unerfüllten Kernbedürfnisse in einer Beziehung gestillt werden. Dahinter stecken eben unsere Bindungstraumata. Denn dass unsere Kernbedürfnisse als Kind nicht adäquat erfüllt wurden, war maßgeblich für die Entstehung unserer Traumata.

Das Kind bildet seine subjektive Wahrnehmung der Welt und sein Bild über Beziehungen aufgrund dieser traumatischen Erfahrungen, wie das Beispiel mit dem Baum und dem Sturm vorhin verdeutlichte. Vielleicht erinnerst du dich auch noch an das Kapitel, wo ich dir von einer Klientin erzählte habe, die extreme Parallelen zwischen ihrem Mann und ihrem Vater entdeckte. Mit dem Hintergrundwissen aus diesem Kapitel, kannst du nun genauer den Mechanismus verstehen, der dahintersteckt. Die Beziehung zu ihrem Vater prägte ihre Realität über Beziehungen an sich. Jede Beziehung als Erwachsene hat sich in dieses vorgeformte »Beziehungsbild« eingeordnet. Sie zog Männer an, mit denen sich ihre frühkindliche Erfahrung wiederholte. Sie wählte Partner, die zu einem ähnlichen Maße ihre Bedürfnisse erfüllten, wie sie es bereits aus ihrer Kindheit gewohnt war. Man kann wirklich so weit gehen und sagen, dass wir in der Kindheit auf eine gewisse Weise programmiert werden und von da an dieses Programm ständig wiederholen.

Aber warum passiert das? Das lässt sich leicht nachvollziehen, wenn du dich daran erinnerst, dass das Unterbewusstsein unseres Organismus rein darauf abzielt, unser Überleben zu sichern. Ob wir uns dabei erfüllt und glücklich fühlen, ist dafür vollkommen sekundär. Da wir unsere Kindheit offensichtlich überlebt haben, werden die Erfahrungen aus dieser Zeit nämlich nichtsdestotrotz als »sicher« gespeichert.

Es gibt jedoch noch einen weiteren Grund für diesen Wiederholungszwang. Wir erleben zwar ähnliche Erfahrungen wie in unserer Kindheit, aber es ist ein entscheidender Faktor dazugekommen: Mittlerweile sind wir nämlich erwachsen und können deshalb diesen alten traumatischen Erlebnissen begegnen, ohne dass sie – wie damals – lebensbedrohlich für uns sind. Denn als Erwachsener ist unser Überleben, wie bereits erwähnt, nicht mehr zwingend abhängig von anderen Menschen. Dadurch haben wir die Möglichkeit und auch die Fähigkeit, diese Traumata endlich zu heilen. Unser System kann dabei leibhaftig die Erfahrung machen, nicht mehr in Lebensgefahr zu sein. So weit zumindest die Theorie.

Da dieses Wissen jedoch in der Gesellschaft noch weitestgehend fehlt, erleben wir einen anderen Mechanismus. Anstatt sich unseren inneren Themen selbst zu stellen, projizieren wir die ersehnte Erlösung auf die Außenwelt und greifen auch als Erwachsene weiterhin zu unseren Schutzstrategien und Überlebensmustern. Und das nicht nur in den seltenen Situationen, in denen es wichtig und angebracht wäre, sondern dieses unbewusste Verhalten etabliert sich in allen Bereichen zu unserer vorherrschenden und einschränkenden Lebensweise.

Wir erhoffen uns also, dass stattdessen endlich ein anderer Mensch unsere Bedürfnisse befriedigt, nach denen wir uns seit Kindertagen sehnen. Viel mehr noch, wir stellen sogar den Anspruch an den anderen! Dabei treffen wir jedoch auf Menschen, die selbst unvollkommen und auf ihre Weise bindungstraumatisiert sind. Es ist also erstens nicht ihre Aufgabe, und sie wären zweitens auch niemals vollkommen dazu in der Lage. Nun beginnt das traurige Dilemma.

Erst kommt die schöne Verliebtheitsphase, und dank Hormonen und Co. erleben wir zumindest zeitweise die Illusion, dass es scheinbar doch endlich Erlösung für unser inneres Leid oder unsere innere Rastlosigkeit gibt. Bis nach ein paar Monaten, oder wenn du Glück hast auch ein paar Jahren, die große Ent-Täuschung kommt. Es wird dir also wortwörtlich die Täuschung genommen. Darüber, dass dich jemand anderer als du selbst endlich glücklich, vollständig, erfüllt etc. machen kann. Und das ist gut, denn dann können wir der Wahrheit ins Auge blicken und beginnen, uns unserer Bindungstraumata anzunehmen.

Doch stattdessen richten sich Menschen »lieber« entweder in pseudoharmonischen Beziehungen ein, die eher von Verdrängung geprägt sind als von Harmonie. Oder es wird prompt Ausschau gehalten nach der nächsten Märchenprinzessin oder dem nächsten Märchenprinzen. Darum muss ich es leider wiederholen: Schmetterlinge im Bauch sind für'n Arsch. Und diese mit Liebe zu verwechseln sowieso. Sie sind schön und fühlen sich gut an, das ist okay. Doch sie betäuben dich nur temporär und halten dich von der Wahrheit fern. Nach kurzer Zeit verstrickt man sich daher wieder in den alten Mustern, und der Teufelskreis beginnt von Neuem.

Ich will das Verliebtsein natürlich nicht vollkommen schlechtreden, darum hier noch eine Ergänzung, warum es auch seine Wichtigkeit hat. Durch das Verliebtsein machen wir die Erfahrung, dass es noch ein bisschen mehr gibt als das, was wir in der Kindheit an Liebe erlebt haben. Es ist wie ein Vorgeschmack darauf, was eigentlich möglich ist. So, wie man Menschen erstmals das Bild einer Banane zeigt, sodass sie sehen, es gibt noch mehr Obstsorten als die ihnen bekannten. Wenn wir dann jedoch glauben, dass das Bild schon der Höhepunkt ist, wird's wirklich traurig. Wir können uns gern das Bild anschauen, aber sollten dabei eben im Hinterkopf behalten, dass es einen Ort gibt, wo echte Bananen plantageweise wachsen. Übertragen wir es auf eine Beziehung, dann sind die meisten Menschen damit beschäftigt, ihre Bananen-Bilder abzuschlecken, als sich endlich zu trauen, sich auf die Suche nach den richtigen Plantagen und Früchten zu machen.

Du würdest aber nicht das Buch bis zu diesem Punkt gelesen haben, wenn du nicht letztendlich aus dieser Spirale aussteigen wolltest und dich nach echter Erfüllung in der Beziehung sehntest. Also, auf geht's zu den Plantagen!

Wie eine Beziehung der Schlüssel zur Traumaheilung sein kann

Um innerhalb deiner Beziehung tatsächliche Traumaarbeit vollbringen zu können, musst du sehr wahrscheinlich alles infrage stellen, was du bisher über Beziehungen geglaubt hast. Dafür musst du im ersten Schritt die Hoffnung auf eine schöne, dauerharmonische Beziehung loslassen und dich der Realität stellen. Denn normalerweise gehen wir davon aus, dass wenn wir wieder und wieder Konflikte in einer Beziehung erleben, es zwischen uns wohl einfach nicht passt. Ich sage dir jedoch, dass gerade die Konflikte die Chance auf das langersehnte Glück und die Erfüllung sind. Sie sind wie der Wink mit dem Zaunpfahl, um dir zu zeigen, wo es innerlich langgeht. Selbst wenn es, je nach deinen Vermeidungsstrategien, am Ende womöglich den Weg zu einer längst überfälligen Trennung bedeutet.

Ich sage es darum hier noch einmal: Ein Partner kann und wird niemals deine Grundbedürfnisse vollkommen erfüllen, da er oder sie selbst unvollkommen ist – alle Menschen sind das. Aus diesem Grund müssen wir also als Erstes diese Vorstellung über Bord werfen und die vollkommene Selbstverantwortung für uns und unsere Bedürfnisse übernehmen. Würden wir das zur Gänze umsetzen, würden allein dadurch schon die meisten Beziehungsstreitigkeiten ein Ende nehmen. Denn über nahezu jedem Streit steht die immer gleiche Überschrift: »Erfülle mir (endlich) meine Bedürfnisse!«

Wenn Konflikte in eurer Beziehung immer wieder auf ähnliche Weise ablaufen, weist das eigentlich immer auf Traumastrukturen hin. Streitet ihr euch immer wegen ähnlichem Quatsch, dann liegt das eben nicht einfach an einem Kommunikationsproblem, was einem so oft weisgemacht wird, sondern daran, dass ihr gegenseitig alte Bindungstraumata heraufbeschwört, also triggert. Erklärungen wie *»Ich konnte nicht anders ...«, »... als hätte sich plötzlich ein Schalter bei mir umgelegt.«* oder *»Da sah ich auf einmal Rot.«* deuten ebenfalls darauf hin. Da wäre ein bisschen Kommunikationstraining maximal wie ein Tropfen auf den heißen Stein. Es scheint, als habe man bisher gar keine andere Wahl, als sich in Streitigkeiten ab einem gewissen Punkt oder Thema so zu verhalten. Verstehen wir, dass die Ursache für unsere Probleme eigentlich fast nichts mit dem anderen zu tun haben, können wir aufhören, gegeneinanderzukämpfen. Im Rahmen solcher Konflikte sollten wir uns immer die Fragen stellen: Was hat das Ganze mit mir und meinen inneren Themen zu tun? Welchen Teil trage ich dadurch zur Situation bei, in der ich mich befinde? Dann ergibt sich durch solch eine Krise die Chance, sich selbst genauer zu erforschen und kennenzulernen.

Um das noch anschaulicher zu machen, will ich dir von meiner Partnerschaft berichten. In meiner Beziehung begegnen mir meine Bindungstraumata und die meiner Partnerin sehr häufig. Viele mögen es nicht glauben, aber auch ein Beziehungscoach hat Streit und Konflikte in seiner Partnerschaft. Denn all mein Wissen schützt mich nicht davor, dass ich ein Mensch bin, der auch hin und wieder eine Marionette seiner Muster ist.

Ich bin als fünf Jahre jüngerer Bruder aufgewachsen mit einer Schwester, die ziemlich tough war. So, wie es bei allen Geschwistern Teil des Aufwachsens ist, haben wir uns gerauft und gestritten. Dabei bin ich durch den Altersunterschied immer wieder in eine Situation der Ohnmacht gerutscht, weil meine Schwester mir sowohl mental als auch körperlich natürlich überlegen war. Um diesem Gefühl zu entfliehen und etwas entgegenzusetzen, habe ich unbewusst eine Strategie entwickelt: extreme Wutausbrüche. Diese Wut war meine Methode, um der Ohnmacht zu entkommen. Diese Strategie begleitet mich bis in meine heutige Partnerschaft. In heftigen Auseinandersetzungen merke ich, wie wieder diese rasende Wut von damals in mir hochkocht. Bei meiner Partnerin ist das anders. In einer Situation in ihrer Kindheit, als sie sich überfordert gefühlt hat von der Überlegenheit der Großen, hat sie die Strategie entwickelt, zu schweigen und die anderen damit zu strafen, sie vollkommen zu ignorieren. Das war ihr Strohhalm, mit dem sie sich schützte und wieder ein wenig Macht und Kontrolle gegenüber den Erwachsenen zurückerobern konnte. Sie schaffte es dadurch – wie ich mit meinen Wutausbrüchen –, eine Distanz zu dem Gefühl der Ohnmacht und zu den Erwachsenen herzustellen. Diese Distanz ist allerdings in einer erwachsenen Partnerschaft eher kontraproduktiv.

Wenn sie anfing, mich bei Streitigkeiten anzuschweigen, erlebte ich dadurch sofort wieder einen Zustand von Ohnmacht, was die Wut in mir erweckte. Je mehr ich versuchte, ihr durch meine Wut überlegen zu sein, desto stärker ging sie in die Distanz durch ihr Schweigen. Ein Teufelskreis, den es in vielen verschiedenen Ausprägungen in Beziehungen gibt. Wir beide haben uns so oft verletzt gefühlt vom Verhalten des anderen, bis wir uns eines Tages unter Tränen an diese zwei Geschichten aus unserer Kindheit erinnerten. In jedem Streit haben unsere inneren Kinder also versucht, sich zu schützen, so wie damals. Es ging ihnen primär um ihren eigenen Schutz. Ob sie dabei den anderen verletzten, spielte erst mal keine Rolle. Nachdem wir diesen Ablauf glücklicherweise durchschaut hatten, konnten wir endlich an den zugrunde liegenden Themen arbeiten und hörten auf, uns bei jedem Streit durch unser unbewusstes Verhalten gegenseitig zu verletzen.

Dieses Beispiel zeigt, wie unersetzlich das Wissen und die Arbeit mit dem inneren Kind und seinen Traumatisierungen für eine gesunde Beziehung sind. Ich möchte an dieser Stelle noch ein häufiges Missverständnis erklären. Das Erlebnis meiner Partnerin in ihrer Kindheit und meine Erfahrungen mit meiner großen Schwester waren ziemlich sicher nicht die Ursprungstraumata. Diese finden nämlich in etwa innerhalb der ersten vier Lebensjahre statt. Alle späteren Ereignisse, die dem Ursprungsthema ähneln, sind dann kein neu entstandenes Trauma, sondern wiederholen bereits die Strukturen der Ursprungstraumata, docken an diese an und können sie dadurch weiter vertiefen. Daher ist es für die Traumaheilung nicht ausschlaggebend, bestimmte Situationen wortgetreu zu rekonstruieren, sondern deren ursprüngliche und bisher festgesteckte Energie nachträglich zu lösen.

Spannenderweise haben wir immer einen Partner, der so richtig den Finger in unsere Wunden steckt. Achtung, das kann viele Formen annehmen!

Auch sich gegenseitig zu betäuben und eine nach außen hin harmonisch wirkende Beziehung ohne jegliche Streitigkeiten zu führen blockiert den jeweils anderen auf dem Weg zur Heilung und Entfaltung. Wir haben nämlich immer komplementäre Muster mit unseren Lebensgefährten. Ein weiteres klassisches Beispiel dafür wäre, dass der eine das Bedürfnis hat, sich intensiv im Alltag mit dem anderen auseinanderzusetzen und für etwaige Probleme sofort Lösungen zu finden und der andere wiederum die Auseinandersetzung vermeiden will, sich dabei lieber zurückzieht und schnell bedrängt fühlt. Die Person, die sich jedoch zeitnahe Klärung wünscht, fühlt sich durch dieses Verhalten abgewiesen und allein gelassen. Je mehr der Partner sprechen will, desto mehr geht sein Gegenüber auf Distanz.

Unsere Muster befeuern sich also gegenseitig, und so finden wir auf dieser Ebene niemals eine gesunde Lösung. Hierfür müsste zumindest einer von beiden innerlich anhalten und aus seiner destruktiven Spur aussteigen. Genau dafür ist es unerlässlich, sich selbst und seine Muster genauer kennenzulernen. Dann erst hat man überhaupt die Option, ihnen nicht mehr blind folgen zu müssen. Stattdessen könnten wir beginnen zu erforschen, aus welchem Antrieb wir das ganze Theater wirklich machen. Vor welchem Zustand flüchten wir durch unser Verhalten? Welches Gefühl wäre mit diesem Zustand verbunden?

Hören wir auf, immer dem Partner die Schuld zu geben für unsere Reaktion und Gefühlswelt, und kommen wir zum nächsten Punkt.

Lassen wir nun vom anderen ab, werden wir plötzlich auf uns selbst zurückgeworfen und erleben sämtliche Gefühle, denen wir zuvor aus dem Weg gehen wollten: Wut, Angst, Ohnmacht, Schmerz, Traurigkeit, Unsicherheit, Leere. Der Konflikt mit dem anderen ist meistens nur die Flucht vor diesen Gefühlen. Wenn wir es aber schaffen, einmal die neue Option zu wählen und sie zulassen, können wir entdecken, was dahintersteckt. Es ist immer ein unerfülltes kindliches Bedürfnis. Wir fühlen die Angst davor, allein zu sein, den Schmerz darüber, zu wenig Aufmerksamkeit und Liebe zu bekommen, die Wut darüber, in manchen Situationen ohnmächtig oder begrenzt zu sein. Und tada – sind wir im Kontakt mit den verdrängten Themen unserer Kindheit. Normalerweise laufen wir vor diesen inneren Konflikten durch unsere Charakterfixierung und die damit verbundenen Verdrängungsmechanismen davon. Damit müssen wir jedoch aufhören und uns den mitgeschleppten angstbesetzten Gefühlen annehmen. Darum ist es auch so wichtig, seine Fixierung zu kennen, um aufzudecken, wann unsere Verdrängungsstrategien gerade wieder aktiv werden. Schaffen wir es, die Gefühle auszufühlen, erleben wir, wie am Ende eine erlösende Ruhe und ein unaufgeregter Frieden auftauchen. In dieser tieferen Wahrnehmungsdimension erleben wir dann endlich auch Sicherheit, Geborgenheit, Halt und Liebe. Wir machen die Erfahrung, dass die Erfüllung unserer Kernbedürfnisse in uns selbst liegt.

Das ist nicht nur beim ersten Mal ein nahezu magisches Erlebnis. Gleichzeitig ist es das Eintrittstor in wahre Erfüllung und auch die Grundlage für Heilung. Unser ganzes Nervensystem kann nämlich dadurch erleben, dass wir im Kern sicher und ganz geblieben sind und im Gegensatz zu früher jetzt keine Lebensbedrohung mehr da ist. Das alles kann geschehen, ohne dass der Partner oder irgendetwas anderes im Außen sich verändern muss. So erleben wir am eigenen Leib, dass wir in dieser Hinsicht komplett ausreichen, um für uns selbst sorgen zu können. Wir erkennen, dass wir nicht mehr davon abhängig sind, dass sich die anderen »richtig« verhalten und dass das Verhalten des Partners niemals wirklich eine existenzielle Bedrohung war. Davor fühlte es sich nämlich anscheinend so an, als ob der Partner einen vernichten könnte. Wieso sonst sollte man bisher in solchen Situationen seine Überlebensstrategien aufgefahren haben?

Aus dieser Ruhe und diesem Frieden heraus können wir dann auf eine ganz neue Weise auf den Partner zugehen und uns ihm mitteilen. Das gemeinsame Gespräch gestaltet sich dadurch als Nebeneffekt verständlicherweise viel eher effektiver und sinnvoller als mit der reaktiven und überschäumenden Haltung zuvor. Dann ist die Chance größer, dass wir wirklich in Kontakt miteinander treten und eine Lösung für unseren Konflikt finden. Trauen wir uns nicht, unseren Gefühlen Raum zu geben, gehen wir automatisch immer mit einer aggressiv-fordernden Haltung an den anderen heran: *»Sei so, wie ich dich brauche!«*, *»Ich will, dass du endlich ...!«* Ansprüche und Bedingungen stoßen natürlicherweise eher auf Abwehr.

Erst ab diesem Punkt kann außerdem wirkliche Liebe beginnen. Sich allein bereits vollständig und verbunden zu fühlen ist nämlich die Basis, um den anderen als Person in seiner Ganzheit lieben zu können. Ansonsten müssten wir ja immer alle Anteile beim Partner ablehnen, die uns potenziell wehtun und nicht in den Kram passen.

Beziehungen sind daher einfach ein sehr guter Schlüssel in Sachen Traumaheilung. Wo, wenn nicht in einer Partnerschaft, tauchen die Themen auf, die wir ansonsten mehr schlecht als recht verdrängen. Und erst wenn wir dadurch in Kontakt mit diesen inneren Themen kommen, können wir an ihnen arbeiten und sie auf gesunde Art und Weise zur Ruhe kommen lassen.

Das hört sich vielleicht so an, als ob man jede Beziehungskrise auf diese Weise lösen kann. Ich glaube aus meinen Erfahrungen mit Klienten, dass 95 Prozent aller Trennungen nicht wirklich notwendig wären und man durch das richtige Wissen und effektive Selbsthilfetools gemeinsam zu einer Lösung finden könnte. Trotzdem ist an dieser Stelle die Frage wichtig: Ab wann ist eine Beziehung wirklich gescheitert? Eine Beziehung ist dann am Ende, wenn die Belastung zu schwer ist und man es nicht mehr schafft. Wenn man nicht mehr zur Ruhe kommen kann, weil man ständigen emotionalen oder gar körperlichen Attacken ausgeliefert ist und sich so nicht mehr weiterentwickeln kann. Aber auch diese Antwort hat noch sehr viel Interpretationsspielraum, weil es so individuell ist, ab wann eine Trennung gefühlt unausweichlich ist. Bei jedem Menschen sind dieser Zeitpunkt und auch die Belastungsgrenzen unterschiedlich.

Ich kann dir nur abschließend sehr ans Herz legen, dass eine Partnerschaft eine wundervolle Einladung dafür sein kann, frühkindliche Erfahrungen und Ängste endlich zu lösen und aufzuarbeiten. Und so die Liebe in einer Beziehung überhaupt zu entdecken und zu vertiefen, wenn wir gemeinsam damit anfangen, das Unglücklichsein in der Beziehung zum Glücklichwerden in uns zu nutzen. Denn egal, was dir in der Vergangenheit widerfahren ist, die Lösung liegt bestimmt nicht im Beschuldigen deiner Eltern oder im Einnehmen einer Verteidigungshaltung bis an dein Lebensende, sondern sie liegt im Hier und Jetzt, in dir …

Also mach dich auf diesen Weg der Heilung – für dich selbst und für das Leben, das dir geschenkt wurde.

Memo an dich!

Beziehungen sind ein sehr guter Schlüssel zur Traumaheilung. Besonders in einer Partnerschaft tauchen die Dinge auf, die du bisher mehr schlecht als recht verdrängt hast. Erst wenn du dadurch in Kontakt mit deinen inneren Themen kommst, kannst du dich ihnen widmen und sie auf gesunde Art und Weise lösen.

Die Grundüberzeugungen, die dein Beziehungsleben bestimmen

Grundüberzeugungen, Glaubenssätze, unterbewusste Auffassungen – wie auch immer du es nennen magst –, wir alle haben sie. Und die »falschen« Glaubenssätze gelten immer noch als Dreh- und Angelpunkt, der über Glück oder Unglück in deinem Leben und deinen Beziehungen entscheidet. Jetzt musst du nur noch deine Glaubenssätze transformieren und tada – deine Partnerschaft wird zu einer puren Erfüllung. Solche oder ähnliche Versprechen habe ich schon häufig gelesen und gehört, aber ist es wirklich so einfach?

Grundüberzeugungen sind die Brille, durch die wir die Welt gefiltert sehen. Eingefärbt wird diese Brille hauptsächlich durch die folgenden Komponenten: unsere Charakterfixierung, Traumata und Prägungen durch unser Umfeld sowie gesellschaftliche Normen und unser Familiensystem. Sie sind maßgeblich dafür, ob wir eine Partnerschaft eingehen und überzeugt sind, dass wir Liebe und Geborgenheit erfahren können oder unbewusst schon den Schmerz und die Trennung prognostizieren. Sie sind die in Worte gefasste neunundneunzigprozentige Beeinflussung durch unser Unterbewusstsein. Je besser wir also die Grundüberzeugungen verstehen, die uns entscheidend anführen, desto besser verstehen wir uns und unser Beziehungsleben.

Unsere Grundüberzeugungen dienen in erster Linie dazu, unser Leben zu erleichtern und uns Orientierung zu geben. Stell dir einmal vor, du müsstest in jeder Lebenssituation bewusst darüber nachdenken, ob du dich gerade sicher fühlst. Du stehst beispielsweise vor einem Tiger und müsstest erst noch überlegen, ob das ein guter Ort für dich ist. Stattdessen hast du aber zum Glück die Grundüberzeugung in dir gespeichert, dass Tigerkäfige schlechte Plätze zum Rumstehen sind.

Noch ein Alltagsbeispiel: Wenn deine Eltern versucht haben, immer auf dich und deine Fragen von klein auf einzugehen und dich gefördert haben, ist daraus vielleicht der Grundsatz entstanden: *»Ich kann alles im Leben verstehen, und was ich nicht weiß, kann ich bei anderen nachfragen.«* Wenn du diese Überzeugung in dir trägst, erleichtert sie dir dein Leben ungemein. Du wirst dich nicht bei jeder neuen Aufgabe damit auseinandersetzen müssen, ob du wirklich die Kompetenz hast, sie zu lösen, sondern einfach starten. Manche Grundüberzeugungen machen uns das Leben in dieser Welt also einfacher: *»Ich kann mich geliebten Personen öffnen und ehrlich mitteilen.«*, *»Ich kann alle Gefühle fühlen und aushalten.«* oder *»Ich kann andere um Hilfe bitten, wenn ich sie brauche.«*.

Dabei geht es gar nicht darum, ob das in der Realität jedes Mal auch so der Fall ist. Es spiegelt vor allem die innere Haltung wider, mit der wir der Welt unbewusst gegenübertreten. Leider haben wir aber nicht nur so wunderbare und konstruktive Grundüberzeugungen in unserem Unterbewusstsein gespeichert, einige stehen uns eher im Weg. Und unsere Grundüberzeugungen sind sehr festgefahren, unabhängig davon, ob sie uns sinnvoll oder sinnlos erscheinen. Der Preis, den wir für unsere nützlichen Überzeugungen zahlen müssen, ist, dass auch die schädlichen genauso fest eingespeichert sind. Im Traumakapitel hast du bereits erfahren, wie besonders tief liegende Grundüberzeugungen entstanden sind. *»Ich bin nicht gut genug.«* oder ähnliche Sätze sind Teil der Überlebensstrategien von Kindern, die einen dann noch als Erwachsenen das ganze Leben begleiten können. Es sind die auf Scham basierenden Überzeugungen. Als Gegenbewegung bilden sich dann, wie wir bereits wissen, die auf Stolz begründeten Grundüberzeugungen aus, die wir uns mithilfe des Enneagramms in diesem Kapitel genauer ansehen werden.

Deine Grundüberzeugungen in der Beziehung

Wir haben unzählige Grundüberzeugungen für alle Lebensbereiche. Im Job lauten diese zum Beispiel: *»Ich kann Ziele, die ich mir setze, erreichen.«* oder *»Ich schaffe nie, was ich mir vornehme.«*. Genauso tragen wir etliche unbewusste Überzeugungen in uns, wenn es um die Beziehung zu uns selbst, zu Freunden, Familie und dem eigenen Partner geht. Mir geht es nicht darum, dass du all deine Überzeugungen aufdeckst. Du sollst wissen, dass sie existieren und zumindest deine Kernüberzeugung kennenlernen. Hierbei sind das Enneagramm und das Herausfinden deiner Charakterfixierung besonders hilfreich.

In der folgenden Übung zeige ich dir, wie du einige deiner Grundüberzeugungen in Beziehungen herausfindest, indem du intuitiv, ohne lange zu überlegen, einen Satz beendest. Zum Beispiel: *»Eine Beziehung bedeutet für mich, dass ...«* So kann man auf verschiedene, teilweise sogar unerwartete Sätze und damit auf innere Grundüberzeugungen stoßen.

Übung: Erkenne deine Grundüberzeugung in Beziehungen

Nimm dir einen kurzen Moment, und vervollständige immer wieder spontan den gleichen Satz: *»Beziehung bedeutet für mich ...«* Es ist sehr wichtig, dass du dabei ehrlich mit dir bist und dich nicht in romantisch klingenden Antworten verlierst, von denen du glaubst, dass du sie so geben solltest. Das Wichtigste bei der Arbeit mit Grundüberzeugungen sind Offenheit und eine ernsthafte Ehrlichkeit zu sich selbst. Du kannst dabei auch zunächst körperlich eine Haltung einnehmen, die dir in Bezug auf das Thema Beziehung vertraut erscheint. Übertreibe dann diese Haltung, und nimm wahr, welche Gefühle sie in dir auslöst und welchen Grundsatz die Haltung für dich verkörpert.

Gerade was Beziehungen betrifft, tragen wir oft sehr beziehungsfeindliche Sätze in uns. Mögliche Grundüberzeugungen zum Thema »Beziehungen« sind:

Beziehung bedeutet,
... dass sie nie lange hält.
... dass ich früher oder später verletzt werde.
... dass ich mich nicht frei fühle.
... dass ich mich nie genug fühle und Angst habe, ausgetauscht zu werden.
... dass ich am Ende allein bleibe.
... dass ich mich aufopfern muss für die Liebe des anderen.

Wäre es nicht viel wünschenswerter, den Satz wie folgt fortzusetzen?

... dass sie mir Nähe und Liebe gibt.
... dass ich in ihr über mich hinauswachse.
... dass ich Liebe geben und empfangen darf.
... dass ich mich gesehen und angenommen fühle.

Schwierig wird es mit unseren Grundüberzeugungen, wenn sie anfangen, uns auf unserem Weg zu behindern. Schon allein durch deren zumeist realitätsferne und endgültige Formulierungen wie »immer«, »nie« und dergleichen entstehen bereits Einschränkungen. Du kannst dir noch so sehr eine erfüllte Partnerschaft wünschen, wenn dein Unterbewusstsein andere Pläne für dich hat, kannst du lange danach suchen. Unsere Grundüberzeugungen müssen mit dem, was wir wollen, übereinstimmen, ansonsten ist das so, als würden wir flussaufwärts rudern.

Unser Unterbewusstsein ist bemüht, dass Innen- und Außenwelt zusammenpassen. Lebe ich also mit der unbewussten Überzeugung, dass Beziehung hauptsächlich Schmerz und eine potenzielle Gefahr bedeutet, wird das Unterbewusstsein alles dafür tun, dass es mit den Partnerschaften nicht klappt oder wir uns nie richtig einlassen.

Sobald Innen- und Außenwahrnehmung übereinstimmen, erzeugt dies nämlich ein gewohntes, stimmiges Bild, das wiederum das Gefühl von Sicherheit in uns weckt. Hier sprechen dann viele bei ihren Entscheidungen vom sogenannten Bauchgefühl – das uns, wie wir nun sehen können, nicht unbedingt immer die richtige Richtung weist, solange wir noch nicht wirklich in Kontakt mit uns selbst sind. Doch genau diese Ausrichtung auf Sicherheit hat dafür gesorgt, dass unsere Spezies überhaupt bis heute überleben konnte und jetzt die Zeit hat, sich den Kopf über seine Beziehungen zu zerbrechen. Das muss uns bei der Arbeit mit unseren Grundüberzeugungen klar sein. Sie existieren nicht, um uns zu schaden, sondern genau im Gegenteil. Das Problem ist eher, dass viele Überzeugungen, bildlich gesprochen, in unseren Kinderschuhen stecken geblieben sind, obwohl wir als Erwachsene die Möglichkeit haben, sie zu hinterfragen und bei Bedarf zu verändern.

Memo an dich!

Die meisten Grundüberzeugungen werden bis zu deinem siebten Lebensjahr entwickelt und erfahren danach nie wieder ein Update. Bleiben diese unreflektiert, steuern sie dich im Gegenteil sogar unbewusst dein restliches Leben lang.

Die Überzeugung deiner Charakterfixierung

Wenn man langfristig seine destruktiven und überholten Grundüberzeugungen und sein damit verbundenes Verhalten ändern will, muss einem klar werden, wie sehr man selbst – ebenso wie andere Menschen – darunter leidet. Insbesondere natürlich die Lebenspartner. Das Entdecken der eigenen Grundüberzeugungen verbunden mit der Erfahrung, was diese Entdeckung emotional, körperlich und geistig in einem auslöst, kann bereits den ersten Schritt in Richtung Heilung darstellen. Bisher unbewusste und selbst auferlegte Verhaltensregeln können so ins Bewusstsein geholt werden. Dort kann man ihnen endlich neu begegnen und sozusagen ein Software-Update durchführen.

Hinter den Verhaltensmustern der Charakterfixierungen steckt jeweils eine zentrale Grundüberzeugung. Die Kernüberzeugung, die dich am meisten bestimmt. Diese Grundüberzeugungen bestehen, vereinfacht gesagt, aus zwei Teilen. Der erste Teil ist die Überzeugung an sich, und der zweite Teil beschreibt, vor welchem Gefühl und Zustand man durch die Grundüberzeugung flüchten will. Natürlich kann die Formulierung der inneren Überzeugung deiner Fixierung von den folgenden Sätzen abweichen, thematisch bleibt sie jedoch ähnlich. Bei der Suche nach den treffenden Worten, spürst du, wenn du mit dem Pfeil ins Schwarze getroffen hast.

Grundüberzeugung Typ 1 – Der perfektionistische Veränderer

»Ich muss alles richtig machen und mich bemühen, die Welt perfekter zu machen, dann muss ich meine Wut und Ohnmacht darüber nicht fühlen, dass niemals alles ›perfekt‹ sein wird.«

Die Einser haben durch ihre Grundüberzeugung natürlich auch klare Vorstellungen, wie ihre Beziehung und besonders ihr Partner zu sein haben. Das kann sehr belastend für beide Seiten sein, weil dieses Ideal nie wirklich erfüllt wird. Für den Partner ist es natürlich schwierig, ständig direkt oder indirekt vermittelt zu bekommen, dass man etwas nicht richtig macht.

Grundüberzeugung Typ 2 – Das bedürftige Helferlein

»Ich muss die Bedürfnisse des anderen erfüllen und meine eigenen verdrängen, damit ich mich nicht allein und ungeliebt fühle.«

Die Zweier neigen sehr dazu, sich in einer Beziehung komplett aufzuopfern, auch wenn der andere nicht darum bittet. Sie verbiegen sich, um geliebt zu werden und verlieren dabei den Zugang zu ihren eigenen Bedürfnissen.

Grundüberzeugung Typ 3 – Der blendende Workaholic

»Ich muss ganz viel leisten, denn dafür kann ich Liebe und Anerkennung bekommen, sodass ich mich nicht wertlos und ungeliebt fühle.«

Die Dreier sehen ihre Beziehung oft als Projekt, das ihrer Selbstoptimierung dient. Außerdem dürsten sie dabei nach Bestätigung und beziehen daraus ihren Selbstwert. Wenn der Partner seinen Zweck nicht mehr erfüllt, kann er auch schnell ausgetauscht werden.

Grundüberzeugung Typ 4 – Die Dramaqueen

»Ich muss im Schmerz über das Elend der Welt und der Menschen ausharren, damit ich mich nicht meinen wahren, Angst einflößenden Gefühlen stellen muss, nicht liebenswert zu sein.«

Die Vierer können sich immer wieder in ihrem Elend verlieren, was auch belastend für den Partner sein kann. Sie fühlen sich nie richtig verstanden und sehr allein mit ihrem Erleben in ihrer Beziehung.

Grundüberzeugung Typ 5 – Der weise Außenseiter

»Ich muss mir mehr Wissen aneignen und mich lieber von anderen fernhalten, um mich sicherer zu fühlen und meiner inneren bedrohlichen Leere nicht zu begegnen.«

Die Fünfer haben Mühe, tiefere Beziehungen einzugehen und verstecken sich lieber hinter ihren Büchern, Computern oder Informationen aller Art. In einer Beziehung hat man dadurch oft das Gefühl, nie richtig an sie ranzukommen.

Grundüberzeugung Typ 6 – Der loyale Zweifler

»Ich muss den Erwartungen der anderen entsprechen und darf keine Fehler machen, damit ich mich sicher fühle und keine Angst haben muss, ausgeschlossen zu werden.«

Die Sechser suchen sich gern einen Partner, an dem sie sich orientieren können und der ihnen durch seine Stärke Halt geben kann. Sie können sich dann in ihrer Beziehung sehr anpassen und alles dafür geben, nichts »falsch« zu machen. Dennoch kommen ihre Ängste immer wieder hoch, beispielsweise davor, den anderen zu verlieren oder doch nicht auszureichen.

Grundüberzeugung Typ 7 – Der verpeilte Glücksjäger

»Ich muss mir immer mehrere Optionen offenhalten und ausreichend Pläne schmieden, damit ich durch freudige Aktivitäten meinem Schmerz und anderen unangenehmen Gefühlen entkommen kann.«

Die Siebener binden sich ungern lange an eine Person, weil es ja immer noch eine bessere Option geben könnte. Man kann mit ihnen sehr viel Spaß und Abenteuer erleben, aber es fehlt in ihren Beziehungen eine gewisse Stabilität und Verbindlichkeit. Dadurch, dass sie keinen Zugang zu den unangenehmen Gefühlen haben wollen, bleiben ihnen auch tiefere Erfahrungen von Liebe, die über das Verliebtsein hinausgehen, verschlossen.

Grundüberzeugung Typ 8 – Der behütende Chef

»Ich muss stärker als alle anderen sein und alles allein schaffen, dann brauche ich meine Schwäche und meine Hilfsbedürftigkeit nie mehr erleben.«

Die Achter wollen in einer Beziehung immer den Ton angeben und die Hosen anhaben. Ist der Partner sehr anpassungsfähig, kann das auch funktionieren. Wenn der andere jedoch dagegenhält, dann sind starke Konflikte an der Tagesordnung, weil die Achter nie nachgeben wollen.

Grundüberzeugung Typ 9 – Der Harmoniejunkie

»Ich muss Konflikten aus dem Weg gehen und dafür meine eigenen Bedürfnisse und Gefühle möglichst betäuben, dann brauche ich meine Wut und meine Angst davor nicht mehr zu fühlen.«

Die Neuner meiden möglichst jeden Konflikt. Auch eine Entscheidung ist eine Form von innerem Konflikt, der vermieden wird. Dadurch dauert es, bis sie sich endlich für einen Partner entscheiden. In einer Beziehung haben sie sogar große Mühe, sich zu trennen, selbst wenn sie unzufrieden oder unglücklich darin sind. Eine Trennung wäre ein neuer Konflikt ...

Wir haben unsere Grundüberzeugung fast unser ganzes Leben, vielleicht schon seit 20, 30, 40 und noch mehr Jahren. Sie sind ziemlich fest eingespeichert auf unserer persönlichen Festplatte. Deswegen wirst du nicht einfach nur dieses Buch lesen und schwupps hat sich das mit den destruktiven Grundüberzeugungen. Das ist ein längerer Prozess, der sich aber ganz sicher lohnt! Und jeder Weg beginnt bekanntlich mit dem ersten Schritt ...

Zuallererst musst du wie bereits erwähnt erkennen, wie viel Leid durch deine Grundüberzeugung entsteht. Denn wir Menschen sind kleine Gewohnheitstiere. Veränderung ist nicht gerade unsere stärkste Disziplin. Wir verändern leider erst dann wirklich etwas, wenn es unangenehm wird. Solange du bei deiner Grundüberzeugung nicht erkennst, wie viel Leid sie in dir und anderen hervorruft, wirst du sicher nichts daran verändern. Solange es noch schlimmer für dich erscheint, sich bestimmten Gefühlen oder Zuständen zu stellen, wirst du einen großen Bogen darum machen.

Ich könnte jetzt natürlich für jede Fixierung ein paar praktische Tipps aufschreiben. Das würde aber schnell dazu führen, dass wir denken, scheinbar nur neue oder gegenteilige Verhaltensweisen einstudieren zu müssen, um den Teufelskreis zu beenden. Das ist aber nicht richtig, man muss nämlich komplett aus diesem Spielchen aussteigen. Es geht bei dem Veränderungsprozess erst in zweiter Linie darum, eine freiere Verhaltensweise als Option zu etablieren und so der einengenden Grundüberzeugung nicht mehr folgen zu müssen. Abgesehen davon geschieht das ohnehin von allein, je mehr man mit sich selbst in Kontakt kommt. In erster Linie geht es darum, den wahren Antrieb hinter seinen Taten zu durchschauen, zu hinterfragen und zu durchbrechen. Man könnte darum den Erlösungsweg für alle Fixierungen vereinfacht so beschreiben: Für wirkliche Veränderung musst du dich genau den Gefühlen stellen, die du durch deine bisherigen Grundüberzeugungen verdrängen wolltest! In dem Moment, in dem du dich also dabei ertappst, einfach einmal anhalten und wahrnehmen, was eigentlich gerade da ist. Welche Gedankenkarusselle, welche Körperempfindungen, welche Gefühle? Erst wenn wir das tun, kann daraus in einem späteren Schritt durch eine neue, offenere Grundüberzeugung eine andere oder auch ein und dieselbe Verhaltensweise entstehen – bloß aus einer aufrichtigen und somit wahrhaftig liebevollen Haltung heraus.

Eine neue Entscheidung, ein neues Leben

Jetzt ist es Zeit, eine neue, bewusste Entscheidung zu treffen. Jetzt ist der Moment, wo du deine Grundüberzeugung so umformulieren darfst, wie es sich für dich stimmig anfühlt und wie es deiner wahren Sehnsucht entspricht.
Zur Inspiration will ich mit dir meine neue Grundüberzeugung teilen, die mich heutzutage durch mein Leben begleitet:

»Ich will lieber verletzbar sein und jegliche Gefühle zulassen, als einen Tag länger vor ihnen zu flüchten und unlebendig am eigenen Leben teilzunehmen.«

Es liegt nun an dir, deine eigenen Worte für dein Leben zu finden. Wenn du deine neue Überzeugung formulierst, ist es wichtig, dass du wieder im Kontakt mit deinen Gefühlen und deinem Körper bist und nicht rein mental überlegst, wie sie lauten sollte. Achte bei der Formulierung auch darauf, keine Negativsätze zu verwenden. Statt *»Ich will meine Gefühle nicht mehr unterdrücken.«* schreibe besser *»Ich will alle Gefühle zulassen.«*.

Nimm dir Zeit, und gib all den verschiedenen Gefühlen Raum, die dabei womöglich hochkommen: Vielleicht ist es ein Schmerz darüber, wie oft dich deine bisherige Grundüberzeugung darin blockiert hat, das zu tun oder zu sagen, was du wirklich wolltest. Oder eine Wehmut, weil du bisher so getrieben und angespannt warst in all deinem Tun. Vielleicht auch eine Angst oder Unsicherheit, weil du dich ab jetzt nicht mehr an deinen gewohnten Mustern festhalten kannst und bisher noch nicht die Erfahrung gemacht hast, wie es anders überhaupt ablaufen könnte.

Versuche, dabei liebevoll im Umgang mit dir selbst zu bleiben, anstatt streng mit dir und deinem bisherigen Verhalten ins Gericht zu gehen. Denn es ist wichtig, auch die Dankbarkeit dafür zu fühlen, dass man bisher auf diese Weise, so gut es ging, versucht hat, sich zu schützen. Als Kind war das ein purer Akt der Selbstliebe. Nimm auch die Sehnsucht wahr, dies nun hinter dir lassen zu wollen. Sehnsucht ist ein wahrer Katalysator für Veränderung.

Eine neue Grundüberzeugung bedeutet, dass du etwas vollkommen Neues probierst und einen noch unbekannten Weg in deinem Leben einschlägst. Das darf erst mal Unbehagen und Verunsicherung auslösen. Das zeigt nur, dass du bei der Übung alles richtig machst und dich dafür öffnest.

Neue Entscheidungen brauchen neue Erfahrungen

Jetzt geht's endlich in das wahre Leben. Denn jede Entscheidung erfährt erst ihre richtige Kraft, wenn wir sie umsetzen und neue Erfahrungen machen. Deine neue Überzeugung kann sich nur wirklich integrieren, wenn du die Erfahrung machst, dass sie dir wirklich mehr Nähe im Kontakt mit anderen Menschen und eine größere Lebendigkeit ermöglicht.

Ich würde nicht auf die passende Situation dafür warten. Probiere es direkt aus. Eine einfache Möglichkeit ist, dass du dich mit deinem Partner oder einem Menschen, der dir nahe steht, zusammensetzt und etwas von dir teilst und zeigst, was du bisher zurückgehalten hast, um dich nicht verletzlich zu machen.

In dieser Situation habe ich in meiner Partnerschaft mit meiner Freundin geteilt, wie erbärmlich schwach ich mich innerlich oftmals fühle. Ich erlebte mich so oft meinen eigenen Ängsten und Unsicherheiten ausgeliefert, dass ich sie nur noch durch eine äußere Pseudostärke kompensieren konnte. Gleichzeitig sagte ich ihr offen, dass ich eine große Angst spüre, dass sie mich jetzt für einen vollkommenen Versager halten und mich eines Tages verlassen könnte. Puh, das war wirklich eine krasse Herausforderung für mich, und ich habe, während ich diese Gefühle in Worte fasste, geheult wie ein kleiner Junge. Gleichzeitig fiel diese riesige Last von meinen Schultern, immer stark und selbstsicher wirken zu müssen, und ich konnte endlich die Erleichterung erleben, ganz ich selbst zu sein. Zu meinem Erstaunen war meine Freundin weder geschockt noch wollte sie mich danach verlassen. Im Gegenteil. Sie war zutiefst berührt, und wir fühlten uns einander so nahe, wie noch nie bis zu diesem Zeitpunkt. Sie durfte endlich hinter die Maske sehen und daran teilhaben, was ich so lange unter großer Anstrengung zurückgehalten hatte. Das war so ein wundervoller Moment, der mir zugleich so viel Mut abverlangt hat.

Jetzt bist du an der Reihe! Wodurch hältst du deine Verletzbarkeit noch zurück? Und ich verspreche dir jetzt schon, dass du genauso überrascht sein wirst wie ich, was alles passieren kann, wenn wir uns endlich echt und somit verletzlich zeigen. Denn wenn wir uns selbst unsere Gefühle erlauben, können wir auch anfangen, sie mit unserem Umfeld zu teilen.

Doch was ist, wenn mein Gegenüber damit überfordert ist? Auch hier kann ich dich beruhigen. Überforderungen oder zunächst abwehrende Reaktionen des anderen haben nicht zwingend mit dir zu tun. Das kann wiederum ein Zeichen dafür sein, dass diese Person selbst wenig in Kontakt mit den eigenen Gefühlen ist. Wer seine eigenen Gefühle nicht zulässt, kann es sogar als Bedrohung empfinden, wenn andere ihn durch ihr Verhalten an diese Tatsache erinnern. Es bedroht das erschaffene Selbstbild, sich und sein bisheriges Verhalten dadurch plötzlich auch infrage stellen zu müssen und wird somit erst einmal abgewehrt.

Es kann für den Beginn daher hilfreich sein, sich mit seinem Partner oder gleichgesinnten Freunden zusammenzusetzen, um das gemeinsam zu praktizieren. Ein liebevolles und wertschätzendes Gegenüber kann dich darin unterstützen, neue Erfahrungen zu machen. So kann sich deine neue Überzeugung mehr und mehr in dein Leben integrieren, und du wirst auch mit Situationen, in denen du aufgrund deiner Verletzbarkeit auf Ablehnung stößt, auf eine neue Weise umgehen können.

Memo an dich!

Es ist wichtig, zu verstehen, dass niemand mutwillig destruktive Grundüberzeugungen entwickelt. Zum Zeitpunkt der Entstehung war es nicht anders möglich, du warst gezwungen, sie zu übernehmen – aus Selbstschutz. Und somit aus Liebe zu dir selbst. Diese wichtige Information hilft dir dabei, auf der Entdeckungsreise liebevoll auf dich selbst und deine Vergangenheit blicken zu können, anstatt dich für dein bisheriges Tun zu verurteilen.

Die sechs Stützen einer erfüllten Partnerschaft

Das dies ja ein Beziehungsbuch ist, sprechen wir natürlich auch noch über die wichtigsten praktischen Tipps und Tricks, die so ein Miteinander nicht nur leichter machen, sondern auch wunderschön. Dieses Kapitel heißt ganz bewusst »Die sechs Stützen einer erfüllten Partnerschaft«. Ich hätte es auch die Ecksteine, Fundamente oder Basis einer erfüllten Beziehung nennen können.

Wie du aber schon gelesen hast, ist jeder selbst das Fundament einer solchen Partnerschaft. Wenn das Fundament nicht gepflegt wird, dann bringen dir auch die stabilsten Stützen wenig. Dir hilft aber auch gleichzeitig das schönste und stärkste Fundament nicht, wenn du keine Ahnung hast, wo und wie du die Stützen richtig positionieren kannst. Uns muss darum klar sein, dass eine gesunde Beziehung ein Zusammenspiel von Fundament und Stützen ist.

1. Stütze: Liebe deinen Partner wie dich selbst

»Liebe deinen Nächsten wie dich selbst.«

»Oft zitiert, selten verstanden, noch seltener umgesetzt.« Das könnte man als Kommentar unter dieses Bibelzitat aus Markus 12,31 setzen. Genau das ist aber das Ziel! Entscheidend ist es, beide Teile dieser Botschaft gleichermaßen zu beherzigen. Unser Umgang mit uns selbst ist nämlich prägend für den Umgang mit anderen.

Nachdem du das Kapitel über die Charakterfixierung (siehe Seite 70 ff.) gelesen hast, ist dir hoffentlich klar geworden, dass zum Beispiel hinter scheinbarer Nächstenliebe oftmals nur die Aufopferung für Liebe und Anerkennung steckt. Hast du eine Zweier-Fixierung, das bedürftige Helferlein, könnte dich dieser Tipp anstacheln, dich noch mehr für die Bedürfnisse anderer selbst zu übergehen, anstatt endlich deine eigenen Bedürfnisse wahrzunehmen und dich für sie einzusetzen. Eine Einser-Fixierung, der perfektionistische Veränderer, geht, besonders was Ansprüche betrifft, viel härter mit sich selbst ins Gericht als mit anderen. Für eine Achter-Fixierung, den behütenden Chef, wiederum passt diese Bibel-Weisheit dahingehend, dass sie oftmals Ansprüche an alle anderen hat, ohne diesen selbst gerecht zu werden.

Behalte daher deine Fixierung beim Lesen der nächsten Seiten im Hinterkopf. Und die damit verbundenen Strategien, die du anwendest, um deine gefühlten Mangelzustände entweder zu betäuben oder bei anderen Linderung dafür einzufordern.

Die Stimmen in deinem Kopf

Nur Verrückte oder Schizophrene reden mit sich selbst? Nach dieser Definition sind wir alle verrückt. Wir sprechen den lieben langen Tag mit uns selbst, kommentieren, urteilen, erzählen uns Geschichten und führen innere Diskussionen. Vielleicht ist dir das auch schon mal aufgefallen. Das beginnt schon direkt morgens beim Klingeln des Weckers, wo Stimme A und Stimme B verhandeln, ob jetzt aufgestanden oder doch noch mal der Snoozebutton gedrückt werden soll. Dabei hat die eine Stimme bessere Argumente als die andere. Diese Selbstgespräche sind so alltäglich für uns, dass wir sie gar nicht mehr registrieren. Ein bisschen wie der O-Ton unseres Lebens.

Stimme A ist unser Kritiker, auch innerer Richter genannt. Ein kleiner Diktator, der darauf achtet, dass unsere selbst ausgedachten Erwartungen an uns auch erfüllt werden. Diese Erwartungen sind zum Beispiel die *»Ich sollte«*- und *»Ich muss«*-Sätze in uns, die ich bereits an anderer Stelle beschrieben habe. Der kleine Diktator ist derjenige, der uns vor dem Spiegel sagt, dass wir schon wieder deutlich zu »fett« geworden sind, weil wir ja eigentlich mehr Sport machen und schlanker sein sollten. Oder der, der dich fertig macht, wenn du auf der Couch rumlungerst, dass du einfach eine »faule Sau« bist, weil du erfolgreich und fleißig im Leben sein solltest. »Fett« und »faule Sau« sind noch harmlose Ausdrücke, manche inneren Richter haben noch ein ganz anderes Vokabular auf Lager.

Manchmal erinnern uns diese Aussagen, die wir da hören, an unsere Eltern, Lehrer oder andere prägende Personen aus unserem Leben. Das liegt daran, dass diese Personen maßgeblich an der Bildung unserer Erwartungen an uns selbst und an die Welt beteiligt waren. Unsere Erwartungen sind, wie beschrieben, aus den Komponenten Charakterfixierung, frühkindlicher Entwicklungstraumata und familiärer sowie gesellschaftlicher Prägungen entstanden. Mit unseren Erwartungen wurde dann auch prompt die Stimme unseres inneren Richters geboren.

Ich muss an der Stelle dennoch Eltern und Co. in Schutz nehmen. Sie haben natürlich jede Menge Input dazu gegeben, aber letztendlich bauen wir aus all diesen Einflüssen unser ganz eigenes Gefängnis aus

Erwartungen. Was im Umkehrschluss bedeutet, dass nur wir uns wieder davon befreien können. Wenn wir bereit dazu sind, »uns selbst« oder unser bisheriges Verhalten infrage zu stellen und zu reflektieren.

Unsere zu hohen Erwartungen sind aber nicht das Schlimmste. Die Psychoanalytikerin Karen Horney hat sehr klar erkannt, dass das Problem bereits ist, dass wir überhaupt irgendwelche Erwartungen haben. Damit beginnt die ganze Tortur. Unser Gehirn strebt nämlich danach, dass seine Vorstellung von etwas möglichst immer mit dem, was tatsächlich passiert, übereinstimmt. Das ist angenehm und vermittelt zumindest ein Gefühl von Sicherheit und Kontrolle, selbst wenn es sich dabei um negative Vorstellungen handelt. Oft übersehen wir dadurch sogar Dinge oder nehmen alles durch die bereits erwähnte subjektive Realitätsbrille wahr, um die beiden Welten aneinander anzugleichen. Schwierig wird es mit unseren Erwartungen, denn diese sind im Kern schon so aufgebaut, dass wir sie niemals komplett einhalten oder wirklich erreichen können. Sobald ein »sollte« oder ein »müssen« vor etwas steht, wird daraus ein innerer Kampf, der immer zwangsläufig Leid mit sich bringt. Stattdessen können aus Erwartungen Wünsche werden, die wir an uns oder an andere richten. Und aus fixen Vorstellungen lieber eine Offenheit dafür, was wirklich gerade geschieht. Aber das mit den Erwartungen beziehungsweise Ansprüchen und Wünschen, besonders in einer Partnerschaft, gehen wir noch in einem kommenden Kapitel genauer an.

Zurück zu unserem kleinen Diktator im Kopf, denn dieser kann nicht nur uns selbst malträtieren, sondern auch unsere Mitmenschen und vor allem unseren Partner. Wir haben beispielsweise eine Vorstellung, wie ordentlich unser Zuhause sein sollte. Ist der Müll mal wieder nicht rausgebracht worden, dann wird unsere Erwartung erschüttert, und der innere Richter meldet sich zu Wort. Immerhin bedroht diese Abweichung von unserer Vorstellung ja unser Empfinden von Sicherheit und Kontrolle. Hat heute unser Partner Mülldienst, dann wird die Stimme unseres inneren Richters sich gegen ihn richten. Je grausamer unser innerer Richter mit uns selbst spricht, desto härter ist er auch mit den anderen. Aber daraus kann ich jetzt auch nicht so platt das neue Beziehungsgesetz ableiten: »Rede liebevoller mit dir selbst, dann bist du auch liebevoller mit deinem Partner.« Das stimmt nämlich nicht immer und generell.

Außerdem agiert der innere Richter bei jedem Menschen unterschiedlich. Bei manchen ist er grausam, bei anderen kann er auch entspannt sein. Da bist du dein halbes Leben arbeitslos und schläfst bis mittags, und dein innerer Richter sieht das gar nicht so wild. Ein anderer Mensch lässt ein einziges Mal einen Besuch im Fitnessstudio ausfallen und kriegt dafür den inneren Anschiss seines Lebens.

Genauso gibt es die Variante, dass unser innerer Richter mit uns selbst extrem streng ist, aber anderen Menschen gegenüber toleranter. Dahinter steckt meistens auch eine gewisse Arroganz, weil wir dann unbewusst denken, dass wir und unsere Erwartungen an uns selbst eben nicht so durchschnittlich sind wie bei anderen. Durch unseren ach so hohen Anspruch möchten wir uns selbst unbewusst aufwerten.

Und natürlich gibt es auch den Richter, der nach innen entspannt ist, aber findet, die anderen sollten doch mal gefälligst ihr Leben besser auf die Reihe kriegen. Über kurz oder lang leidet eine Beziehung selbstverständlich gleichermaßen unter jeder dieser Formen.

Nimm dir mal einen Moment Zeit, um zu erforschen, wie dein innerer Richter so drauf ist.

Und was war jetzt mit »Liebe deinen Nächsten wie dich selbst«? Ja, das funktioniert eben nur wirklich, wenn der innere Richter endlich mal still wird. Dafür müssen wir aber zunächst einmal seine Stimme überhaupt bewusst wahrnehmen und von den anderen Stimmen differenzieren können. Dann sollten wir uns die Frage stellen, wie sinnvoll es wirklich ist, diese Erwartungen zu haben. Es geht nämlich nicht darum, den inneren Richter mehr zu integrieren, sondern komplett damit aufzuhören, dieser Stimme blind zu folgen.

Dir darf klar werden, dass du rein gar nichts machen *solltest* oder tun *musst.* Jegliche Annahme von einem Zweck unserer Existenz oder von Aufgaben, die wir im Leben erfüllen sollten, sind im Grunde nichts als von Menschen gemachte Konzepte, um dem inneren Gefühl von Sinnlosigkeit und Leere zu entkommen. Man will sich beschäftigt halten, damit die damit verbundenen existenziellen Gefühle gar nicht erst hochkommen können. Die verzweifelte Suche nach einer Daseinsberechtigung treibt den inneren Richter immer weiter an. Was wäre, wenn anstatt *»Ich bin, weil ich ...«* einfach *»Ich bin.«* völlig ausreichen würde? Es sind doch nur wir Menschen, die sich ständig Sorgen darum machen, was sie noch alles machen sollten, anstatt endlich einfach am Leben teilzuhaben.

Wenn du aufhörst, das zu tun, was du tun solltest, kannst du beginnen, das zu tun, was du tun willst! Das klingt sehr vereinfacht, aber wenn wir diesen Satz mal wirklich begreifen und im Herzen annehmen, kann das komplett verändern, wie wir an uns, unsere Beziehung und unser Leben herangehen. Und je liebe- und verständnisvoller wir dann mit uns umgehen, desto mehr werden wir das auch mit unseren Liebsten tun.

Vielen drängt sich dann sofort die platte Frage auf *»Wo käme man denn hin, wenn jeder nur noch machen würde, was er will ...?«*. Was aus dem Menschen entspringt, wenn er zu dem findet, was er wirklich will, ist nicht automatisch selbstsüchtig, eigennützig oder hinterhältig – was mit der angeführten Aussage jedoch angedeutet wird. Authentisches und ehrliches Verhalten anderen gegenüber ist am Ende genau genommen liebevoller als jede vermeintliche nett gemeinte Unwahrheit. Doch da beginnt für viele die Unsicherheit, denn sie wissen oft gar nicht, was sie wirklich tun oder sagen wollten, wenn sie plötzlich nichts mehr *müssten* oder *sollten.* Denn allein die Vorstellung, sich nicht mehr an gewohnten Vorgaben, Abläufen oder Ansichten festhalten zu können, löst Angst und Orientierungslosigkeit aus. Doch anstatt sich wie bisher davon abzulenken, wäre es essenziell, diese Tatsache endlich näher an sich heranzulassen und sich bewusst damit auseinanderzusetzen. Sich dem hinzugeben, was auftaucht, wenn man sich nicht weiterhin mit seinem Tun betäubt. Das erfordert Mut und Entschlossenheit. In dem Moment, in dem man endlich damit aufhört, vor seinen existenziellen Gefühlen der inneren Leere und Bodenlosigkeit wegzulaufen, beginnt wahre Freiheit. Dann kann es genauso schön sein, dem anderen aus freien Stücken eine Freude machen zu wollen, wie sich selbst einmal einen ruhigen besinnlichen Abend zu gönnen.

Memo an dich!

Wenn du aufhörst, das zu tun, was du tun *solltest,* kannst du beginnen, zu erforschen, was du tun *willst!* Und je liebe- und verständnisvoller du dadurch mit dir umgehst, desto mehr wirst du das auch mit deinen Liebsten tun.

Sorge für dich, sonst sorgst du für niemanden

Beziehungen sind nicht der einzige Lebensbereich, den wir haben, wenn auch einer der zentralsten. Wenn wir unser Leben nicht ganzheitlich sehen, kann ziemlich schnell ein Ungleichgewicht entstehen. Dann fangen wir an, uns vollkommen in eine Beziehung hineinzustürzen oder auf Biegen und Brechen den perfekten Partner zu suchen, obwohl wir eigentlich in erster Linie unglücklich in unserem Job sind. Bist du gerade in deinem Leben zufrieden mit deiner Arbeit, deiner Gesundheit, deinem Freundeskreis, der Beziehung zu deiner Familie und deiner psychischen Verfassung? Also bist du wirklich zufrieden? Die eigene Unzufriedenheit ist nämlich ein Killer für jede Beziehung. Wie viele Paare habe ich schon erlebt, die sich fast gegenseitig an die Gurgel gegangen sind und nicht registriert haben, dass ihre Unzufriedenheit aus einer ganz anderen Richtung kommt. Unser Partner und unsere Beziehung können nämlich ziemlich schnell zur Projektionsfläche der Unzufriedenheit in uns werden. Denn unbewusst erscheint es leichter, den Sündenbock im Außen suchen zu können, als sich mit dieser inneren Unzufriedenheit genauer auseinanderzusetzen und die Verantwortung dafür zu übernehmen.

Wenn du gerade befördert wurdest und dich richtig gut fühlst, dann stört es dich nicht, wenn es draußen gerade regnet und grau ist, weil du innerlich strahlst. Bist du aber nach deiner Kündigung gerade in einer gedrückten Stimmung, dann nervt dich beim schönsten Wetter die heiße Sonne. Das Prinzip ist klar, oder?

Achtung, ich will jetzt nicht darauf hinaus, dass du deine Stimmungen unter Kontrolle kriegst, damit deine Beziehung gut läuft, so nach dem Motto »good vibes only«. Denn positives Denken und dergleichen sind inzwischen zu einer massentauglichen Technik verkommen, um unseren eigentlichen Gefühlszustand zu unterdrücken und nur noch gewisse Anteile von uns zu akzeptieren. Genauso wenig wie man all das Negative bis ins Unendliche aufbauschen sollte, empfiehlt es sich, krampfhaft das Positive in jeder noch so schlimmen Situation zu sehen und damit andere Gefühle gewaltsam wegzuhalten. Dein Unterbewusstsein durchschaut diese positive »Lüge« sowieso und wird früher oder später dafür sorgen, dass du dich nicht weiterhin selbst übergehen und vom tatsächlichen Zustand deiner Innenwelt ablenken kannst.

Ich wünsche mir im Gegenteil zunächst, dass du bewusster und liebevoller wirst mit all deinen Gefühlen und Stimmungen. Dass du einen ausgeglichenen und realistischen Blick darauf erhältst, was dich im Leben alles berühren kann. Dann merkst du vielleicht, dass du eigentlich richtig wütend bist über die Kritik von deinem Chef, und deine Wut wenig mit deinem Partner zu tun hat. Das große Stichwort ist wieder die Selbstverantwortung.

Jetzt kommen wir endlich zu dem Punkt »für sich selbst sorgen«. Je besser unser Kontakt zu unseren Gefühlen ist, desto mehr können wir wahrnehmen, was wir brauchen und uns gerade wünschen. Vielleicht sehnst du dich nach der Arbeit erst einmal danach, eine Stunde allein für dich zu sein und möchtest mit niemandem quatschen. Oder du freust dich über ein wenig Berührung und Nähe. Schon zu entdecken, in welcher Stimmung du gerade bist und wo die Ursache dafür liegt, bedeutet, dass du etwas für dich selbst tust. Dann kannst du auch deinen Partner vorwarnen, dass du gerade noch wütend bist wegen deines Chefs und vielleicht empfindlicher als sonst und dass dein Partner das nicht persönlich nehmen muss.

Für sich selbst zu sorgen bedeutet für viele, dass sie sich Zeit einräumen, um ein schönes Buch zu lesen, in die Sauna zu gehen oder sich mal wieder eine Massage zu gönnen. Was wollen wir mit alldem erreichen? Wir erhoffen uns eigentlich nur Entspannung. Uns sollte klar sein, dass wir in unserem natürlichen Daseinszustand entspannt sind. Das Einzige, das uns von diesem entspannten Zustand fernhält, ist die Anspannung, die sich darüber legt. Und woher kommt diese Anspannung? Richtig! Von unseren unterdrückten Gefühlen, unseren Erwartungen, Ansprüchen und Gedankenkarussellen. Wenn wir das nicht kapieren, können wir jeden Tag zur Massage rennen und uns ärgern, dass sich unser Nacken am nächsten Morgen immer noch anfühlt, als wäre er aus Beton. Für dich zu sorgen bedeutet also, viel mehr Zeit einzuplanen, um zu fühlen! Denn dann löst sich die Anspannung in der Tiefe. Nutze dafür auch gern die Übungen in diesem Buch.

2. Stütze: Nichts als die Wahrheit

»Emanuel, was ist eigentlich das häufigste Thema, mit dem Menschen zu einem Beziehungscoaching mit dir kommen?« Diese Frage ist einer der Klassiker, wenn ich auf einer Party meinen Job erwähne.

Ich könnte jetzt alle möglichen Beziehungsthemen aufzählen: Eifersucht, Fremdgehen, emotionale Abhängigkeit, unglückliches Single-Dasein usw. Wenn ich das alles zusammenfassen müsste, würde ich sagen, dass das größte Beziehungsproblem ist, dass wir zuerst uns selbst und danach unseren Partner belügen. Wir sind nicht authentisch oder wahrhaftig und erhoffen uns dennoch eine nahe und echte Partnerschaft. Ein Widerspruch in sich. Daraus resultieren so viele Beziehungsthemen. Sei es, dass ein Partner sich nicht traut, zu sagen, dass er sich nicht mehr lebendig in der Partnerschaft fühlt und der Sex seit Jahren zu nicht mehr als einer Routine verkommen ist. Wir sind aber aus diversen Gründen zu feige, das zu offenbaren und nehmen dann das Hintertürchen, auch Seitensprung genannt. Oder wir sind seit Jahren Single und wollen uns dabei nicht eingestehen, dass wir eigentlich nicht bereit sind, das Risiko einzugehen, womöglich eine falsche Entscheidung zu treffen oder verletzt zu werden. Wir bleiben stattdessen »lieber« Single und reden uns das Alleinsein schön.

»Nein, Schatz, du siehst nicht dick aus in dem Kleid ...« – Diesen Satz kennen viele zumindest aus Filmen. Die größten Lügen sind aber nicht die, die wir aussprechen, sondern sind all die Dinge, die wir für uns behalten. Wir alle sind kleine oder auch größere Lügner, ob wir es uns eingestehen wollen oder nicht. Aber all die Lügen und die zurückbehaltenen Wahrheiten in unseren Partnerschaften sind wie eine tickende Zeitbombe und führen dazu, dass wir uns zwangsläufig mehr und mehr voneinander entfernen. Aber so kleine Geheimnisse darf doch jeder in seiner Beziehung haben, oder nicht? Klar, du darfst alles, keiner kann dich zu etwas zwingen. Willst du jedoch meine ehrliche

Meinung dazu wissen, würde ich dir raten, dich bei deinen Geheimnissen zu fragen, warum du sie eigentlich für dich behältst. Meistens stößt du dann auf die Antwort, dass es einfach der bequemere Weg ist, und du dich nicht mit der Reaktion deines Partners zu dem Thema beschäftigen willst. Am Ende wundern wir uns, warum wir uns so auseinander entwickelt haben und keine Liebe mehr da ist. Dann können wir entweder in unserer toten Beziehung aus Bequemlichkeit weiter vor uns hinvegetieren, oder wir trennen uns und hoffen, dass in der nächsten Partnerschaft vielleicht endlich echte Nähe auf uns wartet.

Deswegen lügen wir!

Bevor wir ehrlich zu unserem Partner sein können, brauchen wir eine hundertprozentige Ehrlichkeit uns selbst gegenüber. Wie geht es mir wirklich? Fühle ich mich erfüllt und frei in meiner Partnerschaft?

Wir haben von klein auf gelernt, unsere Wahrheit zu unterdrücken und all die damit verbundenen negativen Gefühle wie Wut, Ohnmacht, Schmerz und Traurigkeit wegzuschieben. Es war unser unbewusstes Ziel, die Gunst »der Großen« zu erwerben. Dafür mussten wir in Kauf nehmen, uns selbst zu verleugnen, um anderen zu gefallen. Damit haben wir als Erwachsene nicht aufgehört, wir haben lediglich unsere Verhaltensstrategien, um beim anderen bestimmte Dinge zu erreichen, angepasst und perfektioniert. So weit, dass wir selbst kaum noch unterscheiden können, was an unserem Verhalten wirklich echt ist.

Das wird dir besonders deutlich, wenn du deine Fixierung erkennst und du endlich durchschaust, was deine unbewussten Strategien im Leben und in der Partnerschaft sind. Vieles davon hast du womöglich bisher mit deiner Persönlichkeit verwechselt, aber schnell wird klar, dass das meiste davon eigentlich nichts mit dir und deiner wirklichen Individualität zu tun hat. Wir sind verblendet in unserem Selbstbild. Deswegen sind die Charakterfixierungen so essenziell. Wenn wir entdecken, welche Fixierung wir haben, bekommen wir endlich dieses ehrliche Spiegelbild von uns selbst, das wir brauchen. Denn diese Ehrlichkeit zu uns selbst ebnet den Weg, dass wir uns wieder nahekommen. Diese Nähe zu uns selbst ist dann das Fundament für die Nähe in unserer Partnerschaft.

Gleichzeitig steckt in unserem Verhalten, wenn es um die Wahrheit geht, eine große Arroganz darüber, dass wir glauben, zu wissen, wie viel Wahrheit unser Partner aushält. So verhalten sich auch Eltern zu ihren Kindern. Ihre Ehe war vielleicht ein komplettes Desaster, aber trotzdem haben sie ihnen vorgegaukelt, dass bei Mami und Papi alles prima ist. Kinder haben jedoch eine ungeheuer gute Intuition und merken innerlich, dass da etwas nicht stimmt. Doch zu dem gedanklichen Schluss, dass die Eltern es sind, die sich nicht aufrichtig verhalten, können kleine Kinder, wie im Traumakapitel (siehe Seite 91 ff.) bereits erwähnt, noch nicht kommen. In dieser frühen Entwicklungsphase müssen sie alles, was man ihnen vorlebt, als gegeben und richtig annehmen. Ihre natürliche Intuition wird dadurch abgetötet und stattdessen die daraus resultierenden fatalen Grundüberzeugungen wie *»Ich bin oder mache etwas falsch.«* genährt.

Zwar könnte die Wahrheit über die Ehe und die momentane Unfähigkeit der Eltern, eine gesunde Partnerschaft zu führen, für das Kind im ersten Moment schmerzhaft sein. Darin könnte man es aber liebevoll begleiten, und langfristig wäre das Kind dafür im Einklang mit seiner inneren Wahrnehmung. Auf was ich hinaus will: Das Lügen wird uns vorgelebt. Doch als Erwachsene können wir wieder neu entscheiden, wie wir unser Leben ausrichten wollen.

Dein Partner ist ebenso wenig doof. Auch er spürt, zumindest unbewusst, wenn etwas nicht stimmt. Ihr hattet monatelang keinen Sex mehr, und er wird immer wieder mit neuen Ausreden darüber hinweggetröstet. Dann wird auch er sich eingestehen, dass vielleicht gerade etwas nicht passt. Aber du denkst dir, dass du lieber die Migräneausrede zückst, als ihm davon zu erzählen, dass du einfach keine Lust mehr auf Sex mit ihm hast. Vielleicht kommst du dir dabei schon länger nur noch wie ein Objekt vor, das ihm zu seiner Befriedigung dient. Anstatt das ehrlich auszusprechen und offen dafür zu sein, was sich daraus ergibt, redest du dir und ihm lieber ein, Kopfschmerzen zu haben. Du verschweigst ihm die Wahrheit über deine Gefühle beim Sex, weil ihn das kränken könnte, ihr streiten würdet, und er dich im schlimmsten Fall sogar deswegen verlassen könnte. Wenn man ganz ehrlich zu sich ist, steckt hinter solchen Lügen in den allermeisten Fällen ein eigennütziger Gedanke und nicht die liebevolle Fürsorge, mit der wir uns allzu gern brüsten. Es fällt vielen schwer, das überhaupt erkennen zu können und sich selbst einzugestehen.

Es muss uns auch klar sein, dass wir nicht darüber entscheiden können, wie viel Wahrhaftigkeit unser Partner »aushält«. Wir gehen davon aus, dass es besser ist, wenn unser Verhalten unseren Partner niemals verletzt. Es ist aber nicht deine Aufgabe in einer Partnerschaft, dass der andere durch dich nie mehr Schmerz erfährt. Oft hast du sogar gar nicht wirklich Einfluss darauf, was du in dem anderen auslöst. Gleichzeitig wäre es genau genommen auch ziemlich arrogant zu behaupten, man wisse mit Sicherheit, dass der Schmerz, der durch eine aufrichtige Haltung beim anderen im ersten Moment ausgelöst wird, auf lange Sicht zwangsläufig mehr Schaden als Gutes für diesen Menschen bedeutet. Schmerz kann sogar der größte Katalysator überhaupt für eine bereits lang aufgeschobene Veränderung sein. Meistens realisieren wir erst durch die Ehrlichkeit des Partners, wo wir uns selbst bisher angelogen haben. Der Mann, der dann zum Beispiel ständig aufregenderen Sex wollte, kann vielleicht erkennen, dass er mit seinem bisherigen sexuellen Verhalten auch nie so richtig glücklich gewesen ist und sich in Wahrheit nach einer tieferen Begegnung sehnt, die über eine schnelle körperliche Befriedigung hinausgeht.

Jetzt sage ich meinem Partner mal alles!

Bei vollkommener Ehrlichkeit in der Beziehung geht es nicht darum, dem Partner blindlings alles um die Ohren zu hauen, was uns so durch den Kopf geistert. Dafür müssen wir unterscheiden, dass es Tatsachen gibt, die geschehen und Geschichten, die wir aus Ereignissen interpretieren. Lass uns das mal an einem Beispiel verdeutlichen:

Nehmen wir mein Lieblingsstreitthema, den Haushalt. Ich sage meinem Partner, dass er den Geschirrspüler ausräumen soll. Er vergisst es mal wieder, so wie bereits unzählige Male davor. Es gibt drei häufige Varianten, wie mit der Situation umgegangen wird:

VARIANTE 1 – Die zurückbehaltene Wahrheit

Ich behalte all meinen Ärger für mich und räume das Geschirr selbst aus, weil ich keinen Konflikt mit meinem Partner will, der sich sowieso nie ändern wird. Also schlucke ich meine Wut hinunter und mache es wohl oder übel selbst.

VARIANTE 2 – Die Pseudowahrheit

Ich glaube, dass ich ehrlich bin, indem ich meinem Partner sage, was in mir vorgeht, zum Beispiel: *»Es ist dir einfach scheißegal, was ich dir sage. Du denkst, ich wäre deine Putzfrau, die dir alles hinterherräumt. Du lebst hier wie in einem Hotel, und es ist selbstverständlich für dich, dass ich hier den Laden schmeiße.«* Allerdings entspricht keine dieser Aussagen der Wahrheit, sondern sie sind alle das Produkt deiner subjektiven Interpretation. Dann bleibt dem Partner auch nichts anderes übrig, als sich dagegen zu wehren und mit Gegenvorwürfen zu kontern, die meistens auch nur eine Sammlung an neuen Interpretationen sind.

VARIANTE 3 – Die innere Wahrheit

Ich teile meinem Partner mit, was sein Verhalten in mir ausgelöst hat. *»Ich merke, dass ich gerade wütend darüber bin, dass du den Geschirrspüler nicht ausgeräumt hast, obwohl es abgemacht war. Jetzt fühle ich auch eine Verzweiflung und Ohnmacht darüber, dass ich mir mehr Unterstützung im Haushalt wünsche.«*

Das ist natürlich jetzt die Kurzfassung, aber es geht mir vor allem darum, dir den Unterschied klarzumachen. Bei Variante 3 ist der Sprechende vollkommen bei sich selbst, teilt ausschließlich mit, was in ihm geschieht und verliert sich nicht in Vorwürfen. Wenn deine Sätze mit *»Ich fühle ...«* beginnen, bist du eigentlich immer auf der sicheren Seite, um bei dieser Form der Kommunikation bei dir zu bleiben.

Wenn wir aufhören, irgendetwas in uns zurückzuhalten und stattdessen die vollkommene Wahrheit leben und mit unserem Partner teilen wollen, dann geht es dabei nicht darum, damit den anderen manipulativ zu verändern, sodass er jetzt endlich den Geschirrspüler ausräumt. Es geht darum, dass unsere Gefühle und inneren Wahrnehmungen Raum bekommen, wir also zu allen Anteilen von uns stehen und uns dem anderen damit zeigen. Ohne über das, was in einem entsteht, zu richten. Schlimmer als die Wahrheit, die wir unterdrücken, sind die damit verbundenen unterdrückten Gefühle. Je mehr wir unsere Gefühle unterdrücken, ob positive oder negative, desto gefühlstauber werden wir. Erst wenn wir uns auch erlauben, Gefühle wie beispielsweise Wut, Hass, Scham, Angst oder Abscheu (auch gegenüber unserem Partner) zu fühlen, bekommen Liebe, Nähe und Freude Platz. Man kann sich bildlich gesprochen vorstellen, dass all die unausgefühlten Gefühle solcher Konflikte eine Mauer um unser Herz bauen. Wenn man seine Gefühle zulässt, dann reißt die Mauer endlich ein!

Arbeite ich mit Paaren oder Einzelpersonen zusammen, die sich trennen wollen, dann erarbeite ich immer zuerst mit ihnen all die kleinen und großen Lügen, die sich während der Beziehung in ihnen angehäuft haben. Bevor sie sich wirklich trennen, sollen sie endlich die komplette Wahrheit miteinander teilen und all die Gefühle zulassen, die damit verbunden sind. Ich habe dadurch schon wahre Wunder erleben dürfen, wo in vermeintlich gescheiterten Beziehungen die Liebe neu entflammen konnte, weil durch das ehrliche Mitteilen plötzlich wieder eine unglaubliche Nähe entstehen konnte die beide schon für vergessen hielten. Selbst wenn es dann trotzdem zur Trennung kommt, können sich die Paare nicht den Vorwurf machen, irgendetwas zurückgehalten zu haben, und dieses ehrliche Gespräch hilft dabei, die Beziehung wirklich bereinigt abzuschließen.

Ich wünsche dir, dass du nicht erst kurz vor der Trennung stehen musst, bevor du den nächsten Schritt gehst und ihr folgende Übung macht:

Übung: Ehrliches Mitteilen

Die Übung orientiert sich an der Struktur von Norbert Gopal und seinem Modell des »Ehrlichen Mitteilens«. Er ist Traumatherapeut und beschreibt das ehrliche Mitteilen als eine zentrale Methode zur Traumaheilung und als einen Weg in eine erfüllte Beziehung.

Nehmt euch dafür 20 Minuten Zeit. Jeder von euch darf 10 Minuten sprechen, während der andere zuhört.

Beim ehrlichen Mitteilen geht es darum, alle äußeren Dinge und interpretierten Geschichten aus unserem Kopf zurückzustellen und nur zu teilen, was in diesem Moment in uns geschieht. Die Sätze beginnen am besten immer mit *»Ich fühle …«* oder *»Ich nehme gerade wahr …«*. Sollte ein Satz mit *»Du«* beginnen, habt ihr die Ebene dieser Übung direkt verlassen. Dann geht es nämlich nur um Erklärungen, Manipulationen, Angriffe oder darum, den anderen verstehen zu wollen.

Ich-Beispiele:

- *»Ich fühle gerade gar nichts.«*
- *»Ich habe Angst, mich mitzuteilen.«*
- *»Ich fühle mich innerlich einfach nur leer.«*
- *»Ich nehme gerade eine starke Wut wahr.«*
- *»Ich fühle mich überfordert.«*
- *»Ich fühle mich unsicher.«*
- *»Ich spüre eine Enge in der Brust.«*

Willst du jetzt auch Gedanken ausdrücken, solltest du das aus der Beobachterperspektive tun, um nicht aus der Ebene des ehrlichen Mitteilens auszusteigen.

Beispiele:
~~»Du liebst mich nicht!«~~
Sage stattdessen: *»Ich nehme gerade den Gedanken wahr, dass du mich nicht lieben würdest.«*

~~»Wir sollten öfter ehrlich miteinander sprechen.«~~
Sage stattdessen: *»Da ist der Gedanke in mir, dass wir häufiger so ehrlich miteinander reden sollten.«*

~~»Du hast keinen richtigen Zugang zu deinen Gefühlen.«~~
Sage stattdessen: *»Ich denke gerade, dass du keinen richtigen Zugang zu deinen Gefühlen hättest.«*

Teile dabei auch möglichst die Körperempfindungen und Gefühle mit, die diese Gedanken in dir auslösen, und versuche, dich nicht zu sehr in ihnen zu verstricken. Diese Sprechweise kann zu Anfang gekünstelt für dich wirken, weil sie ungewohnt ist und aus einer anderen Perspektive heraus geschieht. Umso wichtiger ist es, sich regelmäßig aus diesem neuen Blickwinkel mitteilen zu können. Meist ist es dabei hilfreich, einfach draufloszusprechen, ohne vorher lange nachzudenken. Auch etwaige Verunsicherungen diesbezüglich mitzuteilen, ist bereits Teil des Prozesses. Das ehrliche Mitteilen ist keine Kommunikationstechnik, das will ich hier nochmals betonen. Es ist eine wertvolle Möglichkeit, endlich in echten Kontakt gehen zu können, indem wir einem Menschen zeigen, was wir wirklich gerade in uns erleben. Sich so zeigen zu können, wie man ist, ist auch eine extrem heilsame Erfahrung für unser gesamtes Nervensystem.

Mindestens genauso wichtig wie das Mitteilen ist das Zuhören. Du solltest beim Zuhören liebevoll und präsent sein. Du solltest auch nicht auf den anderen nonverbal mit Blicken, Gesten oder Berührungen reagieren, weil das den Prozess des Sprechers beeinflusst. Bewerte und analysiere auch nicht, was die andere Person sagt, sondern nimm stattdessen wahr, was du selbst fühlst und was die Worte des anderen in dir auslösen. Wenn möglich, solltet ihr Blickkontakt dabei halten.

Macht diese Übung am besten täglich. Mit der Zeit wird sich dadurch auch eure innere Ausrichtung in Bezug auf ein ehrliches Miteinander in der alltäglichen Kommunikation verändern.

Wichtig ist: Vollkommen ehrlich miteinander zu leben und sich mitzuteilen ist keine Übung, die du einmal mit deinem Partner machst, und dann klappt es. Dir muss klar sein, dass es dabei um eine komplett neue Lebensweise geht. Diese Übung dient auf diesem Weg als erster Leitfaden. Sie wird dir die Erfahrung schenken, dass diese Form der Ehrlichkeit den Raum öffnet für echte Nähe.

3. Stütze: Du musst endlich »Ja« sagen!

»Willst du mit mir gehen? Ja, nein, vielleicht?« – So oder so ähnlich stand es auf den Zettelchen in der Schule, und mit dieser Frage beginnen auch die meisten Beziehungen. Auch wenn wir keine Kästchen mehr ankreuzen, gibt es diesen einen Tag, an dem wir die Entscheidung treffen, dass wir mit einem anderen Menschen zusammen sein wollen. Und spätestens bei der Hochzeit verspricht man sich »in guten wie in schlechten Zeiten« zusammenzubleiben. Na ja, es wäre wahrscheinlich nicht das erste Versprechen, das gebrochen wird. Viele Paare heiraten eher aus den romantischen Vorstellungen heraus, die sie über eine Partnerschaft haben oder aus der unbewussten Sehnsucht nach mehr Sicherheit. Aber wie viele Menschen sind sich wirklich bewusst, wie wichtig dieses Versprechen für ihre Partnerschaft ist? Seien wir mal ehrlich, wer führt alles eine Partnerschaft, wo er oder sie sich mal seltener, mal häufiger ausmalt, dass es vielleicht irgendwo da draußen noch eine bessere Partie geben könnte? Und wie viele klammern sich an eine Partnerschaft aus Angst, dass sie vielleicht niemand Besseres finden könnten. Die eine Idee ist genauso absurd und traurig wie die andere. Sich aber wirklich für einen Menschen zu entscheiden ergibt überhaupt erst die Basis, um – auch über die Schmetterlinge im Bauch hinaus – zusammenzubleiben und zu erleben, was danach auf einen wartet.

Nimm dir mal einen Moment Zeit, und frage dich, ob du dich wirklich für deinen Partner entschieden hast, oder das Hintertürchen zu der Welt, in der es vielleicht einen besseren Partner geben könnte, noch offen ist. Hast du dich wirklich für deinen Partner entschieden oder bloß gegen das Alleinsein? Du kannst auch mal testen, was die Vorstellung, sich wirklich für immer nur für deinen Partner zu entscheiden, in dir auslöst. Ist dieser Gedanke eher mit einem angenehmen oder unangenehmen Gefühl verbunden?

Würde ich dir jetzt den Tipp geben: Triff die feste Entscheidung für deinen Partner oder dagegen! Dann hätte diese Entscheidung genauso viel Kraft wie der Neujahrsvorsatz, mehr Sport zu machen. Wir wissen alle, dass es gut wäre, wenn wir uns mehr bewegten, und tun es dennoch oft nicht. Warum? Zum einen brauchen wir Menschen Zugang zu dem, was wir aus freien Stücken wirklich wollen, zu unserer Sehnsucht. Es fällt uns deutlich leichter, etwas zu tun, wenn wir es auch tun wollen. Zum anderen müssen wir dafür aber erst aufdecken, welche Widerstände es in uns gegen diese Entscheidung gibt und warum diese da sind. Genau darum geht es jetzt auf den nächsten Seiten.

Warum sollte ich mich wirklich für eine Beziehung entscheiden?

Bevor wir uns dieser Frage zuwenden, lass uns eine andere Frage vorziehen: Was macht uns wirklich glücklich? Da könnte natürlich jeder seine ganz persönliche Antwort geben, aber halten wir es mal allgemein. Wirklich glücklich können wir nur werden, wenn wir anfangen, im Frieden zu sein mit dem, was ist. Also auch mit allen Gefühlen, die wir dabei erleben. Wenn wir nicht nur nach Positivem streben und

Negatives vermeiden. Wahre Freiheit entsteht nämlich dann, wenn du jedes Gefühl umarmen und den Wunsch nach Kontrolle endlich loslassen kannst. Dann hört auch dieser innere Kampf auf, und wir können den langersehnten wahren Frieden in uns erleben. Freiheit bedeutet also nicht, alles zu bekommen, was man gerade möchte, sondern im Einklang sein zu können, mit dem, was gerade wirklich da ist. Abgesehen davon, dass du niemals im Leben immer das bekommen wirst, was du dir gerade als am schönsten ausmalst. Diesem Wunschdenken hinterherzujagen ist, wie bereits erläutert, vorprogrammiertes Leid. Es gilt also, all das loszulassen, den inneren Widerstand zu beenden und nicht mehr dagegen anzukämpfen, was einerseits bereits geschehen ist oder andererseits schon da ist.

Das kann man auch auf Beziehungen übertragen. Sich frei in einer Beziehung zu fühlen, bedeutet eben nicht, dass man immer bekommt, was man vom anderen will oder mit jedem Menschen intim werden kann, wenn man gerade Lust darauf hat. Freiheit heißt, mutig zu sein und »Ja« zu einem Menschen zu sagen und nicht dem nächstbesten positiven Gefühl oder der potenziell besseren Partie hinterherzurennen. Sich wirklich auf jemanden in seiner Gesamtheit einlassen zu können, das bedeutet frei zu sein. Anders geht es nicht! Denn auch in der nächsten Beziehung warten mit großer Wahrscheinlichkeit wieder deine alten Themen auf dich. Und das bekannte Spiel beginnt aufs Neue. Aber Nähe und Erfüllung sind nicht an der Oberfläche einer Beziehung zu finden, sondern in der Tiefe.

Also solltest du in deiner jetzigen Beziehung verharren und dich endlich committen, dich bekennen, auf dich und deinen Partner voll einlassen? Ja und nein. Auf diese Frage gibt es keine pauschale Antwort. Ich probiere es trotzdem einmal. Bei der Frage *trennen oder bleiben* musst du vollkommen ehrlich sein und das erst mal zu dir selbst. Frage dich, warum du aus dieser Beziehung raus willst und schaue, ob du vielleicht einfach nur wieder vor einem wiederkehrenden inneren Thema oder einem Gefühl wegrennst. Schaue auch, ob du dich selbst im Spiegel anschauen und sagen kannst, dass du alles in der Beziehung gegeben und probiert hast. Wenn man sich trennt, dann ist es meistens kein gutes Zeichen, wenn das mit viel Drama geschieht. Eine gesunde Trennung ist eher ein Entwicklungsprozess, und irgendwann kommt eine stille, klare Stimme, die dir sagt, jetzt ist es an der Zeit, verschiedene Wege zu gehen.

Dennoch kann ich aus meiner Erfahrung sagen, dass bis jetzt jeder, der mir diese Frage gestellt hat, noch lange nicht alles probiert hatte, sondern meistens nur weglaufen wollte. Die Ausnahme stellen selbstverständlich wirklich toxische Beziehungen dar, wo es zu emotionaler oder körperlicher Gewalt sowie Alkohol- oder Drogenmissbrauch kam. Da rate ich dir selbstverständlich zum Selbstschutz und zur sofortigen Trennung.

Du sollst dich für eine Beziehung jetzt aber nicht nur deshalb committen, weil du erkennst, dass dich das tatsächlich frei machen kann. Ich will an der Stelle auch nicht die romantischen Seiten ausklammern. Wirklich erfüllte Beziehungen sind wohl das, was in unserem menschlichen Erdendasein am nächsten an die vollkommene Erfüllung herankommen kann. Du hast schon in den ersten Kapiteln meine Hommage an die Liebe gelesen.

Beziehungen sind eines der größten Geschenke, die wir bekommen können, wenn wir wissen, wie wir damit umgehen. Dass du dich für eine Beziehung entscheidest, soll dir in erster Linie genau dabei helfen, die Erfahrung zu machen, was in diesem unfassbaren Geschenk steckt, wenn wir wirklich »Ja« zu einem Menschen sagen. Beziehungen können uns dabei helfen, innerlich ganz zu werden, indem wir durch sie den Weg zurück zu uns selbst finden.

Zurück zu den Neujahrsvorsätzen. Die Sehnsucht hinter der Entscheidung für mehr Sport oder eine wahrhaftige Beziehung ist jetzt deutlich geworden, doch was brauchen wir noch, damit wir den guten Vorsatz tatsächlich in die Tat umsetzen?

Was sind deine Widerstände?

Dieses Kapitel über das Commitment, das Bekenntnis zu einem Menschen, habe ich auch für mich ganz persönlich geschrieben. Dieses Buch verfasst nämlich einer der bisher größten Beziehungsvermeider der Welt. Ich hatte meistens mehr als einen Fuß in der Hintertür stehen.

Rückblickend kann ich sagen, dass es zwar wichtig für mich war, dass ich nicht bei der ersten Freundin in meinem Leben geblieben bin. Dennoch hatte jede Frau ihre eigene Bedeutsamkeit und mich in einem bestimmten Lebensabschnitt begleitet. Ich durfte mit und durch sie sehr viel lernen. Ich kann aber aus meiner Erfahrung nicht sagen, dass du einfach »Ja« sagen solltest zu jemandem, wenn es in dir Widerstände dagegen gibt. Darum ist es mir wichtig, dass dieses Kapitel nicht so ein simpler Tipp wird.

Lass uns mal gemeinsam genauer hinschauen: *Warum kannst du dich voll auf jemanden einlassen oder nicht?* Beziehungen sind vollkommen individuell. Es gibt Menschen, die hüpfen von einer Co-Abhängigkeit in die nächste, sie haben ständig das Gefühl, endlich Mr. oder Mrs. Right getroffen zu haben, der oder die sie aus ihrem Leid befreit. Und es gibt die einsamen Cowboys, die denken, dass sowieso keine Frau je ihr Herz erobern kann. Dabei sind sie nur bindungsängstliche Feiglinge. Es geht mir nicht darum, eine goldene Regel aufzustellen. Viel wichtiger ist es für jeden, sich selbst zu ergründen und zu schauen, was ihn innerlich blockiert. Gib dich niemals damit zufrieden, dass es an der Oberfläche einfach mit den Beziehungen nicht klappt. Eine Beziehung hat so gut wie nichts mit Glück zu tun, es gibt immer tiefere Ursachen, die eine Beziehung fördern oder eben blockieren.

Wie schaffe ich es denn, endlich alle Gefühle zu fühlen und nicht mehr vor ihnen davonzulaufen? Zuerst muss ich schauen, welche Befürchtungen mich darin blockieren, meine Gefühle wieder zuzulassen. Genauso ist es bei der Entscheidung für eine Beziehung. Ich schaue zunächst, welche Ängste mich zurückhalten:

- Ist es die Sorge, meine Freiheit zu verlieren und eingeschränkt zu werden, wenn das Hintertürchen nicht wenigstens einen Spalt offen bleibt?
- Ist es meine Befürchtung, dass ich dann wirklich verletzbar wäre in der Partnerschaft, wenn ich mich vollkommen einlasse?
- Ist es meine Angst, dass ich in eine Abhängigkeit geraten könnte, wenn ich mich mal bei jemandem wirklich wohl und geborgen fühle?
- Ist es meine Befürchtung, dass es vielleicht irgendwo noch eine bessere Partie geben könnte, die ich dann verpasst hätte?
- Ist es eine Angst, weil ich mich nicht so glücklich und erfüllt fühle, wie ich es erwartet habe?

Schau in diesem Fall genau, was dich im Glücklichsein blockiert, und ob du mit der Erwartungshaltung in eine Beziehung gehen möchtest, dass der andere dafür zu sorgen hat, dass du dich glücklich fühlst.

Das Gleiche gilt, wenn du das Gefühl hast, dass du wirklich schon »Ja« zur Partnerschaft gesagt hast. Dann lade ich dich ein, zu prüfen, warum du das kannst, denn auch hinter einer schnellen Entscheidung können Ängste stecken:

- Habe ich mich für die Beziehung entschieden, weil ich mehr Angst hätte, allein zu sein?
- Habe ich mich für die Beziehung entschieden, obwohl ich eigentlich unzufrieden bin, aber Sorge habe, keinen besseren Partner zu finden?
- Habe ich mich für die Beziehung entschieden, weil ich dadurch andere negative Gefühle gut überdecken kann?

Schau auch hin, welche Vorstellungen du mit einer Beziehung verbindest, und inwiefern diese dich in dem Commitment blockieren:

- Habe ich sehr feste Vorstellungen, wie ein Partner oder eine Beziehung eigentlich sein sollte?
- Sind das wirklich meine Vorstellungen, oder sind sie das Resultat meiner bisherigen Konditionierung?

Letztendlich gibt es nicht den einen Grund, warum wir zu einer Beziehung »Ja« oder »Nein« sagen. Es ist immer eine Mischung aus mehreren bewussten und vor allem unbewussten Bedürfnissen und Gründen. Mir geht es vielmehr darum, dass du ganz ehrlich schaust, was die vorherrschenden Gründe für deine Entscheidung sind.

Kehren wir jetzt zu der Frage zurück, was uns davon abhält, voll und ganz unsere Gefühle anzunehmen. Wir können jetzt erkennen, dass wir sowieso niemals weglaufen können vor unseren Gefühlen, wir könnten sie zwar unterdrücken, aber dennoch würden sie da bleiben. Wenn ich mich dann wirklich auf meine Gefühle einlasse, vor denen ich bisher immer geflüchtet bin, dann könnte ich endlich die neue Erfahrung machen, dass die ach so Furcht einflößenden Gefühle ausgefühlt werden können und einfach nur kommen und wieder gehen, wenn ich sie ganz zulassen kann. Nicht nur das, sie bereichern uns sogar! Das hat sehr viele Parallelen zu unserer Partnerschaft. Denn schlussendlich stecken in unserem Widerstand gegen eine Beziehung die Gefühle, die wir nicht fühlen wollen.

Hinter jeder der oben angeführten Sorgen oder Befürchtungen steckt also ein unausgefühltes Gefühl, das wir unterdrücken wollen, indem wir uns ablenken oder im Status quo ausharren. Irgendwann sollte in deinem Leben der Punkt kommen, an dem die Sehnsucht nach wahrer Freiheit, Lebendigkeit und deinem inneren Frieden größer wird als die Befürchtungen in Bezug auf das Fühlen und das Ungewisse. Vielleicht ist sie ja schon da, die Sehnsucht danach, endlich vollständig und ohne Einschränkungen mit allen Qualitäten am eigenen Leben teilnehmen zu können.

Memo an dich!

Beziehungen können dir dabei helfen, innerlich ganz zu werden. Wenn du dich für alles öffnest, was dir in Partnerschaften begegnet, kannst du den Weg zurück zu dir selbst finden.

Die Erwartungen an einen Partner sind fernab von der Realität

Warum bleiben Menschen in einer Beziehung, obwohl diese Person überhaupt nicht ihren Vorstellungen und Wünschen entspricht? Ist das nicht paradox? Wir wollen die Welt erkunden, aber versauern mit unserem Liebsten jeden Abend auf der Couch, weil er nicht rausgehen will. Wir wollen eine große Familie und Kinder, doch unser Partner ist dazu überhaupt nicht bereit.

Von solchen Beispielen könnte ich unzählige aufzählen, die zeigen, wie konträr viele Menschen zu ihren Wünschen leben. Gleichzeitig kann ich dir versichern, dass du niemals mit jemandem zusammenbleiben würdest, wenn diese Person nicht deine Kernbedürfnisse erfüllen würde. Denn Achtung, unsere *Wünsche* an eine Beziehung gleichen nicht immer zwingend unseren *Kernbedürfnissen*. Letzteren sind wir uns nämlich leider in den allermeisten Fällen gar nicht erst bewusst.

Ich hoffe, dass das bei dir mittlerweile anders ist, insbesondere nach dem Kapitel über die Selbsterkenntnis. Gerade bei den Fixierungen sieht man das sehr schön. Eine Achter-Fixierung, der behütende Chef, will ungern jemanden an seiner Seite haben, der dominanter oder stärker wirkt als er selbst und hat deswegen einen Partner in seinem Leben, der tendenziell zu allem »Ja« und »Amen« sagt. Aber auf Dauer kann es mit so einem Partner langweilig werden, dann kann der Wunsch bei der Achter-Fixierung aufkommen, dass der Partner auch mal Kontra geben und selbstsicherer sein sollte. Wenn die Person sich aber nicht mit ihrer inneren Überzeugung auseinandergesetzt hat und gelernt hat, ihre eigene Schwäche anzunehmen, wird sie niemals dominante Partner an ihrer Seite aushalten und immer wieder bei einem devoten Partner landen. Da kann der Wunsch im Kopf noch so groß sein, die Kernbedürfnisse bleiben größer.

Oder du hast eine Zweier-Fixierung, das bedürftige Helferlein, und möchtest dich unbewusst immer um jemanden kümmern. Du bist jedoch auch traurig, weil du die Sehnsucht verspürst, dass auch mal jemand für dich da ist. Dabei merkst du selbst gar nicht, wie schwer du dich zurücklehnen und empfangen kannst.

Wenn unsere Wünsche an eine Beziehung nicht zu unserer derzeitigen Partnerschaft passen, dann sind wir uns vielleicht nicht über unsere Kernbedürfnisse bewusst. Wir haben dann zwar irgendwelche Vorstellungen in unserem Kopf, aber in unserem Unterbewusstsein sieht es ganz anders aus. Vorausgesetzt natürlich, wir nehmen unsere Wünsche und die entstehende Diskrepanz überhaupt wahr.

Du wärst vielleicht gern ein Weltenbummler, aber dein böser Couch-Potato-Partner hält dich scheinbar davon ab. Tief in dir drin gibt es jedoch eine höhere Priorität als das Reisen. Du willst dich um jeden Preis sicher fühlen und keine Angst haben, verlassen zu werden. Dann ist es nämlich besser, einen Partner zu haben, der auf der Couch versackt, anstatt ständig unterwegs zu sein und vielleicht irgendwo eine neue Flamme kennenzulernen.

Falls es uns schwerfällt, uns selbst auf die Schliche zu kommen, dann können wir dankbar sein, dass das Prinzip hinter den Beziehungen so unfassbar intelligent wirkt. Deine Beziehung ist dein Spiegel. Du kannst deinen Partner anschauen und dich fragen, welche tiefer liegenden Bedürfnisse er oder sie eigentlich für dich erfüllt? Wieso bist du genau mit dieser Person in Resonanz gegangen?

Um auf die Ausgangsfrage zurückzukommen: Es ist auf jeden Fall nicht sinnvoll, sich direkt zu trennen, nur weil das Verhalten des Partners konträr zu den eigenen Vorstellungen ist. Wenn du nicht deine unbewussten Kernbedürfnisse aufdeckst, dann wirst du in der nächsten Beziehung auch wieder einen Couch-Potato usw. in dein Leben ziehen. Geh lieber auf die Suche in dir und nicht auf die Suche nach einem neuen Partner. Ich kann dir vorhersagen, dass es sehr befreiend ist, wenn du endlich mit der Suche im Außen aufhörst. Denn dann beginnt das Abenteuer Liebe erst richtig.

Kann ich überhaupt für immer »Ja« sagen?

Klingt natürlich alles schön und gut, dass man einfach endlich »Ja« zu seiner Beziehung sagen soll. Woher weiß man denn, ob man in einem Jahr oder in fünf oder zehn Jahren noch genauso denkt. Das ist ein wichtiger Einwand und darin liegt auch ein kleines Missverständnis. Natürlich sind wir keine Hellseher und können keine Zukunftsprognosen über unsere Partnerschaft machen. Dafür muss uns sowieso klar sein, dass das, was wir als unsere Vergangenheit bezeichnen, streng genommen nicht mehr als eine Aneinanderreihung von Gedanken und Erinnerungen ist und die Zukunft ebenfalls nicht mehr als ein Gedankenkonstrukt. Beides ist nicht real, lediglich die Vorstellungen davon hält es in unseren Köpfen am Leben. Das Einzige, was wir wirklich erleben, ist der jeweilige Moment im Hier und Jetzt. Um mehr geht es mir auch erst mal nicht.

Die Frage ist: Bist du jetzt gerade voll und ganz bereit, dich auf diesen Menschen an deiner Seite einzulassen? Wünschst du dir eine langfristige und stabile Beziehung, ist das Beste, was du dafür tun kannst, genau jetzt eine solche Beziehung zu führen.

Wir wissen einfach nicht, ob wir uns auseinanderentwickeln werden im Laufe der Jahre. So, wie es viele befürchten. Aber auch da kann ich dich beruhigen: Kein Paar entwickelt sich aus Zufall auseinander, sondern auch das hat immer seine Hintergründe. Wie man es schaffen kann, sich nicht aus den Augen zu verlieren, sondern sich nahe zu bleiben und auch den Sex nicht einschlafen zu lassen, darum geht es auf den folgenden Seiten.

4. Stütze: Zeit zu zweit

Ich finde es fast schon traurig, dass man in jedem Beziehungsbuch den Tipp lesen muss, dass es hilfreich für eine gute Beziehung ist, gemeinsam Zeit zu verbringen. Das ist ein bisschen so, als würde man in einem Ratgeber zur Raucherentwöhnung schreiben, dass Zigaretten ungesund sind. Beides ist doch logisch, oder nicht?

Es geht nicht darum, Menschen daran zu erinnern, dass Zeit zu zweit ganz förderlich für ihre Beziehung ist. Einen Raucher interessiert es ja auch nicht, dass die Sucht schlecht für seine Lunge ist. Mittlerweile steht es sogar fett auf jeder Packung. Trotzdem hört er nicht schlagartig auf, wie auch Paare nicht plötzlich mehr gemeinsame Zeit verleben. Denn ob du es glaubst oder nicht, wie viel Zeit wir in einer Beziehung miteinander verbringen, hängt nur in zweiter Linie von unseren Arbeitszeiten, dem Alter unserer Kinder oder der Zeitintensität unserer Hobbys ab. Primär wird die Zeit der Zweisamkeit von unserer Priorisierung bestimmt. Ich nehme mir nämlich automatisch mehr Zeit für das, was mir wichtig ist und was mir guttut. Wobei das, was uns wirklich guttun würde, oft anderen vermeintlich Erfüllung versprechenden Zielen weichen muss. Die Deutschen verbringen durchschnittlich drei Stunden pro Tag vor dem Fernseher – Smartphones nicht einberechnet. Wir hätten also genug Zeit füreinander, würden wir aufhören, uns selbst zu belügen. Die Zeit mit unserem Partner hat oft einfach nicht den »richtigen« Stellenwert. Keiner würde dir abnehmen, dass du im Beruf erfolgreicher und besser werden kannst, obwohl du nicht genug Zeit und Energie dafür investiert. Doch mit unserer Partnerschaft machen wir das permanent so. Die muss irgendwie von allein nebenbeilaufen. Dabei registrieren wir nicht, dass dir mehr Gehalt, mehr Macht, mehr Anerkennung und dergleichen niemals die gleiche dauerhafte Erfüllung bringen kann, wie eine bewusst gelebte Partnerschaft. Das sage ich dir nicht nur, weil ich Beziehungscoach bin, sondern weil ich beides auch bereits ausgiebig probiert habe.

Also nehmt euch mehr Zeit füreinander, und damit ist es getan? Wie du mich kennengelernt hast, kennst du meine Antwort wahrscheinlich schon. Nein, so einfach ist es natürlich nicht. Wir müssen zunächst schauen, warum wir uns gerade kaum Zeit für unseren Partner nehmen.

Weißt du, zu welchem Zeitpunkt übrigens die meistens Scheidungen eingereicht werden? Nach dem Urlaub. Wenn beide Partner mal wieder so richtig ausgiebig Zeit miteinander verbringen konnten. Also scheint mehr Zeit zu zweit eher eine Beziehung zu zerstören, oder?

Ich beobachte bei den meisten Paaren, dass sie sich unbewusst aus dem Weg gehen. Sie meiden die Nähe, um Konflikte zu umgehen oder weil sie gelangweilt vom aktuellen Zustand ihrer Beziehung sind und so ihre eigene Unzufriedenheit und auch Unbeholfenheit in der Beziehung ignorieren können. Treffen die Paare dann mal wieder aufeinander, wie im Urlaub, schiebt diese Konfrontation all das hoch, was sie so lange unter den Teppich gekehrt haben. Wenn ich mit beruflich sehr aktiven Männern oder Frauen arbeite, stellt sich schnell heraus, dass die Arbeit oft auch eine Zuflucht bietet, weil sie sich mit der Situation zu Hause überfordert und in der Beziehung hilflos fühlen.

Im Job wissen sie im Gegensatz dazu, was zu tun ist, was sie wollen und wie sie den Erwartungen, die an sie gestellt werden, gerecht werden. Kommen wir noch mal zu unserem Bild vom Fundament und den Stützen zurück. Wenn wir uns nicht erst mit uns selbst auseinandersetzen – also das Fundament bereiten – und entdecken, warum wir gerade den Kontakt zum anderen bewusst oder unbewusst meiden, bringt der Tipp mit der Zeit als Stütze rein gar nichts. Dieser innere und äußere Rückzug, also das Vermeiden gemeinsamer Zeit, wird dann im Laufe der Beziehungsjahre zum Alltag, und irgendwann ist dieser Zustand so normal, dass man gar nicht mehr bemerkt, wie wenig Nähe noch übrig ist.

Wenn ihr also zu wenig Zeit füreinander habt, dann stellt euch ehrlich die Frage, warum das so ist. Jetzt kommt normalerweise der Einwand: *»Ich will ja, aber mein Partner …«* Dass du deinen Partner nicht aus Zufall an deiner Seite hast, spare ich mir an dieser Stelle, lass uns lieber mal die Praxis anschauen. Stell dir die ehrliche Frage: *»Warum gehe ich meinem Partner derzeit aus dem Weg?«* Lass dich mal überraschen, was für Antworten spontan in dir hochkommen. Ohne dabei wieder zu sehr den Verstand reden zu lassen, achte auch darauf, was diese Frage und deine Antworten in dir auslösen. Dann geht es natürlich im nächsten Schritt darum, dass ihr miteinander darüber sprecht und euch austauscht, was ihr euch für die Beziehung wünscht, und wie viel Zeit ihr mit dem anderen verbringen wollt. Achtet dabei darauf, dass daraus nicht ein Kampf der gegenseitigen Vorwürfe entsteht, sondern dass ihr gemeinsam an einem Strang zieht.

Date Nights und weitere Tipps, die nicht viel bringen

Man muss nur offen kommunizieren, gut zuhören und sich Zeit füreinander nehmen. So oder so ähnlich lauten die gängigen Patentrezepte für eine gelungene Beziehung. Wenn es damit getan wäre, dann würde mit Sicherheit nicht jede zweite Ehe den Bach runtergehen. Also ist es mit gewaltfreier Kommunikation und ein paar Date Nights nicht getan. Dazu sind Menschen und ihre Verhaltensweisen viel zu komplex. Aber was brauchen Paare darüber hinaus noch beim Miteinander?

Es gibt Paare, die viele gemeinsame Hobbys haben und zahlreiche Urlaube zusammen machen. Sind sie sich automatisch nahe? Nein, leider nicht. Es kann sogar das Gegenteil der Fall sein, dass man sich durch viele gemeinsame spaßige Aktivitäten über nicht vorhandene emotionale Nähe hinwegtröstet und davon ablenkt. Deswegen ist es sekundär, was oder wie lange wir etwas zusammen in unserer Beziehung machen. Das »Wie« ist der entscheidende Faktor. Das können wir damit vergleichen, wie wir essen. Du kannst das beste Fünf-Gänge-Menü vor dir haben, wenn du es aber nur runterschlingst, nebenbei Fernsehen guckst, dir über die To-dos von morgen Gedanken machst und nebenbei noch deine Mails checkst, wirst du nicht viel von der

Safran-Note im perfekten Risotto mitbekommen. Wenn du aber stattdessen präsent und bewusst Gabel für Gabel zu dir nimmst, dann wirst du die kleinsten Feinheiten herausschmecken und dieses Essen richtig genießen können.

Das große Stichwort ist: Präsenz. Wie bewusst und präsent kann ich im Hier und Jetzt sein? Du kennst den Unterschied selbst. Stell dir vor, du hast ein Gespräch mit jemandem, der nebenbei ständig auf sein Handy guckt, anstatt dich anzuschauen und dir aufmerksam zuzuhören. Das wäre furchtbar, und auch ein spannendes Gesprächsthema könnte daran nichts ändern. An dem Präsentsein scheitern jedoch die meisten Männer und Frauen. Denn Präsenz fehlt uns nicht nur in unserer Partnerschaft, sondern in den meisten Momenten im Leben. Wir können nicht mal einen Augenblick auf den Bus warten, ohne an unserem Handy herumzuwischen. Wir gehen nicht von A nach B, ohne dabei wenigstens Musik zu hören. Oder wir stecken in unseren Gedanken darüber fest, was gestern passiert ist oder was nächste Woche sein wird. Wir sind meistens überall, nur nicht im gegenwärtigen Moment. Wie oft ist es dir beim Lesen dieses Buch schon passiert, dass du mit deinen Gedanken plötzlich ganz woanders gewesen bist. Das hat nicht unbedingt etwas damit zu tun, dass das Buchs langweilig ist, sondern mit deiner Aufmerksamkeit. Unser Gehirn scheint ständig mehr Beschäftigung und Unterhaltung zu wollen.

Jetzt rate mal, womit das schon wieder zu tun hat? Natürlich auch mit unseren Gefühlen und unserer Haltung ihnen gegenüber. Ob es die Flucht in unsere Gedanken ist, das Multitasking, das unachtsame Essen oder der exzessiv betriebene Sport – in den allermeisten Fällen geht es um ein Abwenden vom Fühlen. Wären wir nämlich zu hundert Prozent präsent und mit dem Augenblick verbunden, müssten wir auch all das in Kauf nehmen, was dieser in uns auslöst. Dieses unaufhörliche Tun dient dazu, uns beschäftigt zu halten und uns regelrecht zu betäuben. Manchmal reicht auch das nicht aus, und man greift zur Flasche Bier oder dem nächsten Glas Wein. Konstante Gefühlsverdrängung führt zu konstanter Abwesenheit im Augenblick.

Das Kapitel über die Gefühle (siehe Seite 17 ff.) dient dir daher auch dazu, dass du wieder wirklich präsent werden kannst. Nichts holt dich besser in den jetzigen Moment als die Frage *»Was fühle ich gerade?«*, und je besser du diese Frage beantworten und bei dieser Wahrnehmung bleiben kannst, desto präsenter bist du.

Dein Partner kann dich zum Eiffelturm schleppen oder dir Shakespeares schönste Verse über die Liebe vortragen, aber wenn du spürst, dass er währenddessen schon darüber nachdenkt, wo ihr heute Abend essen gehen könntet oder was gestern im Büro los war, werden all diese äußerlich romantischen Dinge dich nicht in deinem Herzen berühren. Da kann es euch mehr Nähe bringen, zusammen den fünften Abend in Folge auf dem Sofa zu sitzen und einfach nur zu kuscheln oder euch darüber auszutauschen, wie es euch gerade geht. So erlebt ihr möglicherweise viel mehr Verbundenheit und Intimität als bei einem kitschigen Pärchenurlaub am Traumstrand.

Übung: Augenkontakt

Diese Übung hilft euch dabei, ganz praktisch die Erfahrung zu machen, welche Auswirkungen es hat, präsent beieinander zu sein, also wortwörtlich: *im Augenblick.*

Nehmt euch fünf Minuten Zeit, setzt euch gegenüber voneinander hin, und schaut euch in die Augen. Such dir gleich aus, ob du in das rechte oder das linke Auge des anderen schaust, damit dein Blick ausgerichtet bleibt und nicht hin- und hergeht. Nimm dabei wahr, was dieser Augenkontakt in dir auslöst, welche Gefühle hochkommen, welche Körperempfindungen du spürst und welche Gedanken entstehen. Versuche dennoch, mit deiner Aufmerksamkeit in erster Linie bei deinen Gefühlen zu bleiben, denn sie sind das Tor zum jetzigen Augenblick. Diese kleine Übung verhilft euch, sehr leicht präsent und verbunden zu bleiben. Entdecke auch, wie nahe ihr euch in diesem intimen Moment fühlt.

Wenn ich einem Paar nur wenige Tipps geben dürfte, wäre einer davon definitiv, dass sie präsent sein sollten miteinander und in ihrem Leben. Sind wir präsent und dadurch im Kontakt mit unseren Gefühlen, dann sind wir uns selbst nahe, und das ist wiederum fundamental wichtig für die Nähe zu unserem Partner.

Bewusst vereinbarte Date Nights will ich jedoch nicht per se verteufeln. Mir geht es vor allem darum, zu betonen, dass bei der Paarzeit zuerst immer die Qualität und nicht nur die Quantität zählt. Haben wir das verstanden, können auch Date Nights ein wundervolles Ritual sein. Solche festen Tage sind dann hilfreich, sich im sogenannten Alltagsstress nicht aus den Augen zu verlieren. Diese Begegnung sollte auch eine handyfreie Zone sein, damit ihr ungestört mit eurer Aufmerksamkeit beieinander und präsent sein könnt.

Versucht auch mal, gemeinsam Neues auszuprobieren, besonders an diesen Abenden. Geht nicht immer in dasselbe Restaurant, und sucht für einen Spaziergang auch mal neue Strecken aus. Erkundet gemeinsam Neues, und brecht aus den alten Gewohnheiten aus. Das kann im ersten Moment ungewohnt, unbequem und manchmal sogar am Ende enttäuschend sein, es ist aber ein kleines Zaubermittel dafür, dass auch die Beziehung nicht zur Gewohnheit wird und ihr davon abkommt, immer nur in eurem sicheren, abgesteckten Vorgarten spazieren zu gehen. Wer weiß, was außerhalb des bekannten Territoriums alles auf euch wartet?

Freiheit und Autonomie

Alles im Leben hat gegensätzliche Pole, wie Licht und Dunkelheit oder Wärme und Kälte. Diese Polaritäten gibt es auch in Beziehungen: Bindung und Autonomie. Ich habe in diesem Buch bereits ausgiebig darüber gesprochen, wie wir in unserer Partnerschaft Bindung aufbauen und diese vertiefen. Dabei will ich auch die andere Seite nicht zu kurz kommen lassen – unsere Autonomie. Ein Ziel für eine ausgeglichene

Beziehung ist es nämlich, die Balance zwischen Autonomie und Bindung zu finden.

Jeder Mensch hat in einer Beziehung normalerweise einen Schwerpunkt, entweder in der Autonomie oder in der Bindung. Ob wir eher dazu neigen, uns schnell an jemanden zu binden oder vor allem darauf bedacht sind, unsere Autonomie zu sichern, hängt auch von unserer Charakterfixierung und den kindlichen Prägungen ab.

Es ist eine wichtige Säule in einer Partnerschaft, dass wir uns nicht nur darauf konzentrieren, unsere Verbindung zueinander zu stärken, sondern auch den anderen Pol dabei nicht vergessen. In einer Beziehung braucht jeder auch seinen eigenen Bereich und Zeit für sich allein. Gerade in der Verliebtheitsphase will man gern den Tag von morgens bis abends mit dem Herzallerliebsten verbringen, was auch vollkommen in Ordnung ist. Im Laufe der Beziehung sollte sich das aber mehr und mehr auf natürliche Weise einpendeln. Es ist darum wichtig, Freundschaften, den eigenen Lebensweg und geliebte Aktivitäten nicht aufgrund der Beziehung zu vernachlässigen. Sonst wird mit der Zeit ein starkes Ungleichgewicht entstehen, woran schon manche Beziehung gescheitert ist.

Deswegen gebe ich jedem Paar den Tipp, auch Sachen getrennt voneinander zu machen. Es gibt keine goldene Regel, wie viel Prozent an Zeit ihr gemeinsam und getrennt verbringen solltet. Das ist sehr individuell und abhängig von den eigenen Bedürfnissen beider Partner. Prüft regelmäßig, ob ihr das Gefühl habt, genug Raum für euch selbst und Zeit für euch allein zur Verfügung zu haben. Prüft andersherum natürlich auch, welche Gründe oder Ängste dahinter stecken könnten, wenn man gar nichts mehr ohne den Partner machen möchte. Besprecht euch in beiden Fällen miteinander, und nehmt euch dann diese Zeit.

Gerade die Zeiten, wo man auch mal für sich ist, können neue Inspirationen und Eindrücke hervorbringen, mit denen du dann wieder zu deinem Partner zurückkehrst. Dieser Wechsel von Nähe und Präsenz und der eigenen Entfaltung hält eine Beziehung frisch und lebendig, ohne sich dabei gegenseitig auszuschließen.

Memo an dich!

Bewusst und im jetzigen Augenblick vollständig anwesend zu sein ist fundamental wichtig, um wirklich in Kontakt mit anderen zu gehen. Das Leben findet im Hier und Jetzt statt, und nur da kannst du dir selbst und deinem Partner wirklich nahe sein.

5. Stütze: Ein Team und nicht zwei Gegner

Rosenkrieg – ein ziemlich zynischer Begriff, finde ich. Der Rosenkrieg beginnt bei vielen Paaren nicht erst mit der Trennung oder Scheidung, viele führen ihn bereits während ihrer Beziehung. In uns allen steckt ein kleiner General, der gern mal gegen seinen Partner in die Schlacht zieht. Das kann ganz unterschiedliche, sichtbare und unsichtbare Formen annehmen. Traurig daran ist auf jeden Fall, dass wir uns eigentlich lieben und dennoch teilweise bis aufs Blut bekämpfen.

Arbeite ich mit Paaren und sie sitzen gemeinsam bei mir, dann ist es oft das gleiche Spiel. Beide erzählen mir, dass der andere das große Problem ist und wollen mich direkt auf ihre Seite ziehen. Gerade in diesen Momenten sehe ich so klar, wie sich dort zwei innere Kinder gegenübersitzen.

Ihr Verhalten ist auf den ersten Blick recht verständlich, wenn wir überlegen, wie sehr uns unser Partner verletzen kann. Zumindest wirkt es so, als wären es die jeweiligen Verhaltensweisen, die uns wehtun. Also wenn er nur einmal sein Zeug wegräumen würde, dann wäre die Welt wieder in Ordnung. Oder wenn sie nicht ständig an ihm herummeckern würde, bestände die pure Harmonie.

Im Kapitel über Traumata und das innere Kind (siehe Seite 91 ff.) habe ich schon erklärt, dass hinter den Verletzungen durch unseren Partner so viel mehr steckt. So viele Dinge, die gar nichts direkt mit unserem Partner zu tun haben. Wir tragen dann Kämpfe mit dem anderen aus, die wir eigentlich mit unseren Eltern oder anderen prägenden Menschen in unserem Leben hätten führen müssen. Erst wenn wir das verstehen, können wir unsere Einstellung in unserer Partnerschaft dauerhaft verändern. Dann werden wir als Team zusammenwachsen, das sich im Leben gegenseitig dabei unterstützt, die vielen kleinen und großen Wunden zu heilen, anstatt sie gegenseitig weiter aufzureißen.

Das ist auch für mich in meiner Beziehung zum Leitspruch geworden in schwierigen Situationen. Eine der obersten Prioritäten ist, wir bleiben ein Team, suchen einen gemeinsamen Weg und arbeiten nicht gegeneinander.

Mein Partner will mich verletzen

Wir sind ein Team. – Der Satz kann schnell nach einer schönen Idealisierung klingen. Besonders dann, wenn man schon bewusst verletzt, beschimpft oder hintergangen wurde vom Partner. Da ist es natürlich deutlich schwerer, an der Team-Idee festzuhalten. Doch auch hinter direkten Angriffen und Verletzungen stecken meist unbewusste Muster. Ich will emotionale Gewalt in einer Beziehung sicherlich nicht verharmlosen, sondern sie nur näher beleuchten. Dafür möchte ich mit dir in meine Grundschulzeit zurückreisen:

Ich hatte einen Mitschüler, der eigentlich ein netter Junge war, und ich habe mich auch meistens gut mit ihm verstanden. Zu anderen war er oft frech, hat sie aufgezogen oder sogar verprügelt. Viele Schüler haben sehr unter ihm gelitten. Jahre später habe ich dann von meiner Mutter erfahren, dass dieser Junge einen sehr gewalttätigen Vater hatte. Er wurde also selbst ständig geschlagen und gedemütigt. Andere Mitschüler fertigzumachen, war sein Weg, um endlich wieder Dominanz und Überlegenheit spüren zu können und so der Ohnmacht seinem Vater gegenüber zu entkommen. Damit will ich sein Verhalten nicht entschuldigen, aber es lässt sich erklären. Uns muss klar sein, dass wir alle als unbeschriebenes Blatt in diese Welt geboren werden. Die Summe aller danach gemachten Erfahrungen und erhaltenen Informationen prägen unsere Entwicklung und unser Verhalten. So kann man zur Mutter Theresa oder zum Kindersoldaten erzogen werden.

In uns allen steckt auch ein kleiner oder größerer Rowdy. Wir verletzen andere Menschen, weil wir selbst verletzt wurden. Je größer der Schmerz ist, den wir unverarbeitet mit uns herumtragen, desto größer ist oft das Leid, das dadurch anderen zugefügt wird. Auf eine perverse Art erleben wir eine scheinbare Milderung unseres eigenen Schmerzes, wenn es dann dem anderen nicht gutgeht. Was natürlich niemals wirklich zur eigenen Heilung beiträgt.

Wenn wir viel unverarbeiteten Schmerz in uns tragen, dann kann sich das auf verschiedene Weise zeigen: Wir können uns zum Beispiel mit Essen betäuben und neigen dann eher zu Übergewicht, oder wir verfallen in extreme Sportaktivitäten, um uns wieder spüren zu können. Oder wir werden zu einem stillen Mäuschen, das bloß nicht die Aufmerksamkeit auf sich ziehen möchte und daher alles über sich ergehen lässt. Daran sind auch maßgeblich die Charakterfixierungen und die persönliche Biographie beteiligt. Stellt sich dennoch die Frage, was ihr tun könnt, wenn ihr euch immer wieder in diesem Kampfmodus befindet. Auch an dieser Stelle möchte ich betonen: Wenn es zu ständiger emotionaler oder körperlicher Gewalt in einer Partnerschaft kommt, rate ich sofort zu einer Trennung. Schaffst du das nicht aus eigener Kraft, dann suche dir professionelle Unterstützung bei einem Therapeuten, Coach oder einer Beratungsstelle.

Beziehungskämpfe lassen sich mit einem Krieg vergleichen. Der erste Schritt zum Waffenstillstand ist, dass einer von beiden aufhört zu kämpfen. Damit meine ich nicht, dass du in die Opferrolle schlüpfst und dich unterbuttern lässt. Ich meine, dass du in die Selbstverantwortung gehst für deinen Beitrag zu der Situation und nicht mehr nur die Schuld beim anderen suchst. Wenn nämlich keiner innerlich anhält, dadurch den Teufelskreis durchbricht und endlich bei sich selbst beginnt, dann wirkt jeder nächste »Schuss« wie ein Strohfeuer, das immer wieder neu entfacht wird. Interessant ist, dass die Veränderung in einem der Partner auch eindeutige Wirkung auf den oder die andere hat. Das erkläre ich genauer im Kapitel *»Ja, aber mein Partner ...«* (siehe Seite 216 ff.). Also, für welche Gefühle, die in dir ausgelöst werden, möchtest du deinem Partner die Schuld zuschreiben? Was versuchst du, damit zu vermeiden? Vor welchem innerlichen Zustand versuchst du zu flüchten, indem du mit allen Mitteln eine Verhaltensänderung bei deinem Partner einforderst?

Die Sprachen der Liebe

Es gibt so viele unterschiedliche Formen, durch die man sich geliebt fühlen kann. Eine zärtliche Berührung, liebevolle Worte oder ein besonderer Blick des anderen. Gary Chapman hat in seinem Beziehungsratgeber »Die fünf Sprachen der Liebe« die wichtigsten Sprachen herausgearbeitet. Wenn wir unsere Sprache und die des anderen kennen, dann sollte man sich endlich geliebt fühlen. Es fehlt aber ein wichtiger Schritt davor. Es gibt Menschen, die kannst du mit Liebeserklärungen überschütten und sie würden sich trotzdem nicht geliebt fühlen und der anderen Person misstrauen. Denn zuerst einmal hat es mit uns selbst zu tun, ob wir uns überhaupt geliebt fühlen können oder nicht. Und somit in weiterer Folge auch andere uneingeschränkt an unserer Liebe teilhaben lassen. Es geht dabei auch wieder um unsere unbewusste Brille, mit der wir durch die Welt rennen. Haben wir die starke innere Überzeugung, dass wir nicht liebenswert sind, dann sollten wir uns damit als Erstes beschäftigen, bevor wir über irgendwelche Liebessprachen nachdenken. Dafür kannst du noch einmal in den Kapiteln über Grundüberzeugungen und Traumata nachlesen und erforschen, welche Überzeugung du hast, wenn es um deine persönliche Liebenswürdigkeit geht. Ich habe die Sprachen der Liebe dennoch mit in das Buch genommen, weil man an ihnen trotzdem gut sehen kann, wie unterschiedlich wir Liebe geben und empfangen können.

Schauen wir uns kurz die fünf Sprachen der Liebe an. Du kannst deine Sprache am einfachsten entdecken, indem du dich selbst beobachtest, wie du deine Liebe gern zeigst.

Die erste Sprache sind Worte von Anerkennung und Liebe. Wer diese Sprache spricht, lobt andere Menschen sehr gern und drückt seine Liebe häufig mit den drei Zauberwörtern »Ich liebe dich.« aus.

Die zweite Sprache ist die der Zweisamkeit. Sprichst du diese Sprache, dann zeigst du deine Liebe, indem du dir bewusst Zeit für den anderen nimmst und ihm deine uneingeschränkte Aufmerksamkeit schenkst. »Quality Time« ist hier das Stichwort.

Die dritte Sprache ist die Sprache der Geschenke, die von Herzen kommen. Du zeigst deine Liebe dann durch kleine und größere Aufmerksamkeiten. Es geht dabei nicht um Materialismus, sondern um Geschenke, die zeigen, dass man an den anderen gedacht hat.

Die vierte Sprache ist die der Hilfsbereitschaft. Wenn das deine Muttersprache der Liebe ist, dann bist du immer zur Stelle, wenn deine Liebsten Unterstützung brauchen. Das Müll-Runterbringen sollte dann nicht zu euren Beziehungsproblemen gehören.

Die fünfte Sprache ist die der Zärtlichkeit. Ist das deine Sprache, dann bist du ein kleiner »Touchy« im positiven Sinne. Du bist sehr körperbetont und drückst über Berührungen, Küsse, Händchenhalten oder Kuscheln deine Liebe aus.

Chapman geht davon aus, dass Partner sich am stärksten geliebt fühlen, wenn sie die gleiche Sprache der Liebe sprechen, also das Senden und Empfangen übereinstimmen. Zeigen wir unsere Liebe über Hilfsbereitschaft, dann wünschen wir uns, dass der andere uns auch stützend unter die Arme greift. Lieben wir es, Streicheleinheiten zu verteilen, wünschen wir uns einen Partner, der ebenfalls auf Körperkontakt geht, usw.

Im Vergleich zum Konzept der Charakterfixierungen weist dieser Ansatz allerdings an einigen Stellen Lücken und Schwachpunkte auf. Erstens dreht sich wieder in erster Linie alles darum, dass wir nach Liebe und dadurch zumeist eigentlich nur nach erhoffter Bestätigung suchen und negative Gefühle vermeiden wollen, wie den Schmerz darüber, dass wir uns ungeliebt fühlen. Außerdem kann ja auch hinter unserer vermeintlichen Sprache der Liebe unsere Kindheitsstrategie stecken, um jeden Preis geliebt zu werden oder unangenehmen Gefühlen aus dem Weg zu gehen. So verbirgt sich hinter der Hilfsbereitschaft von Typ 2, das bedürfte Helferlein, die Strategie, sich Liebe und Dankbarkeit vom anderen zu verdienen. Diese Menschen wiederum wünschen sich in ihrem Innersten auch, unterstützt zu werden oder Halt zu bekommen, können das aber schwer annehmen, da all ihre Aufmerksamkeit dem Gegenüber gilt. *»Ich helfe dir, damit du mich liebst und bei mir bleiben musst.«* Ein trauriger Tauschhandel.

Mir geht es darum, dass du eine lebendige und authentische Partnerschaft erlebst. Die ist vielleicht nicht immer so bequem und angenehm, weil nicht alles wie geplant und gewohnt abläuft, aber dafür erlebst du gesunde, echte Höhen und Tiefen, Schmerz und Nähe und eine Erfüllung, die du dir bisher vielleicht noch gar nicht erträumen kannst. Eine Beziehung, die frei von Liebesforderungen wird und dadurch erst den Raum öffnet, dass echte Liebe zwischen zwei Menschen stattfinden kann. Denn mal ehrlich, was bringt es, wenn ich weiß, dass die Sprache meines Partners Worte der Anerkennung sind. Dann kann ich zehnmal am Tag »Ich liebe dich.« sagen, obwohl mir gar nicht danach ist. Das führt nur dazu, dass ich mich unecht verhalte. Diese fehlende

Authentizität fällt einem dann früher oder später sowieso vor die Füße. Also weg vom *»Ich mache etwas, um zu …«*.

Ich empfehle dir, zu entdecken, was deine Sprache der Liebe ist und sie dann zu hinterfragen. Warum vermittle ich auf diese Weise meine Liebe? Was für eine Erwartung oder Strategie steckt vielleicht hinter meiner Liebessprache? Wie sehr kann ich die Liebe eines anderen annehmen und zulassen?

So lernst du dich wirklich kennen und kannst dich durchschauen. Das macht dich letztendlich frei. Ansonsten wirst du ewig drauf warten, dass du so geliebt wirst, wie du es brauchst und wirst niemals die tiefere Liebe erfahren, die weit über äußere Handlungen hinausgeht. Wenn ihr an euch selbst arbeitet und euch mit dem Partner bewusst auseinandersetzt, euch auf einen gemeinsamen Weg der inneren Heilung begebt und euch dabei gegenseitig unterstützt, dann werdet ihr diese Nähe und Verbundenheit nicht verlieren. Dann zeigt ihr euch auf eurem eigenen und authentischen Weg ganz automatisch und ohne Anstrengung oder Anleitung eure Liebe – und das sogar besser als zu Zeiten der Schmetterlinge.

Memo an dich!

Der Schlüssel ist nicht, deine Sprache der Liebe kennenzulernen, sondern darüber hinaus zu entdecken, woher der große Mangel und all die Sehnsucht nach mehr Liebe und Geborgenheit ursprünglich kommen. Nur dann kannst du dieses Loch endlich wirklich füllen. Dein Partner kann das nicht für dich übernehmen.

6. Stütze: Richtig streiten leicht gemacht

Soll ich dir etwas verraten? Es gibt für mich kaum etwas Schlimmeres als eine dauerharmonische Beziehung. In einer lebendigen Beziehung existiert keine Dauerharmonie, das ist eine Utopie. Wenn zwei Menschen mit unterschiedlichen Vergangenheiten, Erfahrungen, Grundüberzeugungen, Konditionierungen, emotionalen Verletzungen und Prägungen beim Thema »Erfüllte Beziehung« aufeinandertreffen, kommt es logischerweise zu Konflikten. Wenn ich Paare erlebe, die scheinbar dauerharmonisch miteinander sind, dann kann ich dir versichern, dass mindestens einer von beiden seine Bedürfnisse zurückhält und sich eher anpasst.

Konflikt und Streit sind übrigens auch nichts Schlechtes. Wenn wir Streitigkeiten vermeiden wollen, kommen auch hier eher unsere kindlichen Prägungen hoch, weil wir zum Beispiel als kleines Kind den Streit unserer Eltern als sehr einschüchternd und beängstigend erfahren haben. Jedoch gehören Konflikte zum Dasein dazu, genauso wie die Gefühle von Wut, Angst, Trauer und Schmerz. Eine rosarote Welt, in der alle immer derselben Meinung sind, ist nicht nur realitätsfern, wir wissen nicht einmal, ob das so erstrebenswert wäre. Denn dafür müssten wir in einer Welt leben, in der alle Menschen gleich sind, damit erst gar keine Interessenskonflikte aufkommen können, und das wäre verdammt eintönig.

Am liebsten mag ich es, wenn Menschen mir erzählen, dass sie jetzt endlich ihren Seelenverwandten gefunden haben. Wenn du wüsstest, wie viele Menschen irgendwann in einer meiner Sitzungen saßen, die zuvor doch ihren Seelenverwandten getroffen hatten. Die Illusion darüber, dass man sich ach so ähnlich sei oder sich so toll ergänzt, ist eigentlich immer ein Produkt unserer geliebten Schmetterlinge. Ein paar Jahre später, mit ein bisschen weniger Oxytocin im Blut und dafür ein bisschen mehr erlebtem Alltag auf dem Konto, sind von den Seelenverwandten bestenfalls Verwandte übrig. Also schminken wir uns besser diese ganzen Geschichten und Hoffnungen ab: Welcome to Reality!

Wir haben eine Fehlvorstellung einer konstruktiven Beziehung. Eine konstruktive Beziehung hat nichts mit Harmonie zu tun. Sie ist dann konstruktiv, wenn beide Partner sich authentisch zeigen, miteinander im Kontakt und Austausch darüber sein können mit dem, was sie gerade wirklich fühlen und erfahren. Dieser echte Kontakt ist ein wesentlicher Aspekt, den der Mensch erwiesenermaßen braucht, um gesund zu bleiben. Eine destruktive Beziehung wiederum ist eine Partnerschaft, in der die innere Wahrheit und das echte Erleben gegen Pseudoharmonie eingetauscht werden. Auch wenn wir die ganze Zeit auf rein rationaler Ebene über den Haushalt oder die Kindererziehung streiten und diskutieren, aber nicht mitteilen, was wir gerade dabei wirklich fühlen und uns auch damit zeigen, ist eine Beziehung destruktiv.

Außerdem sind Konflikte und Streit nicht nur wichtig, sie sind verdammt wertvoll. Sie helfen uns, uns mit uns selbst und unseren Ansichten auseinanderzusetzen. Streitigkeiten können befruchtend für beide Seiten sein und dabei helfen, mehr und mehr wirklich zusammenzuwachsen und den anderen kennen und verstehen zu lernen. Das Problem ist nicht, dass wir streiten, sondern wie und warum wir es tun. Wenn es nur noch darum geht, dass man seiner eigenen Wut durch den Streit Luft machen will, dann wird ein Konflikt zerstörerisch. Wir folgen in solchen Momenten blindlings dem Impuls, der aus einem Gefühl entsteht, und das hängt immer damit zusammen, dass wir das eigentliche Gefühl dahinter nicht aushalten und fühlen, sondern ihm entkommen wollen. Außerdem begegnen sich dabei nicht zwei Erwachsene, in Streitigkeiten greifen unsere kindischen Muster. Kindisch, nicht kindlich. Denn es ist zwar gesund, sein inneres Kind liebevoll ins erwachsene Dasein zu integrieren und seine kindliche Seite beizubehalten. Jedoch ist es kindisch, wenn man denkt, nach wie vor nicht mehr Möglichkeiten zu haben, um mit seinen Gefühlen umzugehen.

Gewaltfreie Kommunikation ist meiner Erfahrung nach auch eher sekundär, wenn es um »gutes Streiten« geht. Sie hat nämlich zum Inhalt, außerhalb eines Übungsrahmens einem bestimmten Gesprächsleitfaden zu folgen, was letztendlich gekünstelte, unauthentische zwischenmenschliche Dialoge nur noch fördert. Ziel ist es dabei, dem Gegenüber die konkreten Inhalte, Empathie und Verständnis zu vermitteln, aber ob das mit dieser Kommunikationstechnik allein so ehrlich klappt, wage ich zu bezweifeln. Wenn du die Hintergrunddynamiken von Konflikten nicht verstehst, dann ist so ein pseudo-netter Sandwichtechnik-Austausch für euch beide sogar kontraproduktiv. Diese vorgegebene Kommunikation würde dazu führen, dass man seine eigentlichen Gefühle weiter unterdrückt, weil man sich stattdessen an irgendeinen Gesprächsleitfaden hält. Wünschst du dir weniger destruktive Streitigkeiten in deiner Beziehung, dann schau, welche Grundüberzeugungen damit verbunden sind, und was für zentrale Konflikte wirklich dahinterstecken. Es geht nämlich beim Pingpong der gegenseitigen Verletzungen nicht um das »Sachthema« Müll und Co., über das wir dann diskutieren. Sich den zugrunde liegenden Themen anzunehmen, führt in der Folge automatisch zu einer liebevolleren Kommunikation.

Der Wäschekrieg

Hier möchte ich dir gern eine Anekdote aus meiner Partnerschaft erzählen. Wir hatten vor Kurzem auch mal wieder so einen klassischen Beziehungsstreit. Es ging um ein allseits bekanntes Alltagsthema, nämlich die Wäsche. Ich hatte die Wäsche gewaschen und die Waschmaschine dabei zu voll gestopft, weil ich das als effizienter erachtet habe. Aber dadurch war die Wäsche am Ende nicht ganz sauber, was mir meine Partnerin dann auch prompt in einem etwas harschen Ton mitteilte, und ab ging die Post. Ich wurde so wütend über ihre Aussage und habe direkt mit Gegenvorwürfen gekontert, dass sie doch ihre Wäsche selbst waschen solle und dankbar sein könne, dass ich die Putzfee in unserer Beziehung sei.

Bevor wir uns aber in so einem Vorwurfsduell verlieren, haben wir mittlerweile gelernt, erst mal räumlich auseinanderzugehen, um den Krieg der Worte nicht fortzuführen. Das würde ich dir auch immer raten. Es bringt nämlich gar nichts. Man glaubt, dass man damit seiner Wut Ausdruck verleiht, aber stattdessen wird sie bei beiden nur weiter unnötig angeheizt. Ich habe mich also erst aus der Situation zurückgezogen, und versucht, meine Wut zu fühlen, um ihr dadurch wirklich Raum zu geben. Im zweiten Schritt habe ich dann geschaut, was eigentlich tatsächlich dahintersteckt. Das Problem war nicht, dass sie sich sauberere Wäsche erwartet hatte und das auch formulierte, es war meine fortgesetzte Interpretation ihrer Aussage. Für mich hatte das Ganze nämlich eine klare Subbotschaft: *»Ich bin dir nicht dankbar, dass du die Wäsche gemacht hast, ich nehme das bereits als selbstverständlich an. Du machst deine Arbeit schlecht, und ich wertschätze sie nicht, genauso wenig wie dich persönlich.«*

Als mir mein Gedankengang hinter dem Streit klar wurde, konnte ich hinterfragen, ob das wirklich der Wahrheit entsprach. Natürlich war es ziemlicher Unsinn. Sie war einfach nur wütend aus ihrer eigenen Geschichte heraus. In ihrem Kopf ging nämlich ungefähr Folgendes ab: *»So oft habe ich ihm gesagt, dass er die Waschmaschine nicht so voll machen soll. Aber er hört mir nicht zu, sondern macht nur, was er will, weil ich und meine Bedürfnisse ihm einfach egal sind.«* Ich weiß, dass das nicht selbstverständlich ist, dass auch dein Partner seine Handlungen und Gedankengänge so reflektiert. Deswegen gilt auch hier die Regel: Fang zuerst bei dir an. Als ich diese unterbewussten Hintergründe durchschaut habe, hat sich der Antreiber, der meine Wut in solchen Situationen immer wieder neu entfachte, fast in Luft aufgelöst. Das Erkennen eigener Gedankenkarusselle ist deshalb wichtig. Denn ansonsten würde die Wut wieder und wieder erzeugt werden und nicht zur Ruhe kommen.

Danach konnte ich also aufhören, dafür zu kämpfen, dass ich recht habe und stattdessen die zwei unbeholfen inneren Kinder in uns sehen, die sich beide ungerecht behandelt fühlen. Dadurch hatte ich kein

Problem, mich bei ihr für meine Anschuldigungen zu entschuldigen und einzugestehen, dass meine Waschtechnik eher von Ungeduld als von Effizienz geprägt war und ich in Zukunft lieber zwei Maschinen wasche.

Wichtig hierbei ist zu verstehen, dass nicht die Wut als Gefühl ein Problem darstellt. Sondern der vorschnelle Handlungsimpuls, meistens ein Angriff, der in vielen Fällen daraus resultiert, dass man diese Wut nicht haben, sie also nicht fühlen will. Natürlich soll und kann man in tatsächlich emotional oder körperlich bedrohlichen Situationen sofort dem Impuls, den schädlichen Auslöser zu stoppen, nachgehen und Grenzen setzen. Wut stellt uns nämlich genug Energie zur Verfügung, um uns vor Gefahren zu schützen. Doch geprägt durch unsere persönliche Brille ordnen wir Situationen nicht immer richtig ein, und dann kann manches im Außen plötzlich als Bedrohung wahrgenommen werden, obwohl weit und breit keine reale Gefahr gegeben ist.

Auch in diesem Kontext taucht also das Thema der Entwicklungstraumata auf. Man »reagiert über« oder anders bezeichnet, man wird durch etwas getriggert. Das versetzt uns zurück in den sogenannten Kampf- oder Fluchtmodus, und es kommt zusammen mit der bereits bekannten Gefühlsvermeidung zum vorschnellen Handlungsimpuls. Es ist der Moment, ab dem du dir und deinem Gegenüber Leid zufügst. Wenn du das erkennst, kannst du unterscheiden, dass jedes Gefühl, egal warum und wann es auftaucht, gefühlt werden kann und darf. Davon abgrenzen sollte man in vielen Situationen den vorschnellen Handlungsimpuls sowie ab und zu das tatsächlich notwendige Grenzensetzen. Bei wiederkehrenden oder anhaltenden Gefühlen lohnt es sich, wie bereits erwähnt, zu überprüfen, welche Grundüberzeugung oder welches nicht zu Ende gedachte Gedankenkarussell das Gefühl immer wieder neu entfacht oder weiter anheizt.

Zurück zum Wäschekrieg – ein Thema blieb dann trotzdem noch übrig. Dass ich das Gefühl habe, mehr im Haushalt zu machen als meine Partnerin. Das kommt daher, dass zwei Menschen unterschiedliche Auffassungen von Ordnung und Sauberkeit haben. Ich will am liebsten alles sofort erledigt und ordentlich haben, und sie kann die Wäsche auch länger liegen lassen. Das hat zur Konsequenz, dass ich das Aufräumen sofort selbst übernehme, weil ich die Unordnung schwerer aushalten kann. Dadurch entstand in mir ein neuer Konflikt: Ist es mir wichtiger, dass unser Haushalt meinen persönlichen Ordnungsansprüchen zu jeder Zeit entspricht oder dass wir eine genaue Aufgabenteilung 50:50 haben. So wurde mir klar, dass das Erste gerade eine höhere Priorität für mich hat. Okay. Jetzt könnte ich natürlich den nächsten Kampf beginnen, indem ich von ihr verlange, dass sie sich verändert, ordentlicher wird und die Haushaltsaufgaben schneller erledigt. Sie ist jedoch ein ganz anderer Mensch. Was mir leichtfällt, kann sie extreme Überwindung kosten und genauso andersherum. Für mich ist es schlimmer, auf dem Sofa zu liegen und im Hinterkopf zu wissen, dass noch die Wäsche gemacht werden muss. Für sie jedoch ist es viel wichtiger, sich erst einmal vom Tag erholen zu können, als sich sofort in neue Aufgaben zu stürzen. Dafür ist die Wäsche definitiv sauberer, wenn sie es macht. Praktisch gesehen muss also in solchen Situationen dennoch eine Übereinkunft getroffen werden, im Englischen auch als »agree to disagree« bezeichnet. Es gilt dann, für sich herauszufinden, welches der eigenen Bedürfnisse das wichtigere ist, und womit man sich wohler fühlt, als jedes Mal aufs Neue mit dem anderen zu streiten.

Die Situation mag auf den ersten Blick banal klingen, aber an derartigen Alltagsproblemchen sind schon einige Partnerschaften zerbrochen. Der größte Witz an all den Streitthemen oder Kritikpunkten, die wir in einer Beziehung haben, ist, dass alles immer zwei Seiten hat. Ich würde sogar so weit gehen, zu sagen, dass wir die Eigenschaften, die wir in einer Situation an jemandem hassen, in einem anderen Zusammenhang sogar lieben. Bleiben wir doch mal beim Waschverhalten von meiner Lebensgefährtin und mir. Sie sieht es eben nicht so eng, ob die Wäsche heute oder morgen gemacht wird. Das zeigt auf der anderen Seite ihr sehr entspanntes Gemüt. Ich bin im Gegenzug ein kleiner Macher und bin daher dankbar, dass sie mich ab und zu mit ihrer gelassenen Art aus meiner Produktionsspirale herausholt und diese nicht noch weiter ankurbelt. Meine Freundin hasst es zwar, dass ich die Waschmaschine meistens viel zu voll mache, aber in anderen Momenten freut sie sich darüber, dass ich Aufgaben sehr effizient und schnell erledigen kann. Du kannst dir ja auch mal bei deiner Beziehung überlegen, welche Sonnenseiten die Eigenschaften von deinem Partner oder deiner Partnerin haben, die dich oftmals zur Weißglut bringen oder nerven. Du wirst überrascht sein.

Wir müssen versuchen, Menschen in ihrer Ganzheit zu sehen. Würden wir bei der Sonne nur sehen, dass sie im Hochsommer viel zu heiß ist und wir ständig Sonnenbrand bekommen, dann wären wir auf Kriegsfuß mit ihr. Die Kehrseite ist, dass die Sonne uns wärmt und wir selbst schuld sind, wenn wir keine Sonnencreme benutzen.

»Liebe dich selbst, und es ist egal, wen du heiratest«?

2004 schrieb Eva-Maria Zurhorst ihren Beziehungs-Bestseller »Liebe dich selbst, und es ist egal, wen du heiratest«. Der Satz wurde danach mindestens so oft zitiert wie missverstanden. Die Autorin und ihr Mann Wolfram gehören zu meinen wichtigsten Mentoren in Sachen Beziehungen. Ich habe oft mit ihnen über den Titel gesprochen und eigentlich ging es Eva in erster Linie darum, mit dem Titel zu betonen, wie essenziell die Selbstliebe für eine Partnerschaft ist. Natürlich reicht die Selbstliebe nicht aus, um mit jedem beliebigen Menschen auf diesem Planeten eine glückliche Beziehung zu führen. Es geht darum, dass du durch eine starke Selbstliebe auch automatisch in Resonanz mit Menschen gehst, die sich und dich ebenfalls liebevoll behandeln. Da kommen wir wieder zu den unbewussten Grundüberzeugungen zurück. Wenn ich unterbewusst glaube, dass ich eigentlich wertlos und nicht liebenswert bin, werde ich auch viel eher mit Menschen in Resonanz gehen, die dieses Selbstbild bestätigen. Habe ich eine wahrhaftig liebevolle und wertschätzende Selbstwahrnehmung, werde ich auch unterbewusst nur Menschen in meinem Leben anziehen, die mich in dieser Wahrnehmung bestärken. Das ist doch ziemlich simpel, oder?

Aber um jemanden wirklich zu lieben, müssen wir diese Person auch wirklich kennenlernen. Ansonsten sind wir höchstens verliebt in eine Vorstellung, die wir von jemanden haben. Das ist mit der Selbstliebe nicht anders. Wir müssen uns selbst in der Tiefe mehr und mehr kennenlernen und verstehen, um uns wirklich lieben und annehmen zu können. Und dafür reicht es nicht, sich oberflächlich jeden Tag vor dem Spiegel sein Selbstliebe-Mantra vorzusagen, es erfordert eine Mischung aus Sehnsucht, Mut und Neugierde, um sich in der Tiefe mit seinen inneren Themen auseinanderzusetzen. Selbstliebe bedeutet nicht, dass man sich anschaut und sich denkt *»Was bin ich denn für ein Schnittchen.«*. Es bedeutet, sich liebevoll anzunehmen, in dem, was man gerade erlebt. Darum ist der größte Akt der Selbstliebe, all seine Gefühle und inneren Erfahrungen zuzulassen. Wenn ich mich liebevoll darin annehmen kann, bin ich tiefer in Kontakt mit der Selbstliebe, als es irgendeine krampfhafte Affirmation jemals ermöglichen könnte.

Ich möchte an der Stelle noch einen kleinen Disclaimer einbauen: Mit der Selbstliebe allein ist es auch nicht gleich getan, wir kommen nicht drumherum, dass es in einer Beziehung immer zwei Personen gibt. Darum gibt es bestimmte Punkte, die wir in einer Beziehung zu einem anderen Menschen bedenken sollten. Dabei helfen die sechs Stützen in diesem Buch.

Es steckt hinter der Idee, dass Selbstliebe die Lösung für alle Beziehungsprobleme sei, auch eine Gefahr. Man geht davon aus, dass wir uns selbst also nur genug Liebe und Wertschätzung geben müssen und damit frei werden, diese von anderen einzufordern. Es entsteht die Verknüpfung, dass es falsch sei, Bedürfnisse zu zeigen und sich zu wünschen, dass sie erfüllt werden. In diesem Fall erlebe ich bei Klienten, dass sie richtige Schuldgefühle entwickeln, weil sie sich in ihrer

Beziehung nach mehr Liebe, Respekt und Wertschätzung sehnen. Das ist genauso ein Irrsinn wie der Spruch: »Wenn jeder an sich denkt, ist an alle gedacht.« Wir Menschen sind schließlich sozial interagierende Wesen und dürfen einander unterstützen.

Gehen wir noch mal viele Jahre zurück. Als wir ein Baby und vollkommen unschuldig und rein waren, haben wir da unsere Bedürfnisse in Beziehungen hinterfragt oder gar mit Schuldgefühlen verbunden? Nein! In diesem Zustand vollkommener innerer Reinheit war es selbstverständlich, unsere Bedürfnisse nach Nähe, Geborgenheit und Liebe zu kommunizieren. Jedoch hast du später die Erfahrung gemacht, dass deine Bedürfnisse nicht immer gehört oder erfüllt wurden, und du zusätzlich sogar manchmal mit deiner authentischen Art zu viel oder nicht liebenswert für deine Eltern warst. Dann hast du gemerkt, dass es scheinbar besser ist, wenn du gar nicht viel erhoffst oder deine Bedürfnisse für dich behältst. Du hast dich selbst zurückgenommen, dich angepasst, um anderen nicht zur Last zu fallen und dadurch ihre Liebe nicht zu verlieren. Jetzt hörst du auch in der ganzen Selbsthilfewelt, dass du dir selbst genug sein musst und in erster Linie dich selbst lieben musst, denn sonst bist du bedürftig in einer Beziehung. Das mag im Kopf vielleicht ganz schlau klingen, aber wenn wir genauer hinsehen, wird uns klar, dass dieses Konzept schädlich für einen wichtigen Teil von uns ist. Es ist extrem schädlich für unser inneres Kind, solange dieses noch keine wirkliche Heilung erfahren durfte, weil es die innere Botschaft von damals noch verstärkt, dass es mit seinen Bedürfnissen zu viel war für die Großen.

Das Tragische daran ist, dass die Beziehungsstrategie, die aus dieser Bedürfnisunterdrückung hervorgeht, leider sehr gut funktionieren kann. Sie hat aber weder etwas mit Selbstliebe geschweige denn mit Liebe zu tun. Wenn ich mich meinem Partner anpasse, ständig schaue, dass es ihm oder ihr gutgeht und mich selbst zurückhalte, kann so eine Beziehung funktionieren. So eine Beziehung läuft dann aber auf deine Kosten, und du wirst dich selbst nur mehr und mehr verlieren. Auch deinem Partner werden dadurch wichtige authentische Erfahrungen mit dir vorenthalten. Und Eines wirst du so langfristig sicher niemals können: dich wahrhaft glücklich und erfüllt in einer Partnerschaft fühlen.

Stehst du zu deinen Bedürfnissen, wirst du damit nicht zum bedürftigen Kleinkind, es ist sogar ein Zeichen von Erwachsensein, für sich selbst und seine Wünsche einzustehen. Der erste Schritt ist hierbei natürlich wieder zu erforschen, welches deine wahren Anliegen und Wünsche sind und wo du etwas vom anderen einforderst, um dich nicht selbst damit auseinandersetzen zu müssen. Um das auseinanderhaltenzukönnen, hilft einem meist die Ebene des Verstandes nicht gerade weiter. Dies kann am besten mithilfe der Gefühlsebene ergründet werden. Wenn man das Fühlen wieder selbstverständlich in sein Leben integriert hat, fühlt man, womit man mehr in Resonanz geht, und wo man unaufrichtig zu sich selbst ist. Gerade in einer Partnerschaft zeigt sich Selbstliebe auch darin, sich zu trauen, sich mit seiner inneren Wahrheit offen gegenüber dem anderen zu zeigen und so für sich einzustehen. Wie das ganz praktisch geht, das zeige ich im nächsten Kapitel.

Die Hauptursache für 80 Prozent unserer Streitigkeiten

»Du solltest doch endlich den Müll runterbringen.« oder *»Ich wünsche mir, dass du den Müll mit runternimmst.«*. Das sind zwei unterschiedliche Formulierungen für das gleiche Thema. Der Unterschied zwischen den beiden Sätzen ist, dass der eine ein Anspruch ist und der andere einen Wunsch ausdrückt, und damit kommen wir zur Hauptursache von Beziehungsstreitigkeiten. Wir haben Ansprüche an einen Menschen, die uns nicht zustehen. Genauso wenig wie wir von uns selbst irgendetwas erzwingen können, was wir machen sollten, dürfen wir es bei anderen tun. Wir tun es aber ständig, ohne dass wir es merken. Du kannst gern mal deinen letzten Konflikt reflektieren und den Anspruch herausfiltern, der dahintersteckte. Bei unserem Wäschekrieg ging es darum,

dass ich die Wäsche anders waschen sollte und meine Partnerin gefälligst dankbarer für meine Arbeit sein sollte.

Es muss uns klar werden, dass wir streng genommen an niemanden einen Anspruch stellen können. Dieses Recht steht uns nicht zu, weil wir damit in die Freiheit eines anderen Menschen eingreifen. Das heißt keineswegs, dass wir alles hinnehmen und akzeptieren müssen. Das würde ja bedeuten, dass wir unsere Bedürfnisse ignorieren. Es geht in erster Linie darum, die Haltung zu ändern, mit der wir einander begegnen. Damit aus einem Anspruch ein Wunsch wird. Denn hier wartet das nächste Missverständnis: Viele denken, dass es Teil von bedingungsloser Liebe sei, dass man alle Wünsche und Bedürfnisse loslässt. Jedoch bist und bleibst du ein Mensch mit Körper und Seele, der natürlich Wünsche in seinem Leben hat. Viele unterdrücken ihre Bedürfnisse komplett und rühmen sich innerlich, dass sie so selbstlos sind. Dabei haben sie nur nach wie vor die kindische Strategie in sich, sich selbst kleinzumachen und zurückzuhalten, um anderen weniger Umstände zu machen und so liebenswerter zu wirken. Also sei wiederum ehrlich zu dir, warum du etwas tust und warum nicht.

Nimm dir einen Moment Zeit, und lies dir die ersten beiden Sätze dieses Kapitels zum Müll auf der vorigen Seite noch einmal durch. Stell dir dabei vor, dass jemand sie zu dir sagt. Du wirst wahrnehmen, dass beide Unterschiedliches in dir auslösen. Wenn jemand mit einem Anspruch kommt, dann gehen wir sofort in eine Verteidigungshaltung, weil wir uns attackiert oder in unserer Freiheit eingeschränkt fühlen. Ein Anspruch hat keine Toleranzgrenze, entweder du erfüllst ihn oder nicht. Ansprüche sind übergriffig. Wenn du der Anspruchsteller bist, befindest du dich im Kampfmodus, um deine Ansprüche durchzusetzen. Das Spannende ist, dass ein unerfüllter Anspruch Wut in uns auslöst und ein unerfüllter Wunsch uns hingegen traurig macht. Daran erkennt man gut die unterschiedlichen Energien der beiden Haltungen. Wut ist ein proaktives Gefühl, dessen Energie dafür da ist, uns gegen etwas zu verteidigen oder für etwas zu kämpfen. Traurigkeit und Schmerz sind passive Gefühle. Das macht es für viele deutlich leichter, mit diesen bei sich zu bleiben und die Verantwortung für ihre Gefühle zu übernehmen, anstatt einem oft vorschnellen Handlungsimpuls zu folgen. Wünsche haben zudem noch eine wichtige Eigenschaft: Sie beinhalten eine Wahlmöglichkeit für den anderen. Er kann, muss aber den Wunsch nicht erfüllen.

Würden wir es schaffen, unsere Ansprüche loszulassen und sie in Wünsche zu transformieren, wären einige Streitigkeiten dadurch Schnee von gestern. Damit meine ich nicht das bloße Umformulieren. Es geht um ein komplettes Umdenken, eine Einsicht und somit eine neue Haltung und eine Verwandlung unserer Intention. Wir sollten uns davon lösen, dass irgendjemand unsere Ansprüche erfüllen muss. Dafür müssen wir der Idee von diversen eigenen Mangelzuständen auf den Grund gehen, um sie endlich zur Ruhe kommen zu lassen und sie beenden zu können. Es gilt insbesondere, Bedürfnisse von Bedürftigkeit zu unterscheiden. Jeder innerlich erlebte Mangelzustand treibt unsere Anspruchshaltung weiter an, und man fordert von anderen das ein, was man sich am Ende nur selbst geben kann. Wenn sich deine innere Einstellung nicht ändert, dann bringt auch die neue Formulierung rein gar nichts, weil ein Großteil der Kommunikation nonverbal abläuft und der Partner unbewusst immer die echte Intention spüren würde. Deswegen findest du in diesem Buch kaum etwas über Kommunikationstechniken, weil es vor allem darauf ankommt, warum und mit welcher inneren Haltung wir etwas sagen.

Es kann sehr hilfreich sein, wenn du mal deine Grundüberzeugungen zum Thema Streitigkeiten näher beleuchtest. Dann kann uns bewusst werden, warum wir in Beziehungen immer wieder in ähnlichen Szenarien und Konfliktsituationen landen.

Übung: Meine Grundüberzeugungen in Konflikten

Schritt 1

Nimm dir kurz Zeit, und ergründe, welche Überzeugungen du mit Streit und Konflikten verbindest. Dafür kannst du folgenden Satz intuitiv vervollständigen:

Mit Streit verbinde ich, ...

Beispiele:

... *dass ich lieber nachgebe.*

... *dass ich für mein Recht kämpfen muss.*

... *dass ich keine Schwäche zeigen darf.*

... *dass ein guter Mensch Konflikten aus dem Weg geht.*

... *dass ich immer den Kürzeren ziehe.*

Schritt 2

Nun vervollständige den Satz und füge hinzu, was passieren würde, wenn du deiner Überzeugung *nicht* nachgehst.

Beispiele:

... *dass ich lieber nachgebe, weil ich Harmonie brauche und Disharmonie unaushaltbar finde.*

... *dass ich für mein Recht kämpfen muss. Wenn ich das nicht tue, habe ich Angst, dass ich mich schwach und meinem Partner unterlegen fühle.*

... *dass ich keine Schwäche zeigen darf, weil ich mich sonst ohnmächtig und ausgeliefert fühle.*

... *dass ein guter Mensch Konflikten aus dem Weg geht, und ich deswegen lieber meine Bedürfnisse hintenanstelle, um diesem Ideal zu entsprechen und nicht aus der Gruppe ausgeschlossen zu werden.*

... *dass ich immer den Kürzeren ziehe und deswegen lieber gleich nachgebe und mich kleinmache, damit ich die Wut des anderen und meine Ohnmacht nicht erleben muss.*

Es ist sehr hilfreich, seine Grundüberzeugung auch hier genauer unter die Lupe zu nehmen. So entdecken wir, dass wir beispielsweise doch nicht nur »harmoniebedürftig« und »tolerant« sind, sondern wirklich Angst vor einer eigenen Meinung und somit vor Konflikten haben. Dann gehen wir Streitereien nicht aus dem Weg und stimmen allen anderen zu, weil wir uns scheinbar Harmonie wünschen, sondern nur, um diese Angst zu vermeiden. Es lohnt sich also zu schauen, was unter der Oberfläche in uns schlummert und uns eigentlich antreibt. Wo wir uns selbst etwas vormachen. Diese Grundüberzeugungen aufzudecken, ist auch wichtig, wenn wir unsere wirklichen Wünsche und Bedürfnisse entdecken und uns von den Ansprüchen lösen wollen.

Was ist, wenn meine Wünsche nie erfüllt werden?

Wenn wir, anstatt Ansprüche zu haben, besser Wünsche entwickeln, dann gebe ich dir damit nicht das Tool an die Hand, mit dem du endlich bekommst, was du willst. Dein Partner ist immer noch nicht Gini, der Geist in der Wunderlampe, der dir immer deine Wünsche erfüllen wird.

Zusammengefasst kann man sagen: Hast du das Gefühl, dass dir deine Bedürfnisse in einer Beziehung ständig verwehrt werden, bedeutet das in vielen Fällen, dass du dir zunächst bisher selbst deine eigenen Bedürfnisse verwehrt hast, sie nicht ernst genug nimmst oder nicht gut kennst. Und wir müssen besonders lernen, auch ein »Nein« zu akzeptieren, ohne uns persönlich angegriffen und mit Absicht verletzt zu fühlen. Das geht nur, wenn wir auch bereit sind, die Gefühle auszuhalten, die das »Nein« zur Folge hat. Außerdem müssen wir die aus der Situation heraus interpretierte Geschichte in unserem Kopf von der Realität entkoppeln. Sobald wir Ablehnung erleben, könnten wir schnell wieder in Gedanken hineinrutschen wie *»Ich wusste sowieso, dass meine Bedürfnisse unwichtig sind und ich ihm/ihr dadurch zu viel werde.«*. Eine Strategie, die uns kurzfristig einen bittersüßen Kick durch die Bestätigung unserer toxischen Grundüberzeugung verschafft, aber langfristig zu nichts führt, außer zu Leid. Stattdessen solltest du bei dem Gefühl bleiben, das das »Nein« in dir ausgelöst hat.

Es muss uns klar sein, dass ein Partner kein Wunscherfüller ist. Du solltest dich auch fragen, was soll es mir eigentlich wirklich geben, wenn mein Wunsch erfüllt wird. Warum ist mir das so wichtig? Nehmen wir einmal an, dass dein Partner kaum Zeit hat, weil er oft mit Freunden unterwegs ist oder weil er viel arbeitet. Das muss kein Problem sein, wenn du ebenfalls viel beschäftigt bist und gar nicht so viel Zeit mit deinem Partner brauchst. Wenn du jedoch merkst, wie unglücklich dich das auf Dauer macht, dann solltest du es dem anderen mitteilen. Außerdem spürst du auch den Unterschied, ob der andere momentan noch große berufliche Ziele offen hat und eigentlich auch gern mehr Zeit mit dir hätte, oder ob er dich damit nur unbewusst auf Abstand hält. Vielleicht soll dein Partner auch nur deshalb mehr Zeit für dich haben, weil du das Alleinsein nicht aushältst oder du Angst hast, dass er woanders mehr Freude hat als bei dir. Dann bist du wieder bei der Strategie, negative Gefühle zu vermeiden.

Willst du dich beispielsweise nicht mit deiner riesigen Angst vor Einsamkeit beschäftigen und erwartest, dass ein anderer Mensch dir dieses Gefühl für immer nehmen soll, dann gerätst du durch dieses Verhalten noch tiefer in eine Abhängigkeit. Und so werden aus vermeintlichen Wünschen ganz schnell wieder Ansprüche. Außerdem wird dich dein Unterbewusstsein immer wieder in Situationen hineinmanövrieren, die diesen Zustand der Einsamkeit weiter verstärken. Schließlich entspricht dies deinem unbewussten Weltbild. Bis es irgendwann so unaushaltbar wird, dass du dich endlich mit der Ursache in dir auseinandersetzen musst. Ein bisschen so, als ob diese Lektionen darauf ausgerichtet wären, dass wir immer näher zu unserem Selbst zurückfinden. Ein Wink mit dem Zaunpfahl sozusagen, der uns den Weg weisen soll. Wie du siehst, gibt es immer mehrere mögliche Antriebe, warum wir etwas wollen oder nicht. Schau genau hin, um was es dir primär geht.

An dieser Stelle fällt mir die Geschichte einer Klientin ein. Sie war jahrelang Single und geriet während dieser Zeit immer wieder an Männer, in die sie sich Hals über Kopf verliebte. Die Angehimmelten wollten jedoch entweder keine Beziehung mit ihr eingehen oder sich nicht vollständig zu ihr bekennen. Nachdem sie sich in einigen gemeinsamen Sitzungen dem Thema näherte, wurde ihr bewusst, welche blockierenden tieferen Ursachen dahintersteckten. Sie musste erst einmal ihre eigenen wahren Bedürfnisse herausfinden, die sie all die Jahre unterdrückt und nicht einmal wahrgenommen hatte.

Weil sie sich Liebe und Zuneigung vom anderen erhofft hatte, war es ihr unbewusst wichtiger, sich ständig anzupassen und zu verbiegen, um möglichst gut beim Gegenüber anzukommen. Als sie das in einer unserer Sitzungen so klar vor ihren Augen sah, fühlte sie sich plötzlich wie ein Junkie, der seine Abhängigkeit und das Befriedigen seiner scheinbaren Bedürfnisse vor das eigentliche eigene Wohl stellt. Aus Angst vor den Gefühlen, die durch eine Ablehnung entstehen könnten. Im Rahmen der Sitzung konnte sie all die Angst sowie den Schmerz und das Entsetzen über diese Entdeckung zulassen und dadurch endlich zu ihren wahren Wünschen und Bedürfnissen finden.

Das Fühlen aller begleitenden Gefühle war essenziell, um die Erkenntnis innerlich vollständig zu integrieren. Denn nach dem Schmerz und der Scham konnte sie auch die Freude und eine Sehnsucht danach wahrnehmen, ab jetzt für sich einzustehen. Mit dem Wissen, dass nur sie selbst ihrem inneren ängstlichen Kind jetzt endlich die Liebe und Zuneigung geben kann, die es damals gebraucht hätte. Somit konnte auch all ihr Erleben von Mangel und Bedürftigkeit als erwachsene Frau endlich zur Ruhe kommen. Sie erlebte, wie diese jahrelang einschränkende Wahrnehmung von einer körperlichen Gelöstheit und inneren Öffnung abgelöst wurde. Nicht einmal einen Monat später lernte sie dann einen Mann kennen, mit dem sie nach wie vor eine glückliche und liebevolle Beziehung führt.

Wenn es doch einmal knallt

In einer Partnerschaft sitzen wir eigentlich die ganze Zeit auf einem brodelnden Vulkan. Der Vulkan sind unsere unterdrückten und nicht ausgefühlten Gefühle. Wenn du das Buch bis hierhin gelesen hast, wirst du nicht automatisch wie auf Knopfdruck im Reinen mit deiner Gefühlswelt sein. Das ist nämlich ein Prozess, der uns im gesamten Leben begleitet. Deswegen ist es mir wichtig, dir noch einen praktischen Tipp mitzugeben für den »Vulkan deiner Partnerschaft«.

Konflikte in Beziehungen sind Extremsituationen, in denen es besonders schwierig ist, das Gelesene zu beherzigen. Oft gibt es einen Peak in einem Streit, an dem die Situation eskaliert und die unbewussten Handlungen überhandnehmen. Dann sind auch die tollsten Tipps aus Büchern vergessen, und wir laufen auf dem »altbewährten« Streitprogramm unseres Unterbewusstseins. Wir können sehr viel über Traumata und Co. wissen, das schützt uns jedoch gerade am Anfang unseres inneren Veränderungsprozesses nicht davor, dass wieder die alten Mechanismen greifen. Schließlich können wir nicht bewusst verhindern, ob etwas von unserem Nervensystem als bedrohlich eingestuft wird oder nicht.

Also was tun, damit dieser Peak gar nicht erst erreicht wird? Präventiv ist natürlich die Heilung unserer Bindungstraumata der wichtigste Faktor. Wie kann man den zerstörerischen Vulkanausbruch jedoch stoppen, wenn er schon Fahrt aufgenommen hat? Angeblich hat Einstein schon gesagt: »Probleme kann man niemals mit der gleichen Denkweise lösen, durch die sie entstanden sind.« Auf Beziehungen übertragen heißt das: Streitigkeiten können niemals in der gleichen Stimmung gelöst werden, in der sie begonnen haben. Wenn du also merkst, dass es in dir brodelt, lass nicht gleich deinen Ärger am anderen aus.

Wenn du wütend wirst, hast du verschiedene Möglichkeiten. Natürlich immer vorausgesetzt, es ist keine sofortige Reaktion zum notwendigen Selbstschutz erforderlich.

MÖGLICHKEIT 1

Das Pro-Level ist natürlich, die Wut auszufühlen. Das bedeutet, die eigene Aufmerksamkeit von außen nach innen zu richten und diese Wut präsent wahrzunehmen. Und sie dann so, wie sie ist, annehmen und geschehen zu lassen. Ihr hierfür all den Raum zur Verfügung zu stellen, den sie gerade einnehmen möchte. Das heißt, sie weder mit irgendeinem Tun verstärken noch weghaben zu wollen oder gegen sie anzugehen. So lässt man das innerliche Kochen geschehen, ohne sofort dem Impuls der Wut nachzugehen und sie auszuagieren und sie zum Beispiel auf den anderen abladen zu müssen. Danach oder sogar währenddessen teilst du dem anderen ehrlich mit, was die Situation gerade in dir auslöst und findest dadurch vielleicht auch zu dem Schmerz, der unter der Wut liegt. Das ist ohne Übung und ohne richtig guten Zugang zu seinen Gefühlen herausfordernd. Deswegen gebe ich dir für den Beginn jetzt noch leichtere Möglichkeiten an die Hand, wie du reagieren kannst, ohne die Wut an deinem Gegenüber oder dir selbst auszulassen. Bei hartnäckigen und immer wiederkehrenden Gefühlen zu ein und demselben Thema lohnt es sich zudem, mit Unterstützung von außen der scheinbar nicht zur Ruhe kommenden Ursache auf den Grund zu gehen.

MÖGLICHKEIT 2

Verschaffe deiner Wut zunächst anders Ausdruck. Du kannst alternativ beispielsweise auf ein Kissen hauen oder im Wald alles laut herausschreien. Vergiss hierbei allerdings nicht, dass es sich auf lange Sicht gesehen nur um eine Art Dampfablassen handelt, wie bei einem Teekessel, unter dem man aber das Feuer nicht ausmacht. Sich wirklich lösen und zur Ruhe kommen können die ursächlichen Themen und Gefühle darunter so langfristig nicht.

MÖGLICHKEIT 3

Eine weitere Möglichkeit ist, erst mal eine Nacht darüber zu schlafen. Das bedarf jedoch auch viel Disziplin, wenn man den restlichen Tag als kleines Pulverfass zu Hause herumläuft, das nicht explodieren soll. Im Schlaf kann zumindest ein Teil der am Tag erlebten oder nicht wahrgenommenen Gefühle verarbeitet werden. Außerdem erleichtert dir dieser zeitliche Abstand es, einen Schritt zurückzutreten und vielleicht zu einem späteren Zeitpunkt Möglichkeit 1 nachzuholen.

Das Heilsamste ist jedoch, deinen Partner mit ins Boot zu holen. Nicht indem du ihn wegen des vergessenen Mülls beschimpfst, sondern indem du mit ihm teilst, was in dir vorgeht, zum Beispiel so: *»Es löst so viel Wut in mir aus, dass du wieder den Müll nicht rausgebracht hast. Ich weiß, dass du das nicht absichtlich machst, um mich zu provozieren, dennoch bin ich gerade richtig wütend.«* Vielleicht kannst du dann auch wahrnehmen, welches Gefühl tiefer darunter liegt: *»Es macht mich auch traurig, weil ich mich mit meinen Wünschen dadurch nicht von dir gesehen fühle.«* Wenn man so miteinander kommuniziert, begegnet man sich nicht wie Feinde, sondern wie ein liebevolles Team. Das ehrliche Aussprechen seiner inneren Gefühle kann so schon eine große Linderung verschaffen und einem destruktiven Streit entgegenwirken.

Auch mit meinen kleinen Tipps ändert sich eine Sache dennoch nicht: Du bleibst ein Mensch, der auch mal an die Decke geht, wenn ihn etwas wirklich ärgert und stört. Es ist keine Katastrophe, wenn wir in einem Streit über den Peak kommen und auch mal explodieren. Die Katastrophe ist, dass viele Paare solche Streitigkeiten dann am liebsten unter den Teppich kehren und auch im Nachhinein nie richtig klären. Meistens weil sie den neuen »Pseudofrieden« nicht riskieren wollen. Solche Streitigkeiten sind dann vollkommen destruktiv und dienen nur dazu, dass sich die Wut kurz entladen kann, bis zum nächsten Vulkanausbruch.

Stattdessen sollte sich das Paar spätestens am nächsten Tag, wenn sich die Gemüter beruhigt haben, zusammensetzen und besprechen, was jeweils in einem am Vortag vorgegangen ist. Erzählt euch, was euch so aufgeregt hat, was ihr euch eigentlich gewünscht hättet, und was euch auch im Streit verletzt hat. Seid ehrlich und offen miteinander, agiert als Team. Das wird umso leichter, wenn ihr euch selbst besser kennenlernt und entdeckt, warum euch manche Sachen zur Weißglut bringen und andere nicht. Oder warum manch einer eigentlich nie wirklich ausflippt und der andere das vielleicht fast im Stundentakt tut – wenn ihr also eure Grundüberzeugungen, Fixierung und euer inneres Kind erforscht.

Memo an dich!

Eine konstruktive Beziehung ist keine dauerharmonische Beziehung, sondern eine Partnerschaft, in der alle Gefühle, die zwei Menschen erleben, Raum bekommen. Dazu zählen auch Wut, Schmerz und Angst, denen ihr miteinander liebevoll begegnen und ihnen Raum geben könnt, ohne sie aneinander auslassen zu müssen.

Die Intervention des Humors

Einer der Zauberschlüssel für eine Beziehung ist der Humor, nicht nur um sie frisch und lebendig zu halten, sondern besonders in Situationen, die vielleicht im ersten Moment nur noch zum Heulen und zum Schreien sind. Je besser wir uns kennenlernen und uns durchschauen, desto lächerlicher empfinden wir teilweise unsere Konflikte und Muster – wir finden sie also zum Lachen. Wenn wir überlegen, wie viele Beziehungen an Haushaltsthemen oder der Freizeitgestaltung zugrunde gegangen sind, dann ist das so tragisch, dass es schon wieder absurd und irgendwie witzig ist.

Wir Menschen neigen aus den genannten Gründen dazu, aus Kleinigkeiten ein Riesendrama machen zu können. Der Humor hilft uns, wieder auf den Boden der Tatsachen zurückzukommen. Durch ihn können wir leichter diesen einen Schritt zurückmachen und die Situation von anderen Blickwinkeln betrachten.

Besonders wenn wir in unsere unbewussten Streitprogrammierungen rutschen, kann uns ein bisschen Humor heraushelfen. Meine Partnerin ist definitiv die Nachtragendere von uns beiden, und es fällt ihr schwerer, von ihrer Wut auch mal wieder loszulassen. Sie hat dann die ganze Zeit ihre Augenbrauen fest zusammengekniffen. Ich musste irgendwann so schmunzeln, als ich zu ihr meinte, dass sie mit ihren Augenbrauen Nüsse knacken könnte. Als sie das hörte, musste sie auch lachen und kam wieder aus ihrer Wutspirale raus. Das ist ein bisschen zu unserem Running Gag geworden. Wenn ich sie im Streit liebevoll »Nussknackerin« nenne, ist dieser oft gleich wieder im Keim erstickt, und wir müssen beide lachen. Schaut doch mal, welche lustigen und irgendwie auch absurden Eigenarten es bei euren Streitigkeiten gibt.

Uns muss klar werden, dass wir uns in einer Partnerschaft nicht absichtlich verletzen. Wir glauben, uns verteidigen zu müssen gegen einen Angriff, der vielleicht gar nicht so gemeint ist. Am Ende sind wir nur zwei Menschen mit ihren gebrannten inneren Kindern, die sich nach Liebe und Angenommensein sehnen. Also hören wir doch auf, zu kämpfen und fangen wir an zu lieben.

Let’s talk about Sex, Baby

Sex ist in einer Partnerschaft ein so großes Thema, dass es eigentlich ein eigenes Buch wert wäre, um es adäquat zu behandeln. Ich werde in Zukunft sicherlich noch mal ausführlicher darüber schreiben. So oder so gehört das Thema natürlich auch in dieses Buch. Eine erfüllte Sexualität ist die siebte Stütze einer Partnerschaft und eine, die es nicht zu unterschätzen gilt.

Das unausgesprochene Gesetz in einer längeren Partnerschaft ist, dass der Sex mit den Jahren entweder schlechter wird oder einfach kaum noch stattfindet und wir uns eben damit abfinden müssen. Unser Sexleben, so scheint es, wird unvermeidlich zu einer Art Sexsterben. Dazu gibt es dann auch ganz tolle wissenschaftliche Ansätze, warum es quasi in unserer menschlichen Natur liegt, dass wir auf Dauer das Interesse im Bett verlieren. Was ist aber, wenn ich dir sage, dass gar nicht die Anzahl der gemeinsam verbrachten Stunden per se dabei das Problem darstellt, sondern die Art und Weise, wie wir Sex haben? Was, wenn ich dir sage, dass Sex mit den Jahren sogar immer intensiver und erfüllender werden kann und nicht zwangsläufig zur Gewohnheit und langweiliger werden muss? Denn genau das ist möglich. Wie? Das erkläre ich in diesem Kapitel.

Schneller, härter, aufregender – wie Pornos unser Sexleben bestimmen

Wir haben nicht den Sex, den wir und besonders unser Körper wirklich wollen, sondern den, den wir in (Porno-)Filmen gesehen haben. Jungs beginnen mittlerweile schon im Schnitt im Alter von elf Jahren, regelmäßig ihre ersten pornografischen Inhalte zu konsumieren. Sie wachsen also damit auf, können sich aber zumeist mit niemandem realistisch und kritisch darüber austauschen und werden dann irgendwann auf Mädchen »losgelassen«. Durch die daraus resultierenden, meist unausgesprochenen Erwartungshaltungen übertragen sie ihre Porno-Konditionierung auf die Mädchenwelt. An der Stelle muss erwähnt werden, dass der Pornokonsum natürlich auch beim weiblichen Geschlecht längst Einzug gehalten hat.

Jungen Frauen wird dort das vermeintliche Idealbild der Pornoqueen eingepflanzt, dem sie dann, aus den unterschiedlichsten Antrieben heraus, möglichst entsprechen wollen. In unzähligen Zeitschriften werden nach wie vor Artikel wie »Der perfekte Blowjob« oder »Sieben Tipps für den ersten Analsex« angepriesen, um Frauen zur scheinbar perfekten Liebhaberin mutieren zu lassen. Dabei geht es nicht um die Frage: Will ich das so machen und tut mir das überhaupt gut?

Ich habe persönlich noch mit keiner Frau gesprochen, deren Traumvorstellung von Sex es ist, wie ein Karnickel stundenlang gerammelt zu werden. Dennoch ist dieses verrückte Ideal noch in vielen Männerköpfen vorhanden. Unabhängig davon, dass sie es selbst gar nicht wollen beziehungsweise durchhalten würden.

Jetzt könnte man wenigstens sagen, dass wir Männer doch dann befriedigt bei der Sache davonkommen. Aber nichts da, Männer sind genauso leidtragend in diesem ganzen Pornodilemma wie Frauen. Männer haben dadurch den Anspruch, der Performancekünstler und die Sexmaschine im Bett sein zu müssen. Sie sollen offenbar stets

»einsatzbereit« sein und jede Frau sicher in den Orgasmushimmel bringen. Die Realität ist jedoch bei den meisten Männern fernab von dieser Wahnvorstellung. Komplexe, Selbstvorwürfe und Minderwertigkeitsgefühle sind die Konsequenz. Männer erleben sich durch diese unrealistische Anspruchshaltung als zunehmend getrennt von ihrem Körper und somit von ihren eigentlichen körperlichen Bedürfnissen. Insbesondere der Penis verliert dabei zunehmend seine natürliche Feinfühligkeit und ursprüngliche Sensitivität. Ich habe mit Männern gearbeitet, die dann entweder zu schnell zur Sache kommen oder eben gar nicht mehr. Viele können sich dadurch nur noch mithilfe von Pornografie und Masturbation befriedigen. Wenigstens kurzfristig.

Pornos sind schließlich darauf ausgelegt, einen starken Reiz auszulösen. Und das sehen wir auch beim Sex. Es geht um schneller, härter, aufregender, und wir bemerken gar nicht, dass diese stetige Reizerhöhung uns eigentlich nur von unserer parallel zunehmenden Gefühls- und Empfindungstaubheit ablenken soll.

Pornos haben letztendlich so viel mit Sex zu tun wie eine Liebesromanze mit einer echten Partnerschaft. Aber genauso wie die ganzen Schnulzen unbewusst unser Beziehungsbild prägen, machen es auch die pornografischen Filme und Darstellungen. Und genau das müssen wir erkennen. Deswegen rate ich auch sehr davon ab, Pornofilme zu konsumieren. Schon gar nicht regelmäßig. Diese Bilder speichern wir im Unterbewusstsein ab, ob wir wollen oder nicht.

Sex ist nicht gleich Sex

Unsere Art Sex zu haben repräsentiert in gewisser Weise auch unsere Art zu leben. Wir verbringen unser Leben zum Großteil mit Plänen für die Zukunft oder mit Erinnerungen an die Vergangenheit. Diese Vorgehensweise hört beim Sex nicht auf, sie findet dort sogar wortwörtlich ihren Höhepunkt. Anstatt die liebevollen Berührungen, Zärtlichkeiten und feinen Körperempfindungen ganz präsent zu erleben, hängen die meisten in irgendwelchen Gedankenstrudeln fest oder fragen sich, wieso der Sex so unbefriedigend (geworden) ist. Oft ist es dann leichter, die Schuld beim Partner zu suchen oder sich auf die Suche nach der nächsten Reizerhöhung zu machen. Dabei braucht es einfach nur diese vollständige Präsenz, die den Sex mit der Person, die du liebst, erst wirklich erfüllend und lebendig machen kann. Es sollte unser Ideal werden, dabei so sehr im Hier und Jetzt zu sein wie möglich.

Stattdessen ist es zu unserem höchsten Sexideal geworden, dass der Orgasmus so intensiv und häufig wie möglich stattfinden muss. Darauf ist alles ausgerichtet. Wir erzeugen immer mehr und mehr Anspannung, bis sich das ganze Feuerwerk in ein paar kurzen Sekunden entlädt. Gibt es ein Ziel bei unseren sexuellen Handlungen, auf das wir hinarbeiten, hält dieses uns automatisch davon ab, in der Gegenwart präsent zu bleiben. So sind wir immer ausgerichtet auf etwas, das in der Zukunft liegt und können nur reduziert bis gar nicht wahrnehmen, was der jetzige Moment alles Wunderbares zu bieten hat.

Deshalb braucht es eine Veränderung in der Art, wie wir an das Leben und damit auch an den Sex herangehen. Dabei ist es sekundär, was wir tun. Viel wichtiger ist zunächst, wie wir es tun. Wenn du nur eine Sache aus diesem Kapitel mitnimmst, dann bitte die, dass du übst, bewusst und präsent in deinem Körper anwesend zu sein. Und das ganz besonders beim Sex. Nur diese kleine Fokusverschiebung kann bereits so vieles verändern. Natürlich soll das noch nicht alles zum Thema Sex gewesen sein.

Ich möchte mit dir über eine neue Art von Sex sprechen, die mein ganzes Liebesleben transformiert hat. Der sogenannte »Slow Sex«, auf Deutsch »Entspannter Sex«. Dieser Begriff wurde von Diana Richardson geprägt, die für mich zu den wahren Expertinnen gehört, wenn es um Sex geht, der nicht befriedigt, sondern erfüllt. Sie hält regelmäßig Kurse und Retreats ab, um Menschen dabei zu helfen, einen neuen und erfüllenden Weg in ihrer Sexualität zu entdecken.

Mein Leben hat sich sehr verändert, als ich vor einigen Jahren auf Slow Sex aufmerksam wurde. All der Performancedruck, all die Anspannung, die Sehnsucht nach Bestätigung und der Druck beim Sex waren für mich so allgegenwärtig und selbstverständlich, dass es mir nicht mal für eine Sekunde in den Sinn kam, dass es vielleicht auch einen anderen Weg geben könnte. Mir ist gar nicht aufgefallen, wie leer ich mich eigentlich während und nach dem Sex fühlte. Ständig war ich davon getrieben, dass es vielleicht mit einer anderen Partnerin noch besser sein könnte, dabei war meine Messlatte der Qualität immer an die Befriedigung meiner Partnerin geknüpft. Den meisten Frauen geht es andersherum genauso. Unser Fokus liegt meistens bei dem anderen, obwohl wir beim Sex eigentlich vollkommen bei uns selbst sein sollten. Ich rede hier nicht von egoistischem Sex und davon, dass man sich nimmt, was man glaubt zu wollen. Nein, es geht darum, dass die Nähe zum anderen durch die Nähe zu sich selbst entsteht.

Zurück zum Slow Sex. Slow Sex ist keine komplizierte Angelegenheit, die zwei Worte fassen eigentlich alles Wichtige zusammen. Es geht in erster Linie darum, das Tempo rauszunehmen. Damit meine ich, dass eine Rein-Raus-Bewegung minutenlang dauern darf oder ein Paar einfach ineinanderliegen darf, ohne sich überhaupt bewegen zu müssen. Durch diese Verlangsamung wird der Raum geschaffen, um bei sich und dem anderen ankommen und gemeinsam entspannen zu können. Gleichzeitig geht es darum, dass diese Art von Sex eben nicht mehr auf einen Orgasmus ausgerichtet ist, sondern auf das vollständige Erleben im jetzigen Moment. Also darauf, alle Körperempfindungen, Gefühle und tieferen Erfahrungen während der Vereinigung mit dem geliebten Menschen zu spüren, zu fühlen und zu erleben. Diana Richardson geht sogar so weit, dass sie und ihr Partner gar keinen Sex mehr mit Orgasmus haben. Es geht ihr dabei aber nicht darum, den Orgasmus abzuschaffen, sondern darum, unsere Abhängigkeit davon lösen. Es ist bei vielen Menschen eine regelrechte Orgasmus-Sucht vorhanden. Wir werden süchtig nach dem Hormoncocktail, der dabei immer wieder freigesetzt wird. Diese Abhängigkeit hält uns zum einen von tieferen sexuellen Erfahrungen ab, zum anderen spürt auch unser Partner, dass sein Körper gerade hauptsächlich als Mittel zum Zweck benutzt wird. Wo bleibt unter dieser Anspannung Raum für echte Nähe und körperliche Ekstase? Wir dürfen uns erlauben, den Orgasmus als eine bewusste Entscheidung anzusehen und nicht als etwas, das unbedingt und somit unter innerem Zwang stattfinden muss. Wenn wir es schaffen, uns vom Orgasmus zu lösen, lösen wir uns von diesem zukünftig zu erreichenden Ziel und können umso tiefer in das Jetzt eintauchen.

Kein Orgasmus mehr und ineinanderliegen, ohne sich zu bewegen? Ich kann verstehen, wenn das langweilig klingt. Zumindest auf den ersten Blick. Gerade wenn wir es zum ersten Mal probieren, bemerken wir sofort, wie unser ganzes System überfordert ist von diesem Reizentzug. Ohne viel Aktion sind wir plötzlich mit uns selbst und unserem Partner konfrontiert. Dann kommen all die unterdrückten Unruhen, Unsicherheiten, Ängste und anderen Gefühle ans Tageslicht, die wir durch den herkömmlichen Sex schön übertönen konnten. Wenn wir unsere Langeweile dabei mal genauer erforschen, dann handelt es sich vor allem um eine starke Unruhe, die wiederum den starken Impuls auslöst, sie sofort wieder wegkriegen zu wollen, indem wir beschäftigt bleiben. Du siehst, wir landen wieder an dem gleichen Punkt, wie schon an vielen Stellen in diesem Buch. Was uns beim vollständigen Erleben im Hier und Jetzt blockiert, das sind die Gefühle, die wir vermeiden.

Wenn wir uns aber auf diese neue Reise begeben, warten sexuelle Dimensionen auf uns, von denen wir bisher nicht mal geträumt haben. Ich kann dich nur zum Slow Sex bewegen, denn was da auf dich wartet, ist schwer mit Worten zu beschreiben. Es ermöglicht dir, tantrische

Orgasmen zu erleben, die nicht nur ein Abspritzen darstellen und nach ein paar Sekunden aus und vorbei sind. Ohne dass du etwas tust, nur indem du dich entspannst und dich dem anderen hingibst, beginnt dein Körper plötzlich zu vibrieren, zu beben, und man hat das Gefühl, wirklich miteinander zu verschmelzen. Erst dann beginnen wir, nicht mehr Sex zu haben, sondern wirklich Liebe zu machen.

Memo an dich!

Für eine erfüllte Sexualität in deiner Beziehung brauchst du keine neue ausgefallene Technik. Du musst bloß wirklich mit dir und deinem Körper im Kontakt sein. Das ebnet den Weg für die Entstehung einer lebendigen und aufregenden Intimität zwischen dir und deinem Partner.

Warum habe ich eigentlich Sex?

Bei Paaren, die häufig und regelmäßig Sex haben, geht man davon aus, dass eigentlich alles gut läuft. Das kann leider auch Quatsch sein. Häufiger Sex kann genauso ein »Alarmsignal« für eine Partnerschaft sein wie gar kein Sex. Denn beim Sex zählt auch wieder die Qualität und nicht die Quantität.

Zu mir ins Coaching kommen darum meistens Menschen, die entweder viel Sex oder keinen Sex mehr haben. Oder Frauen und Männer, die nicht mehr glücklich mit ihrem Sexleben sind oder es vielleicht niemals waren. Dabei stellen sie sich viele Fragen über das, was in ihrem Bett so vor sich geht. Die wenigsten stellen sich jedoch die Fragen »Warum habe ich eigentlich Sex?« beziehungsweise »Warum will ich gerade wirklich keinen Sex mehr mit meinem Partner?«.

Wir tun die meisten Dinge oft sehr unbewusst. Vieles läuft automatisiert ab, Hauptsache es läuft. Oft ist es auch praktisch, wenn nicht bei jedem Handgriff erst neu überlegt werden muss, wie man zum Beispiel seine Klamotten anziehen muss. Doch dieses mangelnde Bewusstsein ist an anderen Stellen dann oft, wie schon beschrieben, die Wurzel für die meisten Probleme im Leben, in der Partnerschaft und besonders auch in der Sexualität. Leicht bleiben wir an der Oberfläche hängen und nehmen nur wahr, dass wir keinen Sex mehr oder zu viel Sex wollen. Dass beides jedoch kein Zufall ist, das kommt uns leider nicht in den Sinn. Hinter jedem Tun steckt eine (un-)bewusste Intention, ein Antrieb. Diese Intention spürt auch unser Partner. Wir spüren, ob jemand wirklich mit uns Liebe machen möchte, weil er sich uns nah und verbunden fühlt oder uns damit bloß einen Gefallen tut. Ob er unseren Körper gerade nur dazu benutzen will, seine Lust zu befriedigen oder um sich von etwas anderem abzulenken. Dabei ist Sex eigentlich die körpergewordene Form, unserer Liebe Ausdruck zu verleihen, die sogar die Kraft hat, daraus neues Leben entstehen zu lassen. Sie kann uns in die höchste Ekstase, tiefste Verschmelzung und intensivste Erfahrung von Liebe bringen. Sex ist so viel mehr als die »schönste Nebenbeschäftigung der Welt«.

Es ist darum wichtig, im ersten Schritt zu erforschen, was uns selbst oder den Partner beim Thema Sex antreibt oder blockiert.

Stressabbau

Viele nutzen Sex als Ventil. Gerade Stress löst viel Unruhe, unangenehme Gefühle oder Spannungen im Körper aus. Bei Männern beobachte ich diesen Antrieb, sich über Sex Luft zu machen, noch häufiger als bei Frauen. Davon rate ich jedoch ganz stark ab. Denn zwar erlebt der Mann, zumindest temporär, eine Suggestion von Entspannung, die aber niemals die darunterliegende Anspannung wirklich auflöst. Deswegen ist es nur eine Frage der Zeit, bis sie wieder zurückkehrt. Noch schlimmer ist jedoch, dass der Mann seine innere Unruhe dabei energetisch auf die Frau überträgt. Dieses Phänomen habe ich schon selbst erlebt, und es wurde mir fast von jeder Frau, mit der ich gearbeitet habe, bestätigt. Sie fühlen sich dann nach dem Sex eher leer und innerlich unwohl, als dass ihnen der Sex gutgetan hätte.

Sex ist eben nicht nur ein Austausch von Körperflüssigkeiten und Reibungen, sondern besonders auch ein energetischer Austausch. Das ist mit ein Grund, warum einer der beiden Partner früher oder später den Sex verweigert oder schlichtweg keine Lust mehr darauf hat. Man spürt, dass es einem so nicht mehr guttut.

Sex nach dem Streit

»Kein Sex ist besser als der nach einem Streit.« Das hat mir mal eine Klientin berichtet. Auch das wirst du schon mal erlebt haben, dass man gerade nach einem Streit plötzlich eine größere sexuelle Anziehung fühlen kann. Dieser Sex-Motivator begegnet mir häufig in Partnerschaften, die von sehr viel Drama geprägt sind. Sie streiten sich zwar ständig, aber im Bett läuft es dennoch super. Viele Menschen nutzen Streit und Sex dann wie eine Art Ersatzbindemittel, um sich über eine fehlende Aufmerksamkeit und emotionale Verbindung hinwegzutrösten.

Dasselbe Phänomen beobachte ich auch bei überschwänglichen Berichten darüber, sich gerade beim Sex endlich einmal wirklich fallen lassen zu können und sich dabei richtig zu spüren und den Moment zu erleben. Hiermit tröstet man sich dann über die fehlende Präsenz und Lebendigkeit im restlichen Leben hinweg. Auch in diesen beiden Fällen hat Sex wenig mit Liebemachen zu tun, sondern ist das Produkt unserer Gefühlsunterdrückung. Wir setzen uns nicht damit auseinander, warum wir die überwiegende Zeit eine Distanz zueinander oder uns selbst gegenüber wahrnehmen, sondern flüchten in den Sex, um zumindest zeitweise den Schein von Nähe und Verbundenheit herzustellen.

Sehnsucht nach Nähe

Jeder von uns trägt eine starke Sehnsucht nach Nähe, Intimität und Liebe in sich. Das ist Teil unseres Menschseins. Leider fällt es uns jedoch nicht immer leicht, diese Nähe ganz frei zu geben oder zuzulassen, uns also dem anderen offen und verletzlich zu zeigen. Unsere Traumata, Grundüberzeugungen und die daraus entstandene Bindungsangst blockieren uns genau davor, wenn wir nicht richtig daran gearbeitet haben. Wir bauen dann eine Art Schutzmauer auf, hinter der wir uns gegenüber anderen Menschen verschanzen.

Dadurch entsteht ein weiterer Sex-Motivator. Wir haben Sex, um irgendeine Form von Nähe zu erleben. Da wir nicht wissen, wie wir, bildlich gesprochen, Nähe im Herzen zulassen, versuchen wir es wenigstens körperlich. Aber ist unser Herz beim Sex verschlossen, fühlen wir uns danach nur noch leerer als zuvor.

Bestätigung des Egos

Ein weiterer Antreiber beim Sex ist der Wunsch nach Bestätigung und das Aufpolieren unseres Selbstwertgefühls. In unserem Kopf sind dank Pornos und Co. konditionierte Selbstbilder von einem perfekten Liebhaber oder einer perfekten Liebhaberin abgespeichert, denen wir glauben, entsprechen zu müssen. Statt im Kontakt mit unserem Körper und unseren Bedürfnissen zu sein, haben wir Sex aus einem *»Ich sollte«*-Antrieb. Auch hier begegnen uns wieder die Grundüberzeugungen, die wir in diesem Fall mit Sex verbinden. Bleibt der Sex dann mal aus in der Partnerschaft, wollen wir umso mehr mit dem anderen schlafen. Es kommen dann nämlich genau diese Gefühle von Verlustangst oder die Grundüberzeugung »nicht auszureichen« in uns hoch. Dann geht es beim Sex nur darum, vor diesen Themen zu flüchten. Oder wir haben Sex, obwohl wir uns gar nicht danach fühlen, weil wir die Überzeugung in uns tragen, dass wir perfekte Partner sind, die möglichst alle Bedürfnisse des anderen befriedigen. Auch dahinter steckt nur diese Angst vor Ablehnung und Liebesentzug, wenn wir zu unseren wirklichen Bedürfnissen stehen würden. Durchschauen wir das nicht, werden wir dadurch nur stärker von uns abgespalten und bleiben innerlich immer leerer zurück.

Das Gefühl, wie es dir bei und nach dem Sex geht, ist einer der besten Indikatoren, ob dir das Ganze gerade guttut oder eher schadet. Achte dabei besonders auf den Unterschied zu den bereits bekannten »Second Hand«-Gefühlen, die nur durch die anschließenden Gedanken über deine Performance, deine Liebhaberqualitäten, deine ausgefallene Art Sex zu haben usw. in deinem Kopf selbst erzeugt werden. Also nimm dir beim nächsten Mal einen Moment, und fühle ehrlich in dich und besonders in deinen Körper hinein. Fühlst du dich genährt, erfüllt und gestärkt, also voller Energie? Oder erlebst du eher Gefühle von Ausgelaugtsein, Unruhe und Unausgeglichenheit?

Sex nur im Kopf

Pornos, Sexspielzeug und Rollenspiele – diese Stichworte finden wir als Tipps, wenn wir Artikel à la »Wie wieder Schwung ins Bett kommt« lesen. All diese kleinen Unterstützer dienen weniger dazu, Schwung ins Bett zu bekommen, als Schwung in den Kopf zu kriegen. Das ist auch ein Produkt unserer Pornokonditionierung. Wir erleben Erregung in erster Linie über unseren Kopf durch irgendwelche Bilder und Fantasien. Dabei verlernen wir, dass Sex keine Kopfsache ist, sondern Körpersache. Je mehr wir jedoch in Fantasievorstellungen hängen, desto schwerer fällt es uns, präsent in unserem Körper und auch präsent bei unserem Gegenüber zu sein.

Der Sex in Beziehungen nimmt mit der Zeit nicht ab, weil er einfach langweilig geworden ist. Er nimmt ab, weil die Paare oftmals nur Sex im Kopf hatten. Sie waren nicht zwei Liebende, die sich in ihrer Echtheit und Verletzlichkeit in ihrer Seele berührt haben. Wenn Sex über die Erregung im Kopf stattfindet, ist es nachvollziehbar, dass er irgendwann ausbleibt. Unser Gehirn adaptiert nämlich an jegliche Reize. Das, was einst aufregend war, wird bald schon in die Schublade »Kenn ich schon« eingeordnet. Dabei sind die große Lust auf Sex und eine vorausgehende Erregung nicht nur sekundär, sondern nicht einmal notwendig, um Liebe zu machen. Das versucht uns nur die Pornoindustrie weiszumachen, indem sich die Darsteller jedes Mal vor Lust die Kleider vom Leib reißen. Es geht beim Entstehen von Sex jedoch nicht darum, erst eine regelrechte Geilheit entwickeln zu müssen, sondern vielmehr um das aufrichtige Bedürfnis, dem anderen nahe sein zu wollen, und den Wunsch, durch unseren Körper diese Nähe zu vertiefen. Gleichzeitig führt eine extreme Lust in uns auch wieder zur Jagd nach dem Orgasmus und reißt uns aus der Präsenz heraus.

Es ist so wichtig, uns selbst immer wieder ehrlich zu erforschen und zu entdecken, was wir gerade wollen, und was wir uns davon eigentlich erhoffen. Deswegen sollten wir nicht auf den Tag warten, wo die Frage lautet: »Warum haben wir keinen Sex mehr?«, sondern jedes Mal neu ergründen: »Warum will ich gerade Sex?«, »Was soll mir der Sex gerade geben?«.

Wie aus Sexmuffeln wieder Betthäschen werden

Wer glaubt, dass eher die Frauen dem Sexleben ein Ende setzen, sollte sich einmal aktuelle Statistiken dazu ansehen. Die Zahlen von Männern und Frauen geben sich da nicht viel. Es gibt nämlich bei beiden Geschlechtern fast gleich viele Sexmuffel.

Sex ist für eine Beziehung nicht einfach eine nette Nebensache, er ist sehr wichtig. Es ist die Verkörperung unserer emotionalen Liebe und so kraftvoll, um die Verbindung zwischen zwei Menschen zu intensivieren. Körperliche Berührung und Zärtlichkeit sind außerdem für die Entwicklung des Menschen überlebenswichtig. Das weißt du auch noch aus dem Experiment von Kaiser Friedrich II., von dem ich dir im Traumakapitel (siehe Seite 94) erzählt habe.

Körperliche Nähe zu anderen tut uns nicht nur gut, für heranwachsende Lebewesen ist sie sogar so essenziell wie die Luft zum Atmen. Deswegen kann ich dir auch sehr ans Herz legen, dich mit deiner oder der Sexabstinenz deines Partners auseinanderzusetzen. Denn selbst wenn es jetzt dabei nicht mehr ums Überleben geht, geht es immerhin um die unglaubliche Fülle an tieferen Erfahrungen, die du im zwischenmenschlichen Miteinander deiner Beziehung erleben kannst.

Zuerst sollte uns bewusst werden, dass wir also keine »Lust« brauchen, um Sex zu haben. Extreme Geilheit und sexuelle Gier sind sogar nicht mal wünschenswert, denn sie sind eher ein Anzeichen für Getriebenheit und starke Anspannung in unserem Körper und Geist. Wir sollten nicht geil, sondern lieber entspannt sein beim Sex. Über Entspannung, und wie wir sie erreichen, habe ich ja schon Einiges geschrieben. Gerade die Entspannung beim Sex bedarf der Ehrlichkeit zwischen beiden Partnern. Wir müssen aufhören, mitzumachen, was uns nicht guttut und beginnen, das zu kommunizieren, wonach wir uns sehnen. Gibt es immer noch unausgesprochene Dinge zwischen euch beiden, dann ist es kein Wunder, wenn Entspannung ausbleibt. Damit wir uns entspannen können, müssen wir uns und unseren Körper besser kennenlernen.

Auf den vorherigen Seiten habe ich über die häufigsten Antreiber beim Sex gesprochen. Genau diese Beweggründe sind oft auch zugleich eine der Ursachen dafür, dass in einer Beziehung irgendwann der Sex ausbleibt. Sex allein wird weder unser Selbstwertgefühl wiederherstellen oder wirkliche Nähe zwischen dir und deinem Partner erzeugen noch endlich die innere Anspannung und Unruhe beenden. Diese Erkenntnis erleben wir ganz stark, wenn wir mit einem Menschen in einer Beziehung sind. Der Wechsel von Sexualpartnern kann diesen

Erkenntnisprozess nur etwas in die Länge ziehen. Dennoch kommen wir immer wieder am gleichen Punkt an. Wir spüren, dass es nicht das ist, wonach wir uns sehnen. Dann glauben wir schnell, dass mit uns, dem anderen oder unserem Sex etwas nicht stimmt. Uns fehlen die Informationen, um zu erkennen, was wir anders machen können. Also lassen wir es bleiben mit dem Sex. Dabei ist es so wichtig, den weiblichen und männlichen Körper zu verstehen. Deswegen gehe ich darauf in den nächsten Kapiteln ein.

Frauenkörper ticken anders

Frauenkörper ticken anders als Männerkörper. Wenn ich Frauen das genauer erkläre, dann atmen die meisten erst einmal tief auf. Frauenkörper brauchen deutlich länger, um sich auf Sex einzustimmen, als es für Männer oft nachvollziehbar ist. Sex war auch in den vergangenen Jahrtausenden im Großen und Ganzen Männersache. Frauen wurden häufig übergangen, missbraucht und nicht respekt- oder liebevoll behandelt. Aktuell leben wir in den ersten Jahrzehnten, in der die Selbstbestimmung der Frauen und ihre gleichberechtigte Position endlich ein zentraler Aspekt unseres Zusammenlebens geworden sind. Auch beim Sex. Dennoch ist diese alte Konditionierung und Kategorisierung nach wie vor gegenwärtig.

Liebe Frauen, hört auf euren Körper, und lasst euch nicht mehr übergehen. Nehmt euch die Zeit, die ihr braucht. Das ist mein Appell an das weibliche Geschlecht. Mittlerweile machen meine Partnerin und ich es sogar so, dass sie immer festlegt, wann wir mit dem Sex beginnen. Nicht weil ich ihr alles recht machen will, sondern weil auch ich gemerkt habe, dass der Frauenkörper noch sensibler und weiser ist, was den richtigen Zeitpunkt betrifft. Um das wirklich wahrnehmen zu können, müssen Frauen im Kontakt mit ihrem Körper sein. Sie müssen wieder lernen, ihn auch von innen wahrzunehmen. Dazu hilft die einfache Übung, die ich zu Beginn des Buchs (siehe Seite 55 ff.) beschrieben habe. Diese Übung können beide vor dem Sex machen. Man schließt dazu seine Augen und führt eine Art Bodyscann durch. Dabei nimmt man wahr, wo der Körper sich gelöster und wo er sich angespannter anfühlt. An den angespannten Stellen kann man dann mit dem Bewusstsein länger verweilen und sie ganz ohne irgendeine Absicht einfach wahrnehmen. Man kann hineinspüren, hineinschmelzen und dann zur nächsten Stelle weitergehen. Das ist eine vereinfachte Form der »Schmelzatem«-Übung (siehe Seite 63).

Der andere Punkt, den wir beim weiblichen Körper verstehen müssen, ist, wie er sich für den Sex öffnet. Normalerweise stehen die Vagina und die Klitoris dabei im Fokus. Es sind jedoch die Brüste, über die die Frau sich entspannen und öffnen kann. Das bedeutet nicht, dass wir Männer jetzt mit einem wilden Brüstekneten loslegen sollen. Es geht um ein bewusstes Halten oder sanftes Streicheln der Brust, gleichzeitig kann die Frau dabei mit ihrer Aufmerksamkeit in ihrer Brust verweilen. Es geht nicht um einen intensiven Reiz. Die bewusste Frau will im Herzen und in der Seele von einem bewussten Mann berührt werden. Auch Massagen und gegenseitiges sanftes Streicheln des ganzen Körpers öffnen beide Partner für eine bewusste, sexuelle Begegnung.

Männer und ihre Lust

Für Männer ist es die größte Herausforderung, sich zuerst einmal von all den fremd- und selbstauferlegten als männlich erachteten Rollenbildern beim Sex zu lösen. Frauen wünschen sich bewusste Männer, die im Kontakt mit ihrem Körper, ihren Gefühlen und dem jetzigen Moment sind und sich nicht hinter irgendwelchen Performances verstecken. Männer, die den Mut haben, sich der Frau und dem Sex komplett hinzugeben, mit aller Verletzlichkeit und Unsicherheit.

Der nächste Punkt ist die Gier beim Sex, die in vielen Männern steckt. Eine Gier nach Befriedigung und Ejakulation. Wahre Männlichkeit kann ein Mann aber nur dann entdecken, wenn er präsent, bewusst und mit seinem Körper vertraut und verbunden ist. Ich gebe deswegen Männern den Rat, sich frei zu machen von der Jagd nach dem Orgasmus. Es ist traurig, wenn wir bedenken, was für ein Suchtverhalten da oft in uns steckt. Wenn wir auch mal probieren, Sex zu haben ohne Orgasmus, bemerken wir, wie stark dieser Trieb in uns ist. Machst du in dem Moment wirklich, was du willst, oder bist du doch nur der Getriebene, die Marionette? Bitte kommt mir jetzt an der Stelle nicht mit Evolutionsargumenten wie »Männer sind auf Fortpflanzung ausgerichtet« und so weiter. Das wäre jetzt eine große Debatte, die man hier anführen könnte, aber meine ganz persönliche Überzeugung ist, dass wir durch die Entwicklung unseres Bewusstseins ruhig anfangen dürfen, unsere »Instinkte« zu hinterfragen und ihnen nicht blind oder unreflektiert nachzulaufen. Sie zu hinterfragen ist nämlich etwas deutlich anderes, als sie zu unterdrücken. Aus eigener Erfahrung kann ich nur bestätigen, dass der Wunsch nach einem Orgasmus meistens nicht nur der Sehnsucht entspringt, sich fortzupflanzen, sondern andere Hintergründe hat, wie bereits geschrieben.

Es muss in das Herz von uns Männern gelangen, dass es etwas unfassbar Besonderes ist, dass eine Frau uns das Vertrauen schenkt, uns in ihren Körper einzuladen, und das sollte auch mit der nötigen Dankbarkeit und Ehrfurcht geschehen.

Männer stehen beim Liebemachen vor einem Dilemma. Sie wurden über Jahrtausende hin zur Trennung von ihrem Herzen und ihren Gefühlen konditioniert. So viele Männer wissen nicht, was es bedeutet, wirklich zu fühlen. Man muss sich dessen erst einmal richtig bewusst werden, um die tatsächlich traurigen Auswirkungen erkennen zu können. Denn dadurch entsteht auch der ungesunde Drang nach Sex, um das zu kompensieren. Deswegen, liebe Männer, wird es Zeit, dass wir wieder Zugang zu unseren Gefühlen und so zu unserem Herzen bekommen.

Memo an dich!

Sex ist etwas unfassbar Besonderes und nichts Geringeres als die körpergewordene Form der Liebe. Darum sollte diese wunderbare Verbindung zwischen zwei Menschen mit der notwendigen Dankbarkeit, Achtsamkeit und Wertschätzung dem anderen und sich selbst gegenüber geschehen.

Eine kleine Anleitung zum Liebemachen

Nein, ich erzähle dir jetzt nicht noch mal alles von den Bienchen und den Blümchen. Ich habe dir hier stattdessen die wichtigsten Tipps zusammengestellt, die euren Sex erfüllender machen können und euch auch körperlich wieder näher kommen lassen.

Nehmt euch genügend Zeit

Ein schneller Quickie zwischen Zähneputzen und dem ersten Kaffee lässt wenig Raum für Entspannung. Zeit ist ein sehr wichtiger Faktor, um sich zurückzulehnen, entspannen und dem anderen öffnen zu können. Diana Richardson empfiehlt in ihren Büchern, sich sogar am besten drei bis vier Stunden Zeit für das Liebemachen zu nehmen. Auch hier geht es wieder um die Qualität, nicht um den ersten Preis beim Schnellbegatten. Ich möchte euch ermutigen, euch bewusst Zeit zu nehmen und den Sex nicht als Zufallsprodukt zu betrachten. Es kann sehr viel Druck aus eurem Sexleben nehmen, wenn ihr ein- bis zwei-mal pro Woche bewusst feste Dates zum Liebemachen vereinbart und wenigstens eine Stunde dafür einplant.

Erst mal ankommen

Bevor ihr in Kontakt miteinander geht, nehmt euch einige Minuten, um wirklich bei euch selbst anzukommen. In dieser Zeit mit dir kannst du auch erforschen, was du fühlst und was gerade in dir geschieht, sodass die gröbsten oberflächlichen Anspannungen und Ablenkungen abfallen können. Allein schon die Wahrnehmung, wie dein Atem in deinen Körper ein- und ausfließt, bringt dich wieder in Verbindung mit dir selbst und in den gegenwärtigen Moment.

Berührt euch sanft

Unsere Berührungen beim Sex sind meistens ausgerichtet auf ein Ziel. Nämlich, den Partner zu erregen. Darum sollte es nicht gehen, weil eben diese Ausrichtung auf ein Ziel dich aus der Präsenz und dem gegenwärtigen Moment reißt.

Versuche, bei der Berührung innerlich bei dir zu bleiben und dich darauf zu konzentrieren, wie sich zum Beispiel die verschiedenen Körperpartien des anderen anfühlen. Genauso andersherum, wenn du berührt wirst. Spüre, was es mit dir macht, was es in dir auslöst, absichtslos gestreichelt zu werden, ohne dir nebenbei schon Gedanken darüber zu machen, wie es wohl gleich weitergehen wird. Versucht auch erst mal, euch abwechselnd zu streicheln, sodass einer der Gebende und der andere der Empfangende ist. Gerade das Empfangen kann sehr herausfordernd für uns sein, weil wir uns wirklich hingeben müssen, was der Bindungsangst des einen oder anderen sehr widerstreben kann.

Schaut euch in die Augen

Normalerweise erleben wir Sex häufig im Dunkeln oder mit geschlossenen Augen. Das kann natürlich auch helfen, bei sich zu bleiben, aber meistens driften wir dann auch schnell ab und verlieren den Kontakt zueinander. Sich wirklich in die Augen zu schauen, kann helfen, in Verbindung zu bleiben. Ich empfehle euch auch, dass ihr euch erst mal eine Zeitlang in die Augen schaut, bevor ihr überhaupt wirklich körperlich in Kontakt geht. Das kann euch wunderbar auf den Sex vorbereiten. Auch diese Übung habe ich weiter vorn näher beschrieben (siehe Seite 164).

Slow Sex Kissing

Versucht, euch mal zu küssen, indem ihr nur mit den Lippen in Kontakt bleibt, ohne Bewegung oder irgendwelche Zungenakrobatik. Nehmt wahr, was diese Berührung eurer Lippen mit euch macht. Danach könnt ihr auch sanfte Bewegungen in das Küssen bringen. Achtet darauf, auch hier wieder präsent jede Berührung zu erleben, jede Sinneswahrnehmung zu erfassen und vor allem: Lasst euch Zeit.

Das Slow Sex Kamasutra

Für die Stellung beim Slow Sex gilt auch nur eine Regel. Es sollte für beide Partner so bequem und entspannt wie möglich sein. Da eignen sich die Missionarsstellung, Löffelchen und die Scherenstellung am besten. Auch sehr schön ist es, wenn die Frau flach auf dem Bauch liegt und ihr Partner sich vorsichtig auf sie legt und aus dieser Position in sie gleitet. Erlaubt euch auch, die Stellung so lange zu korrigieren und es euch mit Kissen bequem zu machen, bis ihr das Gefühl habt, länger in dieser Position verweilen zu können.

Aufmerksamkeit in Yoni und Lingam

Yoni und Lingam sind schönere Synonyme für Vagina und Penis. An den Begriffen müssen wir in der deutschen Sprache noch mal nacharbeiten. Du kannst dein Geschlechtsorgan natürlich nennen, wie du magst. Essenziell ist, dass du damit in Kontakt und verbunden bist. Dabei hilft es, beim Sex mit der Aufmerksamkeit seinen Penis in voller Länge wahrzunehmen und sich nicht nur auf die Penisspitze zu konzentrieren. Genauso ist es mit der Vagina. Indem wir unsere Aufmerksamkeit auf Yoni und Lingam richten, erhöht sich automatisch auch unsere Sensitivität, und wir merken, wie intensiv sich schon kleinste Bewegungen anfühlen können. Am Anfang registrieren wir dann oft erst, wie taub unsere Geschlechtsteile geworden sind und wie schwer es uns fällt, an diesen Körperteilen wirklich ganz bewusst etwas zu spüren. Es ist spannend und wichtig, wahrzunehmen, was diese Erkenntnis in einem auslöst und dem Raum zu geben. Je häufiger wir üben, mit der Aufmerksamkeit bewusst an diesen Stellen zu sein, desto schneller kommt die Empfindsamkeit wieder zurück.

Der wahre »Dirty Talk«

Tausch dich mit deinem Partner aus. Erzählt euch, was in euch geschieht. Gerade das Thema Sex ist immer noch sehr schambesetzt, und wir haben nie gelernt, offen darüber zu sprechen, besonders nicht über unsere Ängste und Unsicherheiten. Wenn ihr einen solchen neuen Weg in der Liebe ausprobiert, wie den, über den ich hier schreibe, dann wird das nicht automatisch und reibungslos geschehen. Deswegen müssen wir dazu bereit sein, uns mit all den Sachen auseinanderzusetzen, die wir durch die bisherige Art, Sex zu haben oder dessen Vermeidung ferngehalten haben.

Eine offene und ehrliche Kommunikation wirkt Wunder. Über diese Art, zu kommunizieren, habe ich bereits im Kapitel »Nichts als die Wahrheit« (siehe Seite 142 ff.) geschrieben. Ihr könnt die Kommunikation auch dazu nutzen, um miteinander zu teilen, welche Erfahrungen ihr beim Sex macht. Was ihr gerade in eurem Körper erlebt, was sich schön anfühlt, oder wo ihr euch noch taub fühlt. Genauso besprecht miteinander, welche Berührungen euch guttun und welche weniger.

Sag dem Orgasmus ade

Der neue Sex dient nicht dazu, den Orgasmus zu intensivieren, auch wenn das ein Nebeneffekt davon sein kann. Das will ich hier noch mal betonen. Er soll euch unterstützen, wieder bei euch anzukommen, euch selbst nahe zu sein und wirkliche Nähe und Verbundenheit mit eurem Partner zu erleben. Natürlich könnt ihr so viele Orgasmen haben, wie ihr wollt. Aber lasst es eine bewusste Entscheidung sein und nicht das höchste Ziel eures Sexlebens. Steigert also nicht einfach immer weiter die Intensität, bis ihr zum Höhepunkt kommt, sondern versucht, in einem niedrigen Erregungszustand zu verweilen. Das kriegt ihr automatisch hin, wenn ihr mal einen Gang runterschaltet und »slow« macht. Diese bewusste Entscheidung stellt dann ein bewusstes Erhöhen der Intensität dar und nicht mehr eine unbewusst gesteuerte Bedürfnisbefriedigung.

Memo an dich!

Am Ende zählt in erster Linie nicht, *was* ihr macht, sondern *wie* ihr es macht. Sex wächst dann weit über reine Bedürfnisbefriedigung und Lust hinaus. Er wird zur intensivsten und tiefsten Verschmelzung zweier Menschen. Dann erlebst du, dass Sex eben nicht nur zum Kindermachen da ist, sondern zum Liebemachen.

»Ja, aber mein Partner ...« – wie du das Wissen an den Mann oder die Frau bringst

Vielleicht hat sich beim Lesen dieses Buchs immer mal wieder eine Stimme in dir zu Wort gemeldet und gesagt: *»Da ist etwas dran. Ich sehe das ja alles ein, aber mein Partner macht da bestimmt nicht mit.«* Auch mit dieser Herausforderung lasse ich dich nicht allein stehen. Lass uns das gemeinsam angehen.

»Deine Beziehung und dein Partner sind ein Spiegelbild deiner Selbst.« – Das ist der Glückskeksspruch, den ich in diversen Abwandlungen in diesem Buch am liebsten zitiere. Er beantwortet auch schon die Frage. Eine Veränderung, die in dir stattfindet, hat Auswirkungen auf deinen Partner. Das meine ich jetzt nicht als eine Esoterik-Theorie, an die man einfach nur ganz fest glauben muss, sondern ganz logisch. Nehmen wir also mal an, dass du im Kapitel zur Selbsterkenntnis (siehe Seite 66 ff.) aufgedeckt hast, dass du dich immer angepasst hast, um Liebe zu bekommen und nicht abgelehnt zu werden. Daraufhin triffst du die Entscheidung, ab jetzt authentisch sein zu wollen und für dich einzustehen. Beim nächsten Mal, wenn dein Partner dich nicht respektvoll behandelt, wirst du das nicht wieder runterschlucken, sondern offen zeigen, was das Verhalten des anderen in dir auslöst und dem anderen ehrlich mitteilen, was du dir wirklich wünschst. Das kann bewirken, dass durch deine veränderte Reaktion dein Partner auf einmal mit seinem gewohnten Verhalten konfrontiert wird und dieses daraufhin überdenkt. Er wird sich keinesfalls wie immer verhalten können, wenn deine Reaktion eine neue, andere ist.

Wir arbeiten unbewusst permanent mit Manipulationstechniken, ob wir jetzt der laute Choleriker oder das gehorsame Mäuschen in der Beziehung sind. Hinter allem steckt eine gewisse Strategie des Unterbewusstseins, die sich irgendwann als die beste oder sicherste bewährt hat. Je mehr du zu deinem wirklichen Selbst zurückfindest, desto echter und freier agierst du und desto weniger wirst du andere manipulieren. Genauso wenig wirst du dich weiter von anderen steuern lassen. Das bewirkt langfristig, dass auch die Menschen in deinem Umfeld sich mit sich selbst und ihrer Authentizität auseinandersetzen müssen, wenn eure Verbindung bestehen bleiben soll.

Einstein hat etwas sehr Schönes über die Kindererziehung gesagt: »Es gibt keine andere vernünftige Erziehung, als Vorbild sein.« Ich will eure Beziehung natürlich nicht mit Kindererziehung vergleichen, dennoch passt der Gedanke hier sehr gut. Du bewirkst keine Veränderung beim anderen, indem du ihm oder ihr das nächste Beziehungsbuch auf den Nachttisch legst mit dem Satz: »Lies doch mal.« Am meisten wirst du erreichen, wenn deine innere Veränderung auch nach außen sichtbar und spürbar wird. Wirst du innerlich zufriedener, ausgeglichener und mehr in deiner Mitte sein, dann entsteht eine Neugier beim anderen, wie du das geschafft hast. Also sei du selbst, sei ein authentisches Vorbild! Wenn du dich bewegst, bewegt sich etwas.

Hinter dieser großen Sorge, dass der Partner nicht an der Beziehung arbeiten will, steckt oft eine Angst. Nämlich die Angst, dass man es nicht aushält, ohne den anderen zu sein. Oder vielleicht auch die Sorge, nie jemand Besseren finden zu werden.

Gleichzeitig wird der Partner vorgeschoben, um die Sackgasse, in der man in der Beziehung steckt, zu rechtfertigen. Aber dadurch bringst du dich in eine Position der Machtlosigkeit, als ob du der Willkür des anderen ausgeliefert bist. Das stimmt aber nicht. Denn selbst wenn dein Partner all das nicht mitmacht und sich kein bisschen verändert, hast du trotzdem die Entscheidungsfreiheit, ob du in dieser Partnerschaft bleibst. Vergiss das niemals, du verlierst nie deine Selbstwirksamkeit.

In jeder Beziehung kommt der Punkt, wo wir loslassen müssen. Auch den Partner. Das bedeutet nicht immer gleich, sich zu trennen, es ist mehr ein innerer Prozess. Im Festhalten stecken Ängste und der Wunsch nach Sicherheit und Kontrolle. Dabei musst du genau genommen nur das endlich loslassen, was du ohnehin niemals wirklich besessen hast oder jemals besitzen können wirst. Den Fokus in einer Beziehung ständig auf den anderen zu legen kann eine Ablenkung von dir selbst sein. Also hör auf, den anderen zu analysieren, zu therapieren und auf ihn oder sie zu warten, und fang stattdessen bei dir an.

Das, was ich hier schreibe, klingt leichter gesagt als getan? Es ist mir bewusst, dass es unfassbar herausfordernd sein kann. Loslassen fühlt sich im ersten Moment oft schwerer an als festhalten. Aber dann weißt du auch, warum die wenigsten Menschen eine erfüllte Beziehung leben. Sie sind nicht bereit, beide Seiten der Medaille in Kauf zu nehmen, sie stecken fest in ihren alten Mustern. Es erfordert so viel Mut und Entschlossenheit, sich seinen eigenen Widerständen und all der Abwehr endlich anzunehmen. Denn das Alte und Gewohnte ist auch immer das Sichere. Aber du hast dieses eine Leben geschenkt bekommen, um es zu leben und nicht nur, um die ganze Zeit irgendwie im sicheren Hafen rumzukriegen.

Für viele steckt in der Beziehung auch die Suche nach dem Gefühl, endlich ganz zu sein. Und sie erhoffen sich diesen Zustand durch eine Partnerschaft. Leider erwartet uns dann jedoch eine große Enttäuschung. Eine Beziehung mag diesem Zustand des Ganzseins zwar sehr nahekommen, aber sie ist und bleibt nur ein Vorgeschmack. Darum können wir auch in der besten Beziehung immer noch das Gefühl haben, dass etwas fehlt. Und das ist gut so. Denn die Suche nach dem Ganzsein muss sich nach innen richten, sie kann niemals im Außen abgeschlossen werden. Diesen Zustand können wir nur in uns finden, wenn wir unser wirkliches Selbst in der Tiefe entdecken. Nicht in unserem Partner oder der Bindung zu ihm. Und ich verspreche dir eins, die Suche lohnt sich.

Memo an dich!

In jeder Beziehung kommt der Punkt, an dem du loslassen musst. Also hör auf, den anderen zu analysieren, zu therapieren und auf seine oder ihre Veränderung zu warten. Die (Er-) Lösung, die du suchst, liegt immer schon in dir.

Das Ende

Wenn du dich jetzt an diesem Punkt im Buch befindest, nähert sich vielleicht bereits das Ende deines Singledaseins oder das Ende einer Beziehung, das schon längst überfällig war. Das Ende deiner Einsamkeit oder das Ende der Reise zu einem anderen und gleichzeitig die Rückkehr zu dir selbst. Ich kann nicht wissen, welches Ende in deinem Leben durch dieses Buch entstehen darf und welcher Anfang. Das Leben hält so vieles für uns bereit, wenn wir zurücktreten und uns dafür öffnen. Denn jedes Ende gibt erst den Raum frei für Neues.

Das hier ist zunächst auf jeden Fall das Ende dieses Buchs. Ein Buch, das mich zwei Jahre meines Lebens eng begleitet und vor große Herausforderungen gestellt hat. In diesem Buch stecken meine Tränen, mein Lachen, mein Schmerz, meine Freude, meine Erfahrungen und mein Wissen.

Ich hoffe so sehr, dass es viele Beziehungen und Menschen zum Aufblühen bringen wird und die Leserinnen und Leser wieder an die Liebe erinnert. An diesem Punkt gestehe ich auch ein, dass ich nicht alles an einer Beziehung erklären kann. Wir können erforschen, analysieren, verstehen und daran arbeiten. Dennoch bleibt ein Tropfen übrig, der sich nicht erklären lässt. Beziehungen sind nämlich nicht nur eine Abfolge von vorhersehbaren, psychologischen Phänomenen. In der Begegnung zwischen zwei Menschen gibt es immer noch diesen Tropfen Magie, der ebenfalls dazu beiträgt, ob eine Anziehung bestehen bleibt oder verpufft.

Das Leben und unsere Beziehungen sind ein permanentes Loslassen und Heilen, doch wo uns diese Reise am Ende hinbringt, das wissen wir nicht. Mein persönliches Ziel in meiner Beziehung ist es nicht, diese auf Biegen und Brechen zu halten. Es geht mir jeden Tag nur darum, zusammen unserem wirklichen Kern näherzukommen und dabei so authentisch und liebevoll miteinander zu sein, wie es zu dem jeweiligen Zeitpunkt möglich ist. Was sich daraus entwickelt, davon lasse ich mich überraschen. Wir können nur loslassen, wenn wir mehr und mehr die Kontrolle aufgeben über das, was geschieht. Und das geht nur, wenn wir uns unseren Ängsten stellen, die das mit sich bringt. Darunter warten echte Freiheit, ein innerer Frieden und die Erfahrung, ganz zu sein. Die Liebe und Glückseligkeit können wir letztendlich nur in uns finden, vergesst das bitte nie. Eine Beziehung ist nicht das, was dich glücklich macht oder erfüllt. Erfüllung ist das Ergebnis eines allumfassenden Prozesses, der automatisch entsteht, je näher wir uns selbst kommen.

Aus meiner Erfahrung im Leben und in der Arbeit mit anderen Menschen kann ich dir sagen, dass wir dabei niemals an ein Ende kommen werden. Es kommt nicht der Tag, wo die Beziehung endlich für immer perfekt läuft. Das Leben und besonders unsere Partnerschaften sind permanente Geburtsprozesse, wo wir uns immer wieder von Altem lösen müssen, damit Neues auf die Welt kommt. Gleichzeitig garantiere ich dir, dass eine nahe und lebendige Partnerschaft die schnellste Abkürzung zurück zu dir selbst sein kann. Nirgendwo begegnest du deinen Schatten- und auch deinen Sonnenseiten intensiver als in der Beziehung zu einem anderen Menschen.

Lass dich dabei niemals entmutigen. Eine Beziehung hat keine lineare Entwicklung, man kann ihre Entwicklungskurve eher mit einer Achterbahn vergleichen. Es geht ein Stück hoch und dann wieder ein bisschen abwärts, bis sie wieder Fahrt nach oben aufnimmt. Wenn du mutig und echt in die Beziehung gehst, hat diese Achterbahn auf lange Sicht einen Verlauf nach oben – oder besser gesagt in die Tiefe. Wundere dich also niemals über eine Krise. Sie ist oftmals nur die

Einleitung der nächsten Geburtswehen. Lass los von der Vorstellung, wie deine Beziehung zu sein hat und wie sie sich entwickeln soll. Wir können unser Bestes dazu beitragen, doch dann kommt der Punkt, an dem wir loslassen müssen. Wenn wir festhalten an unseren starren Vorstellungen, dann stehen wir den unendlich vielfältigen Möglichkeiten des Lebens im Weg.

Ich wünsche dir viel Hingabe, Kraft und besonders Liebe auf deiner Lebensreise!

Von Herzen,
dein Emanuel

Literaturverzeichnis

Chapman, Gary: *Die fünf Sprachen der Liebe. Wie Kommunikation in der Partnerschaft gelingt.* Francke-Buchhandlung, Marburg 2010

Dana, Deb: *Die Polyvagal-Theorie in der Therapie. Den Rhythmus der Regulation nutzen.* G. P. Probst Verlag, Lichtenau 2019

Gopal, Norbert: *Heilung von Beziehungen I. Traumatherapie und Spiritualität.* Books on Demand, Norderstedt 2019

Heller, Laurence: *Entwicklungstrauma heilen. Alte Überlebensstrategien lösen – Selbstregulierung und Beziehungsfähigkeit stärken.* Kösel Verlag, München 2013

Horney, Karen: *Selbstanalyse.* Westarp, Hohe Börde 2017

Jaxon-Bear, Eli: *Das spirituelle Enneagramm. Neun Pfade der Befreiung.* Goldmann Verlag, München 2003

Koch-Kersten, Brigitte: *Personzentrierte Traumatherapie. Heilung durch Selbstbejahung.* Asanger Verlag, Kröning 2020

Levine, Peter: *Trauma-Heilung. Das Erwachen des Tigers. Unsere Fähigkeit, traumatische Erfahrungen zu transformieren.* Synthesis Verlag, Essen 1999

Levine, Peter: *Sprache ohne Worte. Wie unser Körper Trauma verarbeitet und uns in die innere Balance zurückführt.* Kösel-Verlag, München 2011

Levine, Peter: *Vom Trauma befreien. Wie Sie seelische und körperliche Blockaden lösen.* Kösel-Verlag, München 2011

Meyer, Christian: *Aufwachen, Therapie, Integrale Praxis und der spirituelle Weg.* Verlag zeit-und-raum, Berlin 2005

Meyer, Christian: *Aufwachen im 21. Jahrhundert. Die größte Herausforderung deines Lebens.* Kamphausen Mediengruppe, Bielefeld 2014

Meyer, Christian: *Ein Kurs in wahrem Loslassen. Durch das Tor des Fühlens zu innerer Freiheit.* Arkana, München 2016

Nast, Michael: *Generation Beziehungsunfähig.* Edel Books, Hamburg 2018

Richardson, Diana: *Slow Sex. Zeit finden für die Liebe.* Integral, München 2011

Richardson, Diana: *Zeit für Männlichkeit. Mehr Kompetenz in Sachen Sex und Liebe zwischen Mann und Frau.* Innenwelt Verlag, Köln 2011

Richardson, Diana: *Zeit für Weiblichkeit. Der tantrische Orgasmus der Frau.* Innenwelt Verlag, Köln 2012

Richardson, Diana: *Zeit für Liebe. Sex, Intimität und Ekstase in Beziehungen.* Innenwelt Verlag, Köln 2018

Rohr, Richard: *Das Enneagramm. Die 9 Gesichter der Seele.* Claudius, München 2019

Rosenberg, Stanley: *Der Selbstheilungsnerv. So bringt der Vagus-Nerv Psyche und Körper ins Gleichgewicht.* VAK Kirchzarten bei Freiburg 2018

Winklhofer, Angelika & Meyer, Christian: *Neun Farben der Stille. Spirituelles Enneagramm & Selbst-Erfahrung.* Verlag zeit-und-raum, Berlin 2016

Zurhorst, Eva-Maria: *Liebe dich selbst, und es ist egal, wen du heiratest.* Arkana, München 2009

Alle Informationen zu Emanuel Erks Arbeit, seinen persönlichen Beziehungscoachings sowie seinen Seminaren findest du auf:

www.emanuelerk.com

www.youtube.com/emanuel erk

www.instagram.com/emanuelerk